走遍全球 GLOBE-TROTTER TRAVEL GUIDEBOOK

塞班

罗塔岛 & 天宁

Saipan
Rota&Tinian

日本《走遍全球》编辑室 编著

中国旅游出版社

本书中所使用的主要符号

地名（汉语、英语）

介绍地的所在位置

该地所在地图的位置。文前折页地图由正面的折页地图①与背面的折页地图②组成

加拉班周边 Garapan

加拉班位于塞班岛西海岸中部地区，这里是塞班观光旅游的中心区。现在加拉班及其周边地区以大型避暑山庄为中心，是聚集了西餐厅与各种特产商店的繁华街道。

沿着贯穿加拉班中心的海滨大道依次是美国纪念公园、警察局、妈祖庙、学校以及购物中心等，交通量非常大。在加拉班地区通常会挤满众多游客，沿街可见的蓝色海岸、椰子树以及各种南国鲜花共同营造出了悠闲宁静的氛围。

只要来到海岸线一带，就能看到洁白的沙丘与拥有蓝色海岸的麦克海滩，更加神奇的是还能看到在海面上浮现的军舰岛，在这里马上能感受到强劲的微波。

海滨大道
Beach Road　折页地图② -C4

沿着从加拉班北部的踏彩港口到南部圣安东尼奥的海岸线一路走来都是延绵的海滩。租一辆车沿着海边兜风，最能感受到真正的塞班风情。6~7月正好是凤凰花（塞班樱花→p.190）盛开之时，可以在鲜红的凤凰树下兜风观光。

海滨大道设有完善的人行道，散步、慢跑以及骑车都是一个不错的选择。

最爱徜徉在凉爽舒适风景的人行道

加拉班教堂
Garapan Church　折页地图② -B5

加拉班教堂在18世纪西班牙统治时期被称作天主教堂，在太平洋战争中教堂受到破坏，之后经过重新改建并一直保存到现在。2006年重新刷新，从原来的黄色变成了白色的建筑物。最值得一提的是，建筑物左右对称的设计展示了其美妙的身姿。

建筑物后面有一个能感受教堂历史的旧钟楼，这是值得一看的景点。钟楼多少有些受损，但因为幸免于战争破坏，所以大体上还保存了原样。

上：能感受历史的的钟楼静静地卑立着
右：令人印象深刻的是洁白可爱的建筑

96

选择性旅游项目 & 活动

介绍在塞班可以参加的运动与行程等。例如，海滨旅游 & 海上娱乐项目、泳池度假村、水上运动、高尔夫、运动主题项目、特选旅游项目以及夜间旅游项目

商店

餐厅 & 酒吧

需要预约或者最好预约

有着装规定

酒店

各酒店的住宿价格以客房为单位，是2017~2018年实地调查时的FIT价格（个人预订费用）。此外，还需在该费用基础上加付11%的酒店税。

地　图

MC	酒店、房间内配有厨房的休闲公寓
🅰	景点、地标
🅱	商店、超市等
🅿	餐厅
🏖	海滩
⛳	高尔夫球场
🤿	潜水服务
💆	水疗
✚	医院
👮	巡警岗亭
✝	教堂
$	银行
⛽	加油站
⚓	纪念碑
▭	信号灯
30	道路编号
9↕5	区间距离（以英里为单位）

AVE. AVENUE

ST.　STREET

RD.　ROAD

DR.　DRIVE

PL.　PLACE

LN.　LANE

PKWY. PARKWAY

☎　电话号码

FAX　传真

CC　可以使用的信用卡

　　A 美国运通卡

　　D 大莱卡

　　J JCB 卡

　　M 万事达卡

　　V 维萨卡

URL　主页链接（省略 http://）

接送　有无接送服务

P　停车场

■本书的特点

　　本书以前往塞班岛、罗塔岛以及天宁岛旅行的游客为对象。无论是自由行还是团队游都可适用。为了方便读者快速掌握当地的各种游乐方式，本书登载了各地区景点、运动＆活动项目、酒店以及餐厅等相关信息。

■有关本书登载信息的使用

　　编辑部致力于向游客提供最新且最准确的旅游信息，但是当地法规与手续等经常发生变更，同时，每个人对其内容的理解认识又各有不同，难免出现分歧。基于以上原因，若非本出版社重大过失，对于读者在使用本书过程中出现的不便与损失等，我们将不予承担责任，敬请悉知。此外，使用本书时，请读者自行判断书内所登载的信息与建议是否符合自身状况与立场，并承担相应责任。

■当地取材及调查时间

　　本书以 2017~2018 年的取材调查数据为依据进行编辑。但是，随着时间的推移，部分数据有可能发生变更，特别是酒店与餐厅的价格多会随旅行时间发生变化。因此，本书数据仅供参考，游客前往旅行时可在当地的游客服务中心等地获取最新信息。

走遍全球 GLOBE-TROTTER TRAVEL GUIDEBOOK

塞班 罗塔岛 & 天宁岛
—— Contents

出发前请务必阅读! 旅行安全 & 防患意识……259

走遍全球原版地图

Column		

北马里亚纳群岛的基本信息

【自治领地的旗帜】

北马里亚纳群岛的旗帜采用蓝色作为底色，上面绘有灰色的拿铁石（采用珊瑚制成的石柱）与白色的星星，周围装饰着花边。

北马里亚纳群岛的旗帜飘扬在塞班港口（中间）

【官方名称】

北马里亚纳群岛自由联邦 The Commonwealth of the Northern Mariana Islands（美利坚合众国自治领地）

塞班岛、罗塔岛以及天宁岛均属于北马里亚纳群岛。北马里亚纳群岛指除关岛之外的马里亚纳群岛，共计 14 座岛屿。

【自由邦之歌】

Gi Talo Gi Halom Tasi（Satil Matawal Pacifico）1996 年 10 月 3 日启用

【面积】

塞班岛　面积约 122 平方公里。

天宁岛　面积约 100 平方公里。位于塞班岛南侧约 8 公里处。

罗塔岛　面积约 85 平方公里。位于塞班岛南侧约 117 公里处。

【人口】

约 54000 人（北马里亚纳群岛总人口，2013）

【首府】

塞班

【总督】

拉尔夫·D.格雷罗·托雷斯 Ralph D.Guerrero Torres（2017 年 11 月）

【政体】

美利坚合众国的自治领地。自治政府由公开选举的总督（任期 4 年）管理。议会为区分上院与下院的两院制，上院议员定员 9 人，下院定员 18 人。

【民族构成】

塞班的原住民族是查莫罗族与卡罗尼亚族。据说查莫罗族是在公元前3000～前 2000 年由东南亚移居此地的。现在北马里亚纳群岛的人口构成中相对较多的是菲律宾人、中国人以及查莫罗族。

【宗教】

查莫罗族的传统宗教曾是核心信仰，而现在大多数人是基督教信徒。

【语言】

北马里亚纳群岛的通用语言为英语与查莫罗语。

▶日常英语会话 & 英语单词→ p.256

货币与汇率

货币单位是美元（$）与美分（¢）。纸币的种类有 $1、$5、$10、$20、$50、$100。流通的硬币有 1¢、5¢、10¢、25¢。

$100　　$50

$20　　$10

$5　　$1

25¢　　10¢　　5¢　　1¢

▶外币准备与兑换→ p.237

出入境

【签证】

45 天之内，以观光为目的、持有往返机票的话，不需要签证。入境时，需提交事先在 CBP 官网填写并打印好的签名 I-736 表格。

【护照】

护照有效期为 180 天或以上（由回程日期计起）。

▶申请护照→ p.236
▶关于签证→ p.237
▶出境与入境→ p.242

从中国飞往塞班

中国北京、上海、广州等城市有直飞塞班的航班，也可以选择韩亚、达美航空在首尔或东京转机。

北京至塞班直飞约 5.5 小时。

▶航班时刻表→ p.233

拨打电话的方法

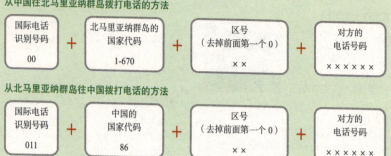

从中国往北马里亚纳群岛拨打电话的方法

| 国际电话识别号码 00 | + | 北马里亚纳群岛的国家代码 1-670 | + | 区号（去掉前面第一个0）×× | + | 对方的电话号码 ×××××× |

从北马里亚纳群岛往中国拨打电话的方法

| 国际电话识别号码 011 | + | 中国的国家代码 86 | + | 区号（去掉前面第一个0）×× | + | 对方的电话号码 ×××××× |

气候

　　海洋性亚热带气候。年平均最高气温为32℃。这里是全年气温变化较少的常夏岛屿，可随时下海游泳。季节分为4月中旬至10月上旬的雨季与10月中旬至次年4月上旬的旱季。旱季期间会出现南国特有的气候现象——突然下雨，之后马上晴天。雨季虽不是每天都会下雨，但由于湿度较高，很有可能会出现热带型低气压现象。近年，雨季与旱季越来越难区分，旱季时刮台风也不再稀奇。

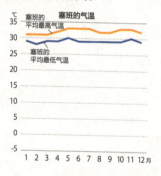

塞班的气温

塞班的平均最高气温
塞班的平均最低气温

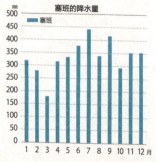

塞班的降水量

▶旅行日历→ p.234

时差与夏令时

　　塞班比北京时间快2小时。塞班不实行夏令时。

营业时间

　　下述为普遍的营业时间。商店与餐厅等每家店的具体营业时间各异。

【银行】

　　周一～周四 10:00~15:00、周五 10:00~18:00，周六·周日、节假日休息

【邮局】

　　周一～周五 8:30~16:00、周六 9:00~12:00、周日·节假日休息

【商店】

　　10:00~22:00

【餐厅】

　　早餐 7:00~10:00、午餐 11:00~14:00、晚餐 17:00~22:00

▶餐厅→ p.109
▶购物→ p.153

节假日（主要节假日）

节日名称	时间
元旦 New Year's Day	1 月 1 日
马丁·路德·金日 Martin Luther King Jr.'s Day	1 月第三个星期一
总统纪念日 President's Day	2 月第三个星期一
北马里亚纳群岛宪法签字纪念日 Commonwealth Covenant Day	3 月 24 日
基督受难纪念日 Good Friday	复活节前的星期五
美国阵亡将士纪念日 Memorial Day	5 月最后一个星期一
独立纪念日 Liberation Day	7 月 4 日
劳动节 Labor Day	9 月第一个星期一
哥伦布纪念日 Columbus Day	10 月第二个星期一
公民权之日 Citizenship Day	11 月 4 日
复原军人之日 Veteran's Day	11 月 11 日
感恩节 Thanksgiving Day	11 月第四个星期四
宪法纪念日 Constitution Day	12 月 8 日
圣诞节 Christmas Day	12 月 25 日

▶ 塞班活动日历→ p.263

电压与插头

电压是 120V，频率为 60Hz。如长时间使用，则需要变压器。插座如右图所示，需携带转换插头。

视频制式

电视·录像的播放方式为 NTSC。常见的 DVD 由于代码与中国不同而无法播放，蓝光则可以播放。

小费

与美国本土相同，有支付小费的习惯。

▶ 关于小费→ p.252

饮用水

最好不要直接饮用水管内流出的生水。不过，罗塔岛的水质较好，可直接饮用自来水。500 毫升的矿泉水售价在 $1 左右。

▶ 基本生活常识→ p.255

邮政

可直接自行投进邮筒，也可以前往酒店前台办理。

▶ 关于邮政→ p.253

塞班的邮筒是蓝色的

安全与纠纷

治安方面，加拉班与苏苏佩等市区没有特别大的问题。不过，游客最好避免夜间单独出行。如果租车，地处北部地区的游客最好安排在上午外出。上午旅游团活动密集，人多热闹，相反，下午便会略显冷清。此外，全岛任何地区均需注意防范车内偷盗行为。切忌将贵重物品遗忘在车内。

警察·救护车·消防（各岛通用）911

▶ 旅行安全 & 防患意识→ p.259
▶ 重要电话号码→ p.264

税金

北马里亚纳群岛是免收进口关税的自由贸易港。同时还免收消费税。

▶ 免税范围→ p.155

年龄限制

吸烟、饮酒以及租车均要求年龄在 21 岁以上。

度量衡

与美国本土相同，长度通常采用英寸、英尺以及英里，重量则使用磅与盎司等单位。

▶度量衡→ p.264

其他

【禁烟法】

2009 年 9 月制定并实施《禁烟法》，禁止在公共场所吸烟。因此，几乎所有的餐厅、咖啡厅以及众多酒店的客房均禁止吸烟。

【酒】

22:00 后禁止出售。

【自然保护】

北马里亚纳群岛领海范围内禁止拾取珊瑚。同时还禁止将珊瑚带出境外。

美国信息概况

【正式国名】

美利坚合众国 The United States of America

【国旗】

星条旗 Stars and Stripes

【国歌】

《星条旗永不落》Star Spangled Banner

【面积】

约 937 万平方公里

【人口】

约 3.23 亿 人（The U.S.Census Bureau 2016 年 7 月）

【首都】 华盛顿 D.C.District of Columbia

华盛顿哥伦比亚特别行政区不属于全美 50 州中任意一州，是联邦政府直辖行政区

【元首】

唐纳德·特朗普 Donald John Trump（2017 年 11 月）

【政体】总统制 联邦制

【人种构成】

白人 83.5%、非裔 12.4%、亚裔 3.3%、美国原住民 0.8%

【宗教】

基督教（清教徒 56%、罗马天主教徒 28%）、犹太教 4%、其他 4% 等

【语言】

日常通用语言为英语，但法律并未对此作出特别规定。以美国南部为代表的部分地区广泛使用西班牙语。美国是一个多民族国家，因此，各地方自治团体通常会使用自己的母语。

本系列已出版丛书
涵盖世界70个国家和地区

加拉班周边
加拉班～踏盼
加拉班～国会山

A

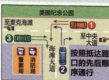

一般情况下，直行车辆优先通行。但是，遇到这种情况时，所有车辆均需临时停车。按照抵达路口的先后顺序通行。

军舰岛
Managaha Island

B

透明度极高的军舰岛海滨区

Lagunan Tanapag

塞班港

LOWER BASE DR.

③14

0.3

加拉班中部
位于折页地图②

1.6

321

30

Tanapag
Harbor

茶北通行

PALE ARNOLD RD.(中央大道)

微笑湾码头

塞班凯悦酒店
Hyatt Regency Saipan
麦克海滩
Micro Beach
塞班悦泰度假酒店
Fiesta Resort & Spa Saipan

美国纪念公园
American Memorial Park

Garapan

夏威夷银行

1.4

公共网球场

双胞胎超市

蒙特维塔餐厅

Micro Beach

0.6

灯台遗址
Light House

海军山
Navy Hill

0.6

联邦综合医院

塞班DFS环球免税店
T Galleria Saipan by DFS

塞班格兰德瑞奥度假村
Grandvrio Resort Saipan

0.2

38

NAVY HILL RD.

麦当劳

0.3

加拉班教堂

BEACH RD.

砂糖王公园
Sugar King Park

塔罗斯商店

ALAHAN AVE.

33

30

苏苏佩方向

38

C

塞班DFS环球免税店前的路口不光车流量大，人流也十分密集。即便是绿灯，也务必要注意安全。

人烟稀少的隐秘海滩

水漾咖啡餐厅
凯文牛排露&海鲜
科斯塔露台餐厅
日落海滩烧烤
米歇尔海滩酒吧
ARC健康水疗
塞班清泉度假村俱乐部
Aqua Resort Club Saipan

北海岸方向

肯辛顿酒店
Kensington Hotel

Unai Papao

San Roque

阿奇加欧海滩
Achugao Beach

Unai Achugao

A

PALE ARNOLD RD. (麻联大道)

1.0

p.12~13

p.8~9

p.10~11

踏盼教堂

踏盼小学

Unai Tanapag

踏盼海滩
Tanapag Beach

Tanapag

1.2

景点、城市地标	
海滩	
高尔夫球场	
餐厅	
商店	
潜水服务	
水疗	
纪念碑	
酒店	
医院	
警察局	
教堂	
银行	
邮局	
其他设施	
加油站	
信号灯	
30 道路编号	
1.5 区间距离（以英里为单位）	

B

SAVANA RD.
316

ISA DR. (跨岛大道)

从国会山眺望军舰岛

桑岛高尔夫乡村俱乐部
Kingfisher Golf Links

邮局

国会山
Capitol Hill

CAPITOL HILL RD.

36

TALOFOEO RD.

C

31

3.2

ISA DR. (跨岛大道)

310

N

0

0

1km

0.6miles

7

塞班中部
加拉班～苏苏佩
圣何塞～劳劳海滩

A

N

0 _____ 1km
0 _____ 0.6miles

p.12~13
p.6~7
p.10~11

塔罗斯商店　往圣罗切方向
加拉班教堂　0.2
砂糖王公园
Sugar King Park
塔罗斯商店

BEACH RD.　ALAHAI AVE.

阿库阿·德尔·雷伊

Taro Sue

Brabu
太平洋医疗中心
670坚石商店
玛丽安娜
体育俱乐部
M.S.C.
J餐厅　1.5
赛百味

黄金海滩酒店
北斗七星
1.5

必胜客　多扩莫太平洋餐厅
ACE电子计算机部件
第一夏威夷银行
ICC大厦

马里亚纳休息室
国家办公用品
星河商店
莫尼卡家具
哈迪特艾特诊所
XO市场

B

① 即便是红灯也可以右转，前提是要注意左侧直行车辆。
② 只有亮起绿色左转信号灯时，可以左转。
③ 即便是红灯，也可右转。

即便是红灯，也可右转！

左转车道　左转车道

七天诊所

波士顿面包店

0.3

太平洋奥特莱斯
圣何塞
San Jose

DHL

麦当劳

欧丽莱中心
夏威夷第一银行
KIAI
马里亚纳观光局
好莱坞剧场（电影院）
芋屋　TOYOTA
周天仓储式超市

塞班乡村俱乐部
Saipan Country Club

1.0

1.1

0.4　平价鞋店

C

萨巴鲁农贸市场
Sabalu Farmer's Market
波浪森林
Wave Jungle
斯帕内斯
塔帕丘
名家
佩佩餐厅
塞班世界度假村酒店
Saipan World Resort
岛上咖啡厅
赤足酒吧
赤足海滩酒吧&烧烤
CMLC阿塔
塞班卡诺亚度假酒店
Kanoa Resort Saipan
越南饭店
马哥厨房
雪莉餐厅
蓝色海上运动
钓具商店

波卡波卡
欧雷阿伊海滩酒吧&烧烤
简陋小屋
吉利利海滩
Kilili Beach
Unai Chalan Kiya
登陆海滩
Landing Beach
鱼骨
北马里亚纳联邦本部市民中心
图书馆
警察局
消防局
大长今
周天购物中心
运动足
爱子皮面
葡萄餐厅

海豚批发市场

1.2
体育馆
市民中心公园
哈发代球场

马里亚纳高中

360旋转餐厅
温柔小溪餐厅
瑞鲁大厦

苏苏佩
Susupe

苏苏佩湖

杧果六咖啡厅

CHALAN HAGOI
卡梅尔山教堂

往圣安东尼奥方向

往国会山方向

310

38

塞班岛最高山——塔波乔山

TAPOCHAO RD.

塔波乔山
Mt.Takpochao

远眺大海、爽快地挥杆

31

3.2

A

塞班圣母庙
Our Lady of Lourdes Shrine

321

0.9

34

劳劳湾高尔夫度假村方向
（参照折页地图①）

1.2 31

ISA DR.
（爱沙大道）

B

① 双向单车道在路口
处变为分别向左右两
侧转向的双车道。左
转时需沿信号灯左侧
车道行驶。
②③向机场方向转向
时，需注意道路中央
隔离带。

教堂

至海滨大道 ①②

③

至机场 ①

Unai Laolao
劳劳海滩
Laolao Beach

C

2.2

加巴·乔咖啡厅

31

San Vincente

劳劳湾
Bahia Laolao

37

0.1 基督教堂 0.5

周天购物中心

31

305

35 机场方向

图例

景点、城市地标
海滩
高尔夫球场
餐厅
商店
潜水服务
水疗
纪念碑
酒店
医院
警察局
教堂
银行
邮局
其他设施
加油站
信号灯
30 道路编号
1.5 区间距离（以英里为单位）

塞班世界度假村酒店
Saipan World Resort
岛上咖啡厅
赤足酒吧
赤足海滩酒吧&烧烤
CMLC阿塔
塞班卡诺亚度假酒店
Kanoa Resort Saipan

加拉班方向　30　圣何塞方向
警察局　消防局　TEXAS RD.　31
图书馆
大长今　360旋转餐厅
温柔小溪餐厅
瑞鲁大厦
越南饭店　周天购物中心
运动足
爱子拉面

苏苏佩湖
苏苏佩
Susupe

钓具商店
蓝色海上运动
马哥厨房
雪莉餐厅

CHALAN HAGOI

A

城镇房屋商店
夏威夷银行
肯德基
卷标之铃
1.0
卡梅尔山教堂
查兰卡诺亚海滩
Chalan Kanoa Beach
宝瓶宫海滩酒店
Aquarius Beach Tower

塞班冲浪俱乐部
冲浪者度假酒店
Surfrider Resort Hotel
邮局
丰收面包公司

307
306
TUN JOAQUNI DOI RD.

查兰卡诺亚
Chalan Kanoa

塞班S2俱乐部
查兰卡诺亚海滩酒店
Chalan Kanoa Beach Hotel

Unai Chalan Kanoa

小学
特里小吃店

Lagunan Chalan Kanoa

赛百味
0.9
蓝天超市

32
AS PERDIDO RD.
37

Unai Afetna

AFETNA超市
San Antonio

0.2

1.1

驱车很快便可抵达的查兰卡诺亚海滩

B

太平洋岛屿俱乐部
Pacific Islands Club (P.I.C)
艾拉
厨房
海边烧烤
麦哲伦
沙滩烧烤
浮标酒吧
卜提吉
33

TUN THOMAS SABLAN RD.
AFETNA RD.

MSGR. MARTINEZ RD.

1.2

0.6

0.7

KOBLERVILLE RD.
201

AGINGAN LN.

阿劲岗海岬
Agingan Point

0.5
0.5

阿劲岗海滩
Agingan Beach
304

Unai Agingan

塞班珊瑚海洋高尔夫度假村
Saipan Coral Ocean Golf Resort
双鹰

AS GONNO RD.

1.4

304

LADDER BEACH LN.

C

南海岸是一个不错的潜水点

N

拉德海滩
Ladder Beach

Unai Peo

0　　　　　　　　1km
0　　　　　0.6miles

● ● ❀ **10**

塞班南部
苏苏佩～圣安东尼奥
塞班国际机场

p.12~13

A

p.6~7

p.8~9

MSGR. GUERREO RD.

加巴·乔咖啡厅

杜果六咖啡厅

周天购物中心

基督教堂

0.1

0.5

San Vincente

MSGR. MARTINEZ RD.

2.2

TUN HERMAN PAN RD.

赫尔曼的现代面包店
谭玛丽吉塔咖啡厅

DANDAN RD.

KSA DR.

劳劳湾
Bahia Laolao

2.3

丹丹海滩
Dandan Beach

Unai Dandan

B

FLAME TREE RD.

旧日本军队弹药库遗迹
Bomb Storage Magazine

管制塔
发电站遗址

机场航站楼

塞班国际机场
Saipan International Airport

南国风情的塞班国际机场

🔴	景点、城市地标
🏖	海滩
⛳	高尔夫球场
🍴	餐厅
🛍	商店
🤿	潜水服务
✳	水疗
⚓	纪念碑
🏨	酒店
✚	医院
👮	警察局
✝	教堂
Ⓢ	银行
✉	邮局
●	其他设施
⛽	加油站
🚦	信号灯
30	道路编号
1.5	区间距离（以英里为单位）

C

NAFTAN RD.

OBYAN BEACH DR.

Unai Obyan

欧碧燕海滩
Obyan Beach

塞班北部
圣罗切～麻僻～北海岸

N

图例	
🅐	景点、城市地标
⛱	海滩
⛳	高尔夫球场
🍴	餐厅
🛍	商店
🤿	潜水服务
💆	水疗
⚜	纪念碑
🏨	酒店
✚	医院
🛡	警察局
✝	教堂
🏦	银行
✉	邮局
●	其他设施
⛽	加油站
🚥	信号灯
30	道路编号
1.5	区间距离（以英里为单位）

北部道路的车流量也比较小

0 — 1km
0 — 0.6miles

A

B

Unai Makpe

翘滩
Wing Beach

1.8

30

到宝宝海滩去玩水

踏盼珊瑚
Lagunan Tanapag

马里亚纳度假村&水疗中心
Mariana Resort & Spa

马里亚纳乡村俱乐部
Mariana Country Club

PALE ARNOLD RD.（麻僻大道）

1.1

塞班水晶湾珊瑚花园
Paupau Beach

320

肯辛顿酒店
Kensington Hotel

Unai Papao

1.0

30

C

🍴 水漾咖啡餐厅
🍴 凯文牛排&海鲜
🍴 科斯塔露台餐厅
🍴 日落海滩烧烤
🍴 米歇尔海滩酒吧
💆 ARC健康水疗
🏨 塞班清泉度假村俱乐部
Aqua Resort Club Saipan

阿奇加欧海滩
Achugao Beach

San Roque

加拉班方向

从加拉班驶向此地，坡道尽头设有人行横道。驾驶人通常很难注意到人行横道，因此，行至此地务必要提高警惕，安全驾驶。

普恩唐·萨巴内塔
（万岁崖）
Puntan Sabaneta

法性寺

塞班和平观音
Saipan Peace Kannon

BANZAI CLIFF RD.

韩国人祭莫和平塔

日本和平纪念馆

巴纳德罗
Banadero

0.6

拉德朗·巴纳德罗
（自杀崖）
Laderan Banadero

麻僻山▲

322

MAGPI PKWY.

1.9

322

1.0

36

520

0.3

CHALAN KALABERA

BIRD ISLAND LN.

36

0.9

GROTTO DR.

0.7

蓝洞
Grotto

B

鸟岛
Isieta Maigo Fahang

前往蓝洞、鸟岛以及卡拉
贝拉钟乳石洞途中的分岔
路口。注意路标指示，切
勿向左行驶。

Bahia Fanonchuluyan

人气潜水点

卡拉贝拉钟乳石洞
Kalabera Cave

C

卡拉贝拉钟乳石洞前的道路正在维修，暂未铺设
完工。

塞班概况

Outline of Saipan

塞班被清澈见底的大海与珊瑚礁环绕，是一座美丽的岛屿。
最高峰是海拔 473 米的塔波乔山。
散布着珊瑚礁的大海、白沙海滩、随处可见的战争遗迹、
热闹的市街等，塞班以多元化的形态展现在世人面前。
首先大致介绍一下塞班的区域划分！

塞班是这样
一座岛屿

购物 & 美食……

Garapan

加拉班周边（→ p.96）

　　加拉班是塞班最热闹的城市。度假酒店、餐厅以及商店汇集此地。如果想要购物，这里绝对是不二之选！

　　被誉为塞班最美海滩的麦克海滩紧邻加拉班的繁华街道，步行即可抵达。每逢风和日丽的日子，这里会聚集众多冲浪爱好者。

　　坐落在麦克海滩海面上的军舰岛是一座拥有纯白色沙滩与高透明度海水的无人岛，非常漂亮。从加拉班出发，可乘船轻松前往。游客可以在这里饱享水上运动，抑或是在海滨区悠闲游玩，绝对是塞班之行中不可错过的绝佳景点。

热闹的加拉班市街　　★军舰岛

来到塞班，一定要去军舰
岛看一看

漫步当地市街

Southern Saipan

塞班南部（→ p.99）

　　圣何塞与苏苏佩之间是一条被称为欧雷阿伊的海岸街区。海滨沿线有一条散步道直通加拉班，游客可以尝试前往该地散步或骑行。虽然商店与餐厅不多，但是由于这里聚居着众多当地人，探访物美价廉的好店便成为当地旅行的一大乐趣所在。苏苏佩是北马里亚纳群岛自治联邦区的行政中心，因此政府机构与公共团体机构也都集中在这里。

　　南部的圣安东尼奥是塞班国际机场与综合娱乐休闲设施太平洋岛屿俱乐部（→ p.62）的所在地。

　　南海岸是一片美丽的海滨区，这里有绝佳的潜水点拉德海滩与欧碧燕海滩等。虽然单独前往略显不便，但是除了潜水者之外，还是有很多游客慕名前往。

阿奇加欧海滩
踏盼海滩
踏盼
TANAPAG
麦克海滩 ●
加拉班
GARAPAN
国会山
CAPITOL HILL
塔波乔山
跨岛大道
吉利利海滩　圣何塞
SAN JOSE
登陆海滩 ●
苏苏佩
SUSUPE
查兰卡诺亚
CHALAN KANOA
圣安东尼奥
SAN ANTONIO
● 芬芬海滩
禁断岛 ★
✈ 塞班国际机场
● 拉德海滩
● 欧碧燕海滩
海滨大道　中央大道

拥有大小不一的洞窟，最适合在沿岸
游玩的拉德海滩

除了游泳池之外，还拥有众多娱乐休
闲设施的太平洋岛屿俱乐部

Northern Saipan

塞班北部（→ p.105）

第二次世界大战中，塞班最后的激战地——巴纳德罗

塞班北部是拥有绿意浓郁的麻僻山与美丽海岸线的旅游胜地，同时，这里还有万岁崖与自杀崖等，是第二次世界大战中众多参战人员的阵亡之地。如果不前往北部探寻历史的遗迹，就无法了解塞班的历史。

岛屿北部的马多海角拥有著名的潜水点"蓝洞"。从这里南下便可抵达被称作鸟岛的伊斯列塔·麦哥·法汗。那里的海岸线非常漂亮，是值得推荐的自驾线路。

曾被称作"月见岛"的伊斯列塔·麦哥·法汗

Central Saipan

从塔波乔山眺望天宁岛

塞班中部（→ p.102）

以塞班最高峰塔波乔山为核心，这一地区至今仍然保留着尚未开发的自然生态。由于部分区域道路状况恶劣，相比自驾游而言，游客最好参加旅游团登山观光。

山脉北侧的国会山是建有议事厅等设施的安静区域，在这里可以眺望到美丽的军舰岛。

岛屿东海岸波浪较大，可以感受到与岛屿西侧风景截然不同的强大自然。岛屿尖端处是保留有珍贵植物的禁断岛，可以巡回山麓等形式进行游览。

上／山顶设有记述历史的看板
右／神秘的圣母玛利亚雕像

TOPICS!

SAIPAN、ROTA、TINIAN 2018

塞班有众多时尚的咖啡厅、赌场以及酒店陆续开业。备受瞩目的塞班自产啤酒也成功问世。这一板块将详细介绍塞班岛、罗塔岛以及天宁岛的最新信息！

★1 千呼万唤始出来！塞班产精酿啤酒

提到在塞班的万里晴空下最想无限畅饮的东西，非啤酒莫属！原本塞班并无自产啤酒，2016年令人翘首以盼的精酿啤酒终于面世。啤酒共分为三个种类。这三种啤酒分别是可痛快畅饮的淡色艾尔、果味威森以及啤酒界最热门的精酿啤酒IPA。上述三种啤酒均为正宗的精酿啤酒。除此之外，据说不同季节还会出售各种各样的风味啤酒，例如，木槿属植物风味、西瓜风味以及杧果风味等。酿造厂经营者史蒂文曾在加利福尼亚学习啤酒酿造，之后在这里创办了塞班啤酒酿造厂。据说这家酿造厂今后会迁址并扩大规模，同时还会设立试饮区域。由此看来，啤酒酿造厂在不久的将来会成为游客可轻松前往试饮的人气景点。

现在可以品尝到塞班产精酿啤酒的餐厅与酒吧有索尔缇兹餐厅（→p.135）、强尼酒吧烧烤（→p.130）以及吸烟餐厅洛克与塔可（→p.130）等。除此之外，周天购物中心（→p.174）等地也会出售罐装与瓶装啤酒。建议游客前往品尝。

啤酒采用复用型酒瓶。持空瓶可重新装酒。32盎司售价$7.99。

曾在加利福尼亚学习酿造的史蒂文

罐装啤酒（1品脱）售价$3.99

★2 加拉班新建娱乐场所对外开放！

加拉班市区有一座宛如宫殿一般的建筑，看上去金碧辉煌。这里便是"博华塞班度假村酒店"（MAP 折页地图②−C3）。本书取材阶段，该酒店正值建设期间，但是酒店内的赌场已于2017年7月率先开门迎客。豪华的内部装修看上去像是电影中出现的场景一般。

像电影场景般豪华的装饰©马里亚纳政府观光局/MVA

★3 肯辛顿酒店新型水滑道开始运营

2017年7月，肯辛顿酒店（→p.182）盛大开业。除了游泳池与按摩浴缸等充实的设备之外，2017年12月，新型水滑道也展现在游客面前。新型水滑道全长54米，是儿童与成人均可体验的一项令人紧张兴奋的新项目。

在这里可饱享充实的活动项目

★4 使人激动的出租车月票

提供月票服务的出租车均隶属与旅行社签订合约的出租车公司，游客可放心乘坐

通过电话进行预约，乘车时向司机出示月票即可

虽然有很多想要逛的商店，但是也不至于特地租一辆车前往……针对有上述困扰的游客，塞班当地专门提供了一种服务，那就是 P.D.I. 的出租车月票。每人每天支付$25，只要是在规定时间内，可以乘车多次往返于指定酒店、购物中心以及餐厅之间。详情参照→p.85专栏。

Saipan

你要在哪个字母处拍照呢？

5 Saipan 字母雕塑

塞班北部的蓝洞（→ p.107）附近设立有"Saipan"字样的雕塑作品。"i"的形状十分可爱。纯白色的雕塑在湛蓝天空的映衬下无疑是拍摄留念照片的绝佳地点。

6 可欣赏日落美景的海滩酒吧盛大开业

塞班冲浪俱乐部在查兰卡诺亚（→ p.150）盛大开业。游客可以一边眺望湛蓝的大海与纯白色的沙滩，一边享用美食与饮品，这家店因此迅速成为备受欢迎的人气店铺。这里曾是塞班极具代表性的海滩酒吧"日落酒吧＆烧烤"的所在地。这里地理位置绝佳，继日落酒吧＆烧烤之后又有一家新的海滩酒吧开业，令人十分兴奋。

这家店的位置极佳，可以眺望到美丽的日落景色

8 发现新洞窟！~ROTA~

在拥有广阔空间的罗塔度假村＆乡村俱乐部（→ p.208）内发现了一处洞窟。这个自然洞窟位于远离高尔夫球场的森林中，但还是可以发现有过人工挖掘的痕迹。据高尔夫球场的工作人员介绍，"外界普遍认为这里曾在战争时期发挥过重要作用，但具体情况至今不得而知"。感兴趣的游客不妨前往罗塔度假村＆乡村俱乐部一探究竟。

上／有明显的挖掘痕迹　左／森林中的自然洞窟

7 网红！时尚咖啡厅陆续登场

令人颇有满足感的饮品

时常有人感叹"在塞班可以悠闲享受的咖啡厅少之又少"，对这些人来说接下来的内容简直就是一个天大的喜讯。2016~2017 年，可爱的咖啡厅陆续开业。阳光咖啡厅（→ p.126）以其现代派的内装而备受好评。杜果六咖啡厅（→ p.150）凭借自制甜品与闲适的店内空间而人气高涨。除此之外，加巴·乔咖啡厅（→ p.151）与茶·咖啡·面包（→ p.132）等都是非常不错的店铺。有没有要来这里尝试一下这些咖啡厅的冲动呢？

天棚高且极具开放感的杜果六咖啡厅

在 SNS 上备受好评的阳光咖啡厅

9 备受瞩目的新酒店开业 ~Tinian~

大型度假酒店停业之后，天宁岛便只剩下了一家酒店，因此，这家新酒店在天宁岛备受瞩目。天宁海景酒店（→ p.230）紧邻塔琼卡海滩，优越的地理位置与舒适的客房令这家酒店魅力倍增。前往天宁岛旅行时，不妨入住这家酒店。

上／功能性极强的室内设计
下／蓝色墙壁与木质甲板露台非常漂亮

愉快的
塞班之旅
Enjoy!Saipan

经过大约 5 个半小时的直飞便可抵达的海岛——塞班，
时差仅 2 小时，适合初次海外旅行与携带儿童的家庭旅
这里有湛蓝的大海与白沙滩，四季如夏！
适合各类人群的塞班绝对不会让你失望！

在塞班可以干什么？

来到常夏岛屿塞班，首先要充分享受
大海与海边的各类游玩项目。除此之外，
陆上活动、观光旅游等各类项目也十分丰
富。下面就让我们来了解一下在塞班到底
可以干些什么！

关于图示
☺ = 儿童 OK   ☺ = 老年人 OK
★ = 挑战

Beach Activity
海滩活动

虽然在沙滩上悠闲度日是
不错的选择，但是来到这
里还是要挑战一下各类活
动项目。
军舰岛是高效体验帆伞运
动、香蕉船以及海上皮艇
等各种活动的不二之选。

饱享美丽的小岛
军舰岛之旅   ☺☺☺

军舰岛是塞班之行中必不可少的一个
部分。从塞班岛乘船，经 15 分钟左右的航
程便可抵达这座拥有白沙滩的美丽无人岛。

Check ▶ p.50

可通过塔西旅行社（→ p.53）报名参加军舰岛自
由行项目，费用为 $45（2~11 岁为 $36），含午餐
费用为 $58（2~11 岁为 $46）

香蕉船

务必要体验一次
的香蕉船

●中暑
务必要预防中暑。
帽子与太阳镜是必
备物品。

帆伞运动

注意事项！

●预约
几乎所有的活动项目均需提
前一天预约。在活动开始前
取消需要支付一定的违约金。
多数项目提前一天取消需要
支付 50% 的违约金，当天取
消则需要支付 100% 的
违约金。

●日程
活动与观光切忌安
排得过为紧密。此
外需要注意的是搭
乘飞机当天不可进
行有氧深潜。

●身高·年龄
部分活动项目对身高与
年龄有特别要求，需要
提前确认。例如，塔西
旅行社安排的军舰岛有
氧深潜体验项目要求年
龄在 10 岁以上。

在马里亚纳蓝色海洋的
上空漫步

海中探险 GO!

海底之旅

　　对于不太适合海上运动的儿童来说，在船内观赏海底景色是更好的选择。搭乘深星号潜水艇前往透明度极高的塞班的深海探险，可以欣赏到众多漂亮的鱼群！

🏷 成人 $96、儿童（6~11 岁）$48（所需时间：约 2 小时）
预约·咨询：太平洋·海底 ☎ 322-7746
🖥 www.saipansubmarine.com

回到海面与工作人员拍照留念

下潜过程中虽然有些紧张，但是海底真的是非常漂亮！

大家可以一起通过大玻璃窗观赏海底景色

哇！有好多的鱼啊！

邂逅鱼群

浮潜

　　在塞班海域，通过浮潜便可充分体会到海底的美与丰富。游客可以报名参加团队游，也可以租赁或者购买浮潜套装前往自己喜欢的海滨区浮潜。军舰岛、北部的阿奇加欧海滩以及塞班水晶湾珊瑚花园等平浅滩比较适合初次体验者与儿童。详情可查看塞班海滩地图！

Check ▶ p.58/p.67

通过海洋水上运动报名参加浮潜项目，费用为 $30（12 岁以下为 $25）※ 含面罩与脚蹼租金　预约·咨询：海洋水上运动
☎ 322-1234（内线 772）
🖥 www.zensaipan.com

穿上救生衣与胸蹼，佩戴水下呼吸管与面罩，准备工作完成后一起下海吧

海里有各种颜色与花纹的鱼群

偶遇宅泥鱼群！

与海中鱼群玩耍

有氧深潜 ⭐

　　如果想要更进一步欣赏屈指可数的高透明度海域，务必要挑战一下有氧深潜项目。对于有氧深潜专业人员来说，这里有很多令人兴奋的深潜场所。

Check ▶ p.68

通过 M.S.C.（→ p.73）报名参加深潜体验项目，单次费用为 $55，两次费用为 $100。
预约·咨询：M.S.C.
☎ 233-0670
🖥 www.mscsaipan.com

我是劳劳湾的闭壳龟，来找我玩啊

在北马里亚纳海域很有可能看到海龟

做一次顽皮男孩 & 女孩!

海跃 & 潜水之旅

从距离海面3米的高台上跳入劳劳湾!虽然从这里跳下需要十足的勇气,但是等待你的是令人难以置信的高透明度海水。10岁以上且身体健康的儿童可以去挑战一下。这将成为一生难忘的回忆。

Check ▶ p.79

P.D.I. 成人 $55、儿童(10~11岁)$45
预约·咨询 ☎ 323-1111
🖥 www.pdisaipan.com

不假思索地跳下去!!

还有高5米的跳台

激发冒险精神的活动项目

其他
Beach Activity

活 动 名 称		页 码	所需时间	费用预算
站立划桨船		p.55、p.56	1小时	$45~
海上皮艇		p.56	1小时	$15~
水上摩托	⭐	p.56、p.57	15分钟~	$35~
帆板运动	⭐	p.66	1小时~	$55~

Water Park
水上公园

塞班共有两个大型的水上公园。既有儿童专用泳池,又有救生员,适合家庭旅行。

让人忘我的水上运动

P.I.C.

P.I.C.(→ p.62)除了游泳池之外,还有海滨活动项目、网球以及沙滩排球等陆上运动,是一个大型度假设施。特别适合热爱运动的游客。

帆板冲浪

还可以与P.I.C.的吉祥物西奇一起玩耍

可以在海滨区体验帆板冲浪等水上运动

在人工造浪池中挑战小型滑水板!

儿童俱乐部

滑水板

搭乘园区内的西奇小火车开启探险之旅!

另外一个水上公园 → P.64

20

Land Activity
陆上活动

塞班的乐趣并不仅限于大海！陆上也有很多令人兴奋的活动项目。

上坡路略显艰辛，但是下坡时的感觉真的是太棒了！

穿行自然塞班
单车冒险之旅

骑山地车在绿茵繁茂的塞班穿行。汗流浃背之后，在山顶俯瞰湛蓝大海的感觉棒极了。**Check ▶ p.78**

通过马里亚纳群岛旅行社报名，费用为$65~
预约·咨询：☎323-8735
🖳 www.marianastrekking.com

山上的视野非常好！

令人兴奋的四驱车之旅
ATV 之旅

驾驶不惧恶劣道路状况的 ATV 在原始森林内穿行！这是至今依然保留有原始自然的塞班最令人兴奋的一项活动。

Check ▶ p.78
通过马里亚纳群岛旅行社报名，费用为$75~
预约·咨询：
☎ 323-8735
🖳 www.marianastrekking.com

在森林中畅游的感觉十分爽快！

其他
Land Activity

活动名称	页码	所需时间	费用预算
巡回山麓游览	p.82	2 小时 30 分钟~4 小时	$50~
高尔夫	p.74~	约 2 小时~	$55

Sightseeing
观光

从岛屿北端出发，1 小时便可抵达位于塞班南部的机场。塞班面积虽小，但却向世人展现了白沙浅滩、粗犷码头以及原始森林等多彩面貌。

由于当地没有公共交通设施，因此游客只能通过参团或者租车的形式进行游览。

也有一些旅游团不会带领游客周游固定景点，而是会根据大家的要求制订游览计划。

拥有绝美风景的塔波乔山

保留着未经开发的原始自然
中部

塞班中部以塔波乔山（→p.104）为核心，至今依然保留有众多未经开发的原始自然风光。从国会山（→p.102）可以清晰地看到漂浮在湛蓝海面上的军舰岛。道路状况恶劣，建议参团前往游览。**Check ▶ p.102~**

在国会山眺望到的军舰岛格外美丽

了解塞班历史
北部

塞班是第二次世界大战的激战场所，至今依然保留有众多战争遗迹。
Check ▶ p.105~

又称作"鸟岛"（→p.107）的伊斯列塔·麦哥·法汗

左／充满神秘美的蓝洞吸引着众多游客
右／在蓝洞附近的"Saipan"字母雕塑拍照留念

质朴的地方区域
南部

塞班南部是北马里亚纳自治联邦行政中心苏苏佩（→p.99）的所在地。这里虽然也开设有很多大型酒店，但地方性旅馆相对更多，与加拉班相比更加安静。南海岸（→p.101）散布有特别适合潜水的场所。**Check ▶ p.99~**

南海岸是人气极高的潜水点

人烟稀少的拉德海滩。可在此饱享潜水等运动项目带来的乐趣

繁华街道与海滨相邻
加拉班周边

由于塞班面积不大，市区紧邻大海是这里的一大优势。如果想要体验距离大海究竟有多近，那么建议你到海滨大道（→p.96）旁的散步道去走一走。这是一条非常不错的散步线路。从加拉班市中心出发步行前往麦克海滩（→p.97）仅需 5~10 分钟。此外，还有美国纪念公园（→p.97）与砂糖王公园（→p.98）等非常不错的景点。

Check ▶ p.96~

繁华街道紧邻海滨是这里的魅力所在

砂糖王公园红色的牌楼非常显眼

麦克海滩的白沙

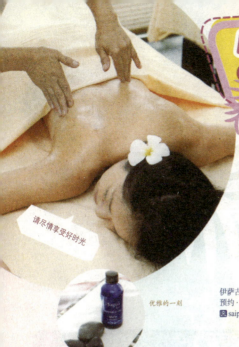

Relaxation
休闲

塞班有很多高档的休闲健身中心，旅行期间不妨前往体验。

请尽情享受好时光

优雅的一刻

采用自然疗法
伊萨古阿水疗馆

"伊萨古阿"在查莫罗语中意为水循环。采用以当地文化与自然疗法师的知识为基础衍生而来的优雅按摩法。配有专用的套房与按摩浴缸，是非常高档的休闲健身中心。
Check ▶ p.89~

伊萨古阿静修 120 分钟，费用 $180。
预约·咨询：塞班凯悦酒店 ☎ 323-5888
🏠 saipan.regency.hyatt.com

引进自然之力的伊萨古阿水疗馆

独特的面膜备受欢迎
美梦按摩院

人气极高的海藻身体面膜 & 芳香精油按摩，60 分钟收费 $70，适用于日晒后的修复。除此之外，还可以体验在头部滴芝麻油的印度式阿育吠陀滴油，60 分钟收费 $80。
Check ▶ p.93~

全身指压按摩 60 分钟，费用 $60。
预约·咨询：☎ 233-4137

按摩后饮茶休息

凉爽的海藻令人倍感舒适

采用自然素材进行保养
温泉豪园

这是一家项目丰富的休闲健身中心，采用自然素材进行身体保养。有采用咖啡豆进行的咖啡浴（60 分钟收费 $68）等，项目内容十分独特。这家店在塞班拥有多年的动态指压经营实绩，按摩技术也备受好评。
Check ▶ p.91~

动态指压 60 分钟，费用 $50。
预约·咨询：☎ 233-7766
🏠 www.spaverde-saipan.net

足浴也十分舒适

在咖啡的香气下放松

其他休闲设施

设施名称	页码	所需时间	费用预算
ARC 健康水疗	p.90	30 分钟	$35~
潟湖温泉	p.92	60 分钟	$55~
尼拉拉水疗	p.92	60 分钟	$80~
花蜜	p.93	30 分钟	$25~

Event

活动

塞班有很多与体育、美食等相关的活动。
如果旅行中恰巧遇到，请一定去参与一下。
如果你非常喜欢这些活动，可以结合举办时间安
排行程前往塞班。

还有卖蔬菜的哟！

每周四

加拉班集市

　　每周四，加拉班教堂对面
的广场上会摆出很多摊位，同
时还有当地乐队的演奏与舞蹈
表演。摊位多为当地美食与中
国菜，有很多家庭会在这里买
些食物作为晚餐。

Check ▶ p.114

还有很多少见的水果

像庙会一样，当
地人与游客均可
参与其中

每年 5 月的各周四

马里亚纳美食大会

　　每年 5 月的各个周四会举办"品味马里亚纳"的活动。
除了会有出售查莫罗菜肴与世界各国菜肴的摊位之外，还会
举行热狗速食比赛等，非常热闹。

Check ▶ p.263

塞班美食——烤乳猪！

传统的查莫罗菜
摊位

©马里亚纳政府观光局／MVA

舞台上有地方舞蹈
表演等，将活动推
向高潮

每年 3 月左右

塞班马拉松

　　黎明在美国纪念公园附
近开跑。参赛者在当地人的声
援之下冲过终点。天亮后，海
面辉耀，参赛者陆续抵达终点
的景象令人感动万分。游客可
以报名参赛，也可以一边眺望
大海一边为参赛者呐喊助威。

Check ▶ p.263

与伙伴一起跑完全程！

设有 10 公里马拉松，
儿童也可以进行挑战

在微凉的黎明时
分开跑

在塞班吃什么？

在生活着不同人种的塞班可以品尝到各种各样的美食。
那么，今天吃什么呢！？

热闹的烧烤

又来了一份

在常夏塞班，海滨烧烤与室外烧烤拥有很高的人气。
自行烤制、厨师烤制以及伴随歌舞表演烧烤等，形
式相当丰富。
游客可以热热闹闹地享用肉类与海鲜等美食！

日落海滩烧烤（塞班凯悦酒店）

游客可以在海滨区尽情享用自助形式烧烤。在这里可随
意品尝肉类、海鲜以及啤酒等。成人收费 $55，12 岁以下免
费，建议全家一同出游的朋友前去品尝！自助烧烤活动于每
周二举办。→ p.124

索尔缇兹餐厅

可在位于二层的开放式座位
上享用烧烤。这家坐落在加拉班
市内的餐厅空间十分宽敞，完全
出乎人们的意料。→ p.135

尝尝大龙虾吧

我还想吃那个盘

日落海滩烧烤

地点是塞班清泉度假俱乐部（→ p.181）
的美丽沙滩。在眺望日落美景的同时欣赏音乐
与舞蹈表演，之后便可享用豪华的烧烤晚宴。
$60~。→ p.141

乐队演奏充满
浪漫气围

肉眼牛排等

尽情享受自己亲手烤制的美食吧！

设置在沙滩的舞台上正
在进行好看的舞蹈表演

沙滩烧烤（P.I.C.）

与家人、朋友一起热热闹闹地烤制
并享用肉类与海鲜等，这应该是世界上
最美味的一餐。烧烤地点位于沙滩，在
这样的环境下应该气氛会更加浓厚！成
人 $50，儿童 $25。→ p.146

爸爸，烤大龙
虾吧！

自己烧烤是非常
愉快的体验

其他烧烤

店名	页码	费用
赤足海滩酒吧 & 烧烤	p.144	成人 $39、4~11 岁 $27
提基提基	p.209	一道菜 $55

令大家满足的自助餐

可以尽情享用自己喜爱的食物，无论喜好与年龄，自助餐这种形式可以满足所有人对美食的憧憬。以酒店餐厅为代表的各种自助餐静待你的光临。

可爱的餐具。当然，儿童也可以享用儿童区之外的其他美食

由于可以自己盛饭而乐趣倍增！

现场烹制意大利面食

麦哲伦

这是一家汇集韩国料理、日本料理、西餐以及各种甜品的自助餐厅。饮品也不限量。设有儿童区，孩子们可自行取餐。→p.145

晚餐 成人 $37、儿童（4~11岁）$18.50
7:00~10:00、11:30~14:00（周日 11:00~）、18:00~21:00 MAP p.10-B

乔万尼意大利餐厅

如果你在塞班期间恰逢周日，那么务必要前往乔万尼意大利餐厅享用周日午餐。届时会有意大利菜、烤牛肉、天妇罗以及寿司等各种料理，还有不限量的发泡性葡萄酒。→p.122

成人 $50、儿童（6~12岁）$25
18:00~21:00（周日 10:30~14:00也正常营业）MAP 折页地图②-C2

烤牛肉非常美味哦！

其他烧烤

店名	页码	费用（午餐）
世界咖啡厅	p.124	$26（4~11岁 $13）
科斯塔露台餐厅	p.140	$22
岛上咖啡厅	p.144	$24（4~11岁 $12）
双鹰	p.148	$35（4~11岁 $17.50）※

※ 周日午餐

铁板烧

如果选择可欣赏厨师表演的铁板烧，那么你的晚餐气氛一定会十分热烈！

热气腾腾的天妇罗分量很足

都

来到塞班，如果想找一家日本料理自助餐厅，那么非这里莫属了。这家店供应寿司、火锅以及天妇罗等。→p.123

午餐自助 $36（6~12岁 $17、5岁以下免费） 午餐周一~周六 11:00~14:00、晚餐 18:00~21:00 MAP 折页地图②-C2

除了手握寿司之外，还有海苔卷与油炸豆腐寿司等令人回味无穷的寿司品种

铁板烧

塞班凯悦酒店的"铁板烧"餐厅采用优质原材料，经上等的烹制后呈现在顾客面前，除此之外，还可以欣赏到厨师熟练的烹饪手法。→p.123

菜品 $90~ 18:00~21:00 MAP 折页地图②-C2

欢迎你来铁板烧餐厅

通过铁板烧的形式烹饪顶级的安格斯新牛肉

向当地渔民采购的新鲜鱼类

禅（铁板烧）

坐落在加拉班市内的一家豪华铁板烧店。可亲眼观看烹饪过程的安格斯牛肉味道棒极了。→p.133

菜品 $59~、牛排 $26~
18:00~23:00 MAP 折页地图②-A2

其他铁板烧

店名	页码	费用
舞（铁板烧）	p.125	牛排 $40
艾拉	p.146	菜品 $60

可以在科斯塔露台餐厅的自助餐中吃到的牛肉凯拉古恩

查莫罗料理
品尝塞班地方风味

查莫罗料理（→ p.112）是塞班的传统料理。虽然专营店不多，但是部分餐厅会将其作为晚餐秀或者特供菜品，感兴趣的游客不妨向工作人员详细咨询。

塞班现在只有"波卡波卡"一家查莫罗料理专营店。不过，在索尔缇兹餐厅可以品尝到多种查莫罗料理，除此之外，在科斯塔露台餐厅的自助餐以及快乐晚餐秀上还可以吃到牛肉凯拉古恩等极具代表性的查莫罗料理。

"波卡波卡"供应正宗的查莫罗料理，例如，油炸调味鱼售价 $18

品尝查莫罗料理！

其他可以品尝查莫罗料理的餐厅 & 自助餐厅

店名	页码	费用
日落海滩烧烤	p.124	$55（12 岁以下免费）
鱼骨	p.148	生鱼片拌饭 $9 等

牛排 & 海鲜
还是最爱吃肉

塞班是美国自治领地，这里的肉类菜品分量十足且相当美味！
另外，来到塞班一定要安排一顿海鲜大餐。

切块牛排可以方便地分给大家享用

塞班乡村之屋饭店

这是一家老字号牛排专营店，优质的安格斯牛肉是这家店的招牌菜。牛腰肉排售价 $36（约 330g）。→ p.127  11:00～14:00、17:30～22:30 折页地图②-A2

顶级安格斯牛肉

乔万尼意大利餐厅

采用在塞班十分罕见的 28 天熟成牛排，通过烤架进行烤制后美味浓缩。来这里品尝一下这与众不同的牛排吧。熟成牛排售价 $45。→ p.122 18:00～21:00（周日 10:30～14:00 也正常营业）折页地图②-C2

椰子亭

切成小块供大家享用的多汁切块牛排拥有极高的人气，售价 $33（约 350g）。这道菜以酱油味为基础，令人回味无穷！→ p.129 9:00～15:00、17:00～22:00 折页地图②-A1

品尝熟成肉特有的美味

采用烤架进行烤制的熟成肉可谓相当奢侈的一种牛排

白鲸

可尽情享用海鲜的餐厅。还有与牛排搭配供应的套餐！大龙虾按时价出售，海鲜拼盘售价 $18 左右。→ p.127 11:00～14:00、18:00～22:00 折页地图②-A2

海鲜也是不可错过的美味

其他美味牛排

店名	页码	费用
多利萝玛	p.128	肉眼牛排 $37
747	p.137	牛腰肉排搭配特制杧果酱 $23.50
温柔小溪餐厅	p.142	安格斯牛腰肉排 $25

比萨、汉堡包以及三明治等，这才是正宗的美式料理！

美式比萨 & 汉堡包

分量十足的美式比萨与汉堡包也是不容错过的美食！

美国比萨烤肉

店内环境令人仿佛置身于古老的美国餐厅一般，游客可以在这里尽情享用热气腾腾的比萨与汉堡包等美食。由 11 种风味组合而成的比萨售价为 $12.95~。→ p.133　圏 8:30~22:00　MAP 折页地图② -A2

味道与菜量均居首屈一指

飞溅池畔酒吧

位于塞班凯悦酒店泳池旁的一家充满开放感的酒吧。比较著名的是高 9 厘米的美式招牌汉堡包，售价 $15，分量十足。感兴趣的游客不妨来到这里卸下一切伪装大口大口地享用美食！→ p.123　圏 10:00~18:00　MAP 折页地图② -C2

多利萝玛

香脆洋葱汉堡全部采用由安格斯牛肉加工而成的肉酱，售价 $12。多汁肉酱与香脆洋葱简直是绝配。→ p.128　圏 11:00~22:30　MAP 折页地图② -A2

香脆洋葱汉堡 售价 $12

其他分量十足的比萨 & 汉堡包

店名	页码	费用
滚石餐厅	p.134	招牌 10 盎司汉堡 $17.95
温柔小溪餐厅	p.142	极端汉堡 $10（含饮品）
欧雷阿伊海滩酒吧 & 烧烤	p.143	岛民汉堡 $9.95

沙滩酒吧

一边眺望大海一边享用啤酒或者鸡尾酒，来到塞班务必要体验这种度假地所特有的风情。

左 / 与沙滩十分相配的鸡尾酒售价 $7~　右 / 一边欣赏晚霞，一边品尝美酒，是非常不错的享受

塞班冲浪俱乐部

塞班冲浪俱乐部坐落在塞班南部的沙滩上，悠闲且宁静。淡蓝色、黄色以及多彩的遮阳伞构成了一条美丽的风景线。→ p.150

圏 啤酒 $5~　圏 7:00~21:30（L.O.）　MAP p.10-A

上 / 除了汉堡包等，还供应意菜罗料理　右 / 可直接身着泳衣享受美食

教父海滩之屋

教父海滩之屋是建在纯白色沙滩上的一所小木屋。来到这里可以在海风的吹拂下喝上一杯。这才是正宗的南国沙滩酒吧。→ p.131

圏 啤酒 $3~　圏 13:00~24:00　MAP 折页地图② -C2

其他沙滩酒吧

店名	页码	费用
队长海滩酒吧	p.124	鸡尾酒 $8~
欧雷阿伊海滩酒吧 & 烧烤	p.143	啤酒 $3~
鱼骨	p.148	啤酒 $4~

米歇尔海滩酒吧

米歇尔海滩酒吧紧邻海滩，是塞班距离大海最近的一家酒吧。在这里会令人十分向往悠闲地眺望塞班湛蓝色的大海与夕阳西下的美景。→ p.141

圏 鸡尾酒 $10~　圏 10:00~21:00　MAP p.12-C

黄昏时分，被梦幻般的风景包围

注意事项！

● 外卖打包
几乎所有的餐厅都会提供外卖打包服务，因此，部分料理是可以打包带回酒店里享用的。比如孩子没有吃完所有食物就已经饱了，遇到这种情况，即便是吃到一半也是可以打包的。

● 预约
塞班的餐厅几乎不会出现没有位子的情况，但保险起见还是提前预约为好。没有公共交通设施的塞班，有很多店会为顾客提供接送服务，预约时可以详细咨询。

● 自助餐礼仪
虽说自助餐可随意取餐食用，但过量取餐是违背用餐规定的。此外，替朋友或者家人取餐是导致剩饭的主要原因。因此，吃自助餐时只取自己的那部分即可。

● 查询活动信息
就像每周四举办的加拉班集市，如果有摆摊子的活动，用餐将会变得更加有趣。不过需要注意的是，基本所有公共场所均禁止饮酒。

甜品

在炎热的塞班，冰镇甜品会变得十分抢手！
健康的甜品可为身体补充能量。

维生素的含量丰富！

阿萨伊果泥售价 $6

松饼屋餐厅

供应铺满水果的薄煎饼与蛋奶烘饼等甜品。现代感极强的店内装修也令人心情十分舒畅。→ p.139

🍴 饮品 $3~ 🕐 7:00~22:00
MAP 折页地图②-C4

草莓香蕉法式吐司售价 $9.49

果仁奶油松饼

杧果六咖啡厅

韩国人气咖啡厅首次登陆塞班。店名同款杧果汁为必点单品。所有甜品均为手工制作。→ p.150

🍴 饮品 $5.75~ 🕐 7:30~21:00
MAP p.11-A

冰冻饮品看上去也十分可爱

cha

饮品的种类丰富多彩

简陋小屋

度假感十足的一家咖啡餐厅。健康的自制甜品备受好评。→ p.148

🕐 8:00~14:00、17:00~21:00
MAP p.8-C
休 周日

茶·咖啡·面包

位于加拉班市内的一家十分方便的咖啡厅。除了自制面包与蛋糕之外，还可以品尝一下色彩鲜艳的马卡龙 $1.75。→ p.132

🍴 饮品 $3.50~ 🕐 7:00~22:00
MAP 折页地图②-A2

颇受顾客喜爱的称重售卖方式！

漩涡咖啡厅

这家咖啡厅供应称重售卖的酸奶冰激凌。还有冰果露等饮品。

🕐 11:00~21:00（周四~周六~22:00）
→ p.132 MAP 折页地图②-A3

备受喜爱的冰甜品

其他甜品

店名	页码	费用
谭玛丽吉塔咖啡厅	p.143	面包 $1~
加巴·乔咖啡厅	p.151	英格兰松饼 $2.95~

塞班人气儿童菜单

Kids Menu

携带儿童用餐时，如果有精美的儿童菜单则会方便很多。下面就来介绍一些装盘可爱且颇受儿童喜爱的人气菜单！

欧雷阿伊海滩酒吧 & 烧烤

有炸鸡、薯条以及意大利面等，老板将儿子小和所钟爱的食物全部放进了儿童菜单中，并美其名曰"小和的盘子"，售价 $10。→ p.143

🕐 11:00~23:00（周日~22:00）MAP p.8-B

滚石餐厅

吉他形状的盘子令孩子们兴奋不已！"小摇滚乐手套餐"内含供儿童着色的线条画与蜡笔，售价 $8.95。
→ p.134

🕐 10:30~22:30
MAP 折页地图②-C4

软软的，很好吃！

多利萝玛

有方便儿童食用的软肋与薯条。自制酱料也颇受孩子们的喜爱。由烤排骨与薯条组成的套餐售价 $8（饮品需另付 $1）→ p.128

🕐 11:00~22:30
MAP 折页地图②-A2

温柔小溪餐厅

孩子们非常喜欢的铁板套餐内含炸虾与汉堡！餐具垫、刀具以及叉子也十分可爱。$7.50。
→ p.142

🕐 11:30~14:00、17:30~21:30
MAP p.8-C

在塞班买什么？

来到海岛度假胜地塞班，首先要准备好具有南国风情的休闲装与泳衣。可爱的儿童服装也不容错过！

在漂亮的橙红色底色上配有鸟与花等图案的一身服装，少女感极强。上装与下装各 $62 Ⓛ

休闲装 & 泳衣
~ 女装 ~

珊瑚体现了大海的韵味。采用这种印花图案显得非常时尚。上装 $58，下装 $46 Ⓛ

采用了使腰部显得更为纤细的荷叶褶边。设计低调，穿着更为方便。上装 $66，下装 $48 Ⓛ

披在泳衣上的连衣裙，十分方便。度假愉悦感也得到充分提升！$74 Ⓛ

鲜艳的粉红色与蓝色极具塞班风情。穿在身上令人神清气爽。$25 Ⓢ

令人备感清爽的T恤，颇具南国风情。$30 Ⓢ

没有侧兜，十分方便的连体衣。$84 Ⓛ

连衣裙风格的背心式比基尼，让人有一种整套购买的冲动。椰子树图案十分可爱。上装 $68，下装 $62 Ⓛ

平时也可以用的包包，在度假时可以当作海滨游泳袋使用。$48 Ⓛ

甘蓝形缎结也不容错过，非常可爱的装饰品。单价 $10 Ⓛ

各种可与泳衣搭配使用的发绳。单价 $5 Ⓛ

脱下后依然可爱的彩虹拖鞋 $34 Ⓛ

衬衫 ~ 男装 ~

印有龟背竹叶与木槿属植物的棒球风衬衫，充满南国风情，$60 Ⓢ

马加斯T恤，采用针织筒形布制作而成，十分舒适。$45 Ⓢ

夏威夷衬衫，同时适用于各种正式场合。胸前图案也非常时尚。$60

儿童＆亲子

独特的动物造型木质弹弓。单价$12 **L**

这套母女亲子比基尼套装怎么样？儿童（左）上装$44，下装$36。充满现代风格的洗衣波与洗衣波，郎可以佩戴闪闪发光的串珠作装饰。上装$66，下装$48 **L**

银嵌着南国岛屿图案的儿童泳衣。上装$38，下装$30 **L**

色彩鲜艳且镶具品位的设计（左）与白底上印制的木槿属植物花纹（右）令人印象深刻。单价$21.95 **I**

如果想随身携带消毒液与洗衣液，那么这种消毒杀菌剂感觉如何呢？单价$3.95 **I**

这套泳衣上有很多令人食被大增的点心！孩子们穿着这样的泳衣应该会非常兴奋吧。上装$44，下装$36 **I**

鲜艳多彩的婴儿用品也十分丰富！汤勺两只装售价$4.95 **I**

装扮成有氧深潜模样的可爱玩偶。单价$16.950 **I**

布书子恩温和，是孩子们的旅途伴侣。$27.49 **J**

1 Large Cow   2 Fuzzy Sheep

棒球风格的儿童衬衫品种也十分丰富。令人联想到马里亚纳蓝的颜色非常鲜艳。$40 **S**

我爱塞班原创对偶，手感极佳。背包$12.95，手提包$9.95，笔筒$4.95 **I**

印有迪士尼人物形象的杯子，十分受孩子们的喜爱。单价$3.25 **J**

夏威夷风格衬衫，可与爸爸搭配成亲子裳。颜色分为灰色与黑色两种。$50 **S**

注意事项！

●注意尺寸差异
可向店内工作人员咨询，也可参考本书中的购物须知。

●不可携带回国的物品
即便购买了植物与牛肉干等也无法将其携带回国。为了不在旅途的最后阶段大失所望，游客需要提前进行确认。

●确认免税范围
如果购买物品过多，回国时便必须在机场支付税金。需确认免税范围。

名牌货

旅游纪念品

如果想采购顶级品牌商品，可以前往塞班DFS环球免税店（→p.162）。爱马仕、蒂芙尼以及菲拉格慕等应有尽有。

点心与售价$5左右的饰品等，我爱塞班（→p.165）汇集了各种价位适中的旅游纪念商品。

●逛超市
有时在超市也会发现珍品或者较为罕见的旅游纪念品。可以详细了解一下。

L＝本地精品的商品
S＝670坚石商店的商品
I＝我爱塞班（→p.165）
J＝周天·哈发代购物中心

31

住什么样的酒店?

塞班酒店的价位、客房种类以及设施等多种多样。游客应充分考虑成员构成与各因素的重要程度选择合适的酒店。如果来到塞班主要是想体验各类活动项目,那么选择小型的酒店即可,相反,如果是要饱享悠闲的酒店生活,则建议多一些预算,选择设备与服务都比较充实且完善的酒店。

摄政俱乐部

饱享悠闲的酒店生活!

我们在丽景酒廊恭候你的到来!

塞班凯悦酒店

如果想要饱享悠闲的酒店生活,建议你选择塞班凯悦酒店内名为摄政俱乐部的区域。酒店会于6:00~9:00期间在专用的丽景酒廊内供应自助早餐,17:00~19:00还会准备冷盘自助、啤酒以及葡萄酒等。除了上述时间段之外,你还可以享用茶水、咖啡以及小甜饼干等,宛如在自己家中的起居室一般闲适。另外,你还可以在能眺望庭园与海滨的俱乐部专用露台上享受最幸福的时刻。当然,客房是海景房,在这里完全可以体验一把奢侈的生活。

摄政俱乐部 $325~
MAP 折页地图②-C2 →p.180

在露台上享用发泡性葡萄酒的幸福时光

上／某日的自动早餐
右／两蔡小点时间会供应上面放有鱼子、奶酪等的小而薄的烤面包片以及色拉、生火腿、熟肉酱等,内容丰富

小型酒店

如果你是活动家!

塞班塞伦蒂酒店

建议想要饱享活动与购物乐趣并节约酒店费用的活动家们选择这家酒店。该酒店位于加拉班市中心,除了地理位置十分便利之外,价格也相对适中。

标间(两张单人床、大床)$130
MAP 折页地图②-B3 →p.191

上／坐落在我爱塞班(→p.165)对面,地理位置绝佳
右／雅致的客房

长期居住!

配有厨房的小型酒店

金宝殿酒店

如果是想长期在像家一样的环境下享受塞班之旅,那么建议你选择入住金宝殿酒店。你可以在配有厨房的客房内自己做饭,还可以满足你准备家常菜与便当的需求。此外,酒店提供自行车租赁服务,可通过骑行充分体验当地的日常生活环境。

小型单人间 $48~
MAP 折页地图②-B3 →p.190

清洁且功能性极强的客房

上／金宝殿酒店的客房配有小型厨房。可免费租用厨房用品
下／酒店提供投币式洗衣机,除此之外,还有独特的露天观景浴场

房内配有厨房的休闲公寓

家庭旅行！

宝瓶宫海滩酒店

如果是全家一起出行，入住配有厨房与起居室的休闲公寓为好。宝瓶宫海滩酒店客房内配有大厨房与洗衣间，十分方便。孩子们可以在宽敞的起居室内悠闲地玩耍。

大床房 $138~ MAP p.10-A → p.194

客房内设有洗衣间

客房内的厨房与起居室
令人十分满意

真正的厨房

小宝房间

P.I.C.

P.I.C. 为携带婴儿的游客准备了"小宝房间"。为防止婴儿跌落，特意将床面设置到距离地面15厘米左右的位置，同时，婴儿车与婴儿浴盆等配套用品也十分完善。此外，可通过客房门口直接通往游泳池与庭园。预订酒店时需要提供具体的客房需求。

双人间 $171~ MAP p.10-B
→ p.184

儿童专用浴衣看上去也十分可爱

上／客房内备有婴儿浴盆
右／浴室配置也十分用心

随处可见 P.I.C. 的吉祥物"西吉"

P.I.C. 的俱乐部伙伴正在陪孩子们玩耍

少儿活动
Kids Program

部分酒店提供少儿托管服务，家长可将孩子寄放在那里，让他们尽情地玩耍，下面我们就来了解一下酒店的少儿活动区。

少儿校园
（塞班世界度假村酒店 → p.185）

面向 5~11 岁的少儿开放。开放时间为 9:00~17:00，仅限于酒店客人，免费。如果全天托管，则需要支付 $10 的午餐费用。工作人员会带领孩子们在酒店内的设施中玩耍。

少儿俱乐部
（P.I.C → p.184）

被称为俱乐部伙伴的工作人员会陪着孩子们一起玩耍，有时还会组织一些特别节目。这里以 4~12 岁的少儿为接收对象，在 9:00~18:00 期间可随时前往玩耍。酒店客人免费。不满 4 岁的儿童需要家长陪同。

凯悦悦趣营
（塞班凯悦酒店 → p.180）

以 4~12 岁的少儿为接收对象。半天（9:00~12:00，含午餐）费用为 $35，全天（9:00~15:00，含午餐）费用为 $60。涵盖艺术＆手工艺以及网球等10余种活动项目。

注意事项！

● 要洗的衣服
大多数酒店备有投币式洗衣机。若未使用甩干机是不允许将洗过的衣物挂外部可见的阳台上晒干的。

● 优先顺序
为了能够灵活运用有限的预算，游客在选择酒店时需充分考虑价格、便利性以及客房大小等因素。

● 小费
如果请工作人员帮忙整理床铺，通常需要支付 $1 的小费。如果有将套房或者配有厨房的宽敞客房弄乱的，则需要再追加支付 $1。

● 环境
近年来，有很多客房都有床单等日用织品"只需整理、无须清洗"的卡片。请游客尽量合作，为环境保护出一份力。

有用的信息

Useful Information

塞班虽说是可轻松前往的度假胜地，但由于部分游客初次旅行或者携带孩子等各种原因，还是多少会有些担心。下面我们就旅行中常见的一些问题进行了归类总结。

> 大海非常漂亮!

选择旅游团

在选择旅游团时，首先要查询飞机的起飞与抵达时间。由于在当地逗留时间较短，因此对小孩来说，身体负担相对较重。

● 航班时刻表 → p.233

旅行计划 & 交通

旅程最好安排得轻松一点。特别是携儿童与老人一同出行时，更不要将旅行计划安排得过于紧凑。此外，塞班没有公交车与火车等公共交通设施，这一点务必要注意。参加旅游团，或是租车自驾，游客需要考虑好出游形式后再制订详细的计划。

● 标准行程 → p.36　● 交通 → p.246

有很多专向儿童开设的旅游团（→ p.79）

注意因温差引起的旅行综合征

塞班是常夏岛屿。全年平均气温为 27~32℃。成人有时都会因温差而备感疲劳，因此务必要特别注意孩子的身体状况。在较热的午间尽量留在室内，且务必要安排好午睡时间。即便是参加旅游团，也要尽量选择上午或者下午的团出行，中午留在酒店休息。

充分注意脱水症状

旅行时最好随身携带水壶，如果不慎忘记，可以灵活使用塑料瓶。首先购买塑料瓶装的水或者茶，将其冷冻在酒店的冰箱内，出行时随身携带，这样便可以随时喝到冰爽的饮品，可谓旅程中的珍贵宝物。如果有塑料瓶套与吸管就更加完美了!

摆脱机内无聊时光的对策

前往塞班的飞行时间对成人来说并不算长，但是孩子们还是会觉得非常无聊。家长可以准备好点心、绘本以及儿童杂志等，还可以提前在平板电脑上下载动画片等儿童节目。当然，和孩子一起做游戏或者玩扑克牌也是一个不错的选择。

用餐时孩子的剩饭

前往餐厅用餐是旅程中的一大乐趣，但是如果有小孩同行，也许有时会略感困惑。用餐期间孩子因疲劳或者厌烦等情况导致剩饭的时候，可以尝试向餐厅提出打包的要求。塞班几乎所有的餐厅都可以将剩饭剩菜打包带走。你不妨转换心情，在客房内一边品尝小酒一边享用打包带回的美食。

尽量缩减行李

准备行李

塞班是常夏岛屿。需准备的服装与用品方面不会十分复杂。一旦出现特殊情况，可以在当地购买，下面列举一些必备物品。

●长袖外套等

由于很多餐厅会将空调温度调得很低，因此最好随身携带一件长袖外套。

●帽子

帽子是预防中暑的必备物品。虽然可以在当地购买，但是为了能够在飞机落地后马上使用，最好提前准备一个带在身边。

●常备药

虽然可以在塞班当地购买，但是考虑到平时接触较少的美国药药效过强，担心服用后出现不良反应，最好随身携带感冒药、止泻药以及退烧药等。

●水壶、茶包

来到塞班，饮水方面需要多加注意。在水壶内加满矿泉水并放入可冷水冲泡的茶包，随身携带便可成功补充水分。

●防晒用品

塞班也有出售，但是国内防晒用品性价比较高，因此自带前往，使用起来会更加放心。

●太阳镜

防止眼睛受到紫外线强光照射的必备物品。

机内

机内可提供儿童食品与婴儿粗粉。由于上述儿童食品与婴儿粗粉等均属于预订范畴，因此在报团时需要确认。此外，为防止儿童在飞行过程中因无聊而导致厌烦情绪的出现，家长是可以携带玩具与拥有视频播放功能的平板电脑进入机舱的。

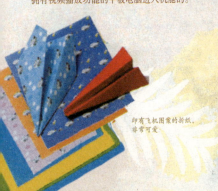

印有飞机图案的折纸，
非常可爱

如果携婴儿一同乘机，还需准备下述物品

●孩子喜爱的绘本与玩具

孩子在飞机上或者酒店客房内闹腾时可以派上用场。

●儿童食品

随身携带孩子爱吃的食品，更加万无一失。

●纸尿裤

可以在当地采购，只需携带前往塞班途中的必要数量即可，如果担心孩子因用不惯当地的纸尿裤而出现尿疹，那么可以适量增加携带数量。

航空公司的儿童服务（达美航空公司）

●婴儿摇篮

使用对象为身长65厘米以下，体重9公斤以下的婴儿。由于可用机型与座位有限，因此在预订机票时需要详细确认。

●机内食品

供应婴儿粗粉（瓶装糊状食品）与儿童餐。需要在预订机票时或者出发24小时前预订。

●婴儿服务

虽然数量有限，但是会常备纸尿裤配套用品（隔尿垫、湿毛巾、塑料包以及一次性的通用尺码纸尿裤）。

●儿童着色用的线条画与折纸服务

机内提供儿童着色用的线条画与折纸服务。此外，还可以借读机内的绘本，详细情况需向机舱乘务员咨询。

※详细情况可向达美航空公司预约中心咨询
Free 400-120-2364

塞班4天3晚 **标准行程** MODEL PLAN

军舰岛是必去的景点

在有限的时间内如何饱享塞班之旅呢！？
不妨以塞班最为常见的4天3晚行程作为框架来制订详细的计划。

4天3晚行程的基本时间表

悠享酒店生活（塞班凯悦酒店→p.180）

※ 从不同城市出发时间有差别，请注意

第1天

抵达塞班国际机场
在酒店办理入住手续

塞班时间
15:00
16:30

各航空公司的直达航班定期通航，也可以利用班次较多的经韩国或香港转机的航班，到达时间差别较大。这里以到达塞班的当日为第一天，这一天主要以在酒店休息为主，可根据自己的到达时间安排行程。

在酒店办理入住手续
第一天不能过于劳累，可在酒店或者附近享用晚餐，且早点休息。

18:00
0:00

Free Time
（7~8小时）p.37
为了消除旅途疲劳，第一天可以早一点休息！

第2天
6:00
12:00

Free Time
（约17小时）p.37

偶尔也可以体验一下夜生活！
保证充足睡眠，
为接下来的行程养精蓄锐

塞班旅行的
有利之点1

基本上感觉不到时差！
基本不受时差影响，可以痛快地享受旅途时光。

18:00
0:00

第3天
6:00
12:00

Free Time
（约17小时）p.38

享受最后一晚的塞班时光

安排计划

罗塔岛与天宁岛的短途旅行！
可从塞班出发，以一日游或者2天1晚的形式前往这里。
→p.40
罗塔岛2天1晚→p.40·天宁岛一日游→p.42

18:00
0:00

第4天
6:00

Free Time
（5~6小时）p.39
在酒店办理退房

前往塞班国际机场

塞班旅行的
有利之点2

美丽的海滨等候你的到来

景点间的移动时间较短！
　塞班岛规模较小，可轻松往返于各景点之间，移动时间较短。即便是乘车从加拉班前往位于最北端的岛上唯一一条繁华街道也仅需15分钟左右。

12:00
14:00

如果前往塞班，即便是时间较短，也可以安排得十分充实。接下来只需要确定目标并制订详细计划即可！

第1天　抵达当天轻松地享用晚餐

抵达塞班机场后，首先要配合移民局检查站完成入境审查，之后前往酒店办理入住手续。抵达塞班的第一天尽量不要过于劳累。

16:30

在酒店办理入住手续

在客房简单整理一下行李后，首先了解酒店内商店与餐厅的情况。

乔万尼意大利餐厅（→p.122）的冷盘自助

19:00

轻松地享用晚餐

无须远行，可在酒店内部或者附近轻松地享用晚餐，为第二天的出游做好准备。不过，还是建议前往旅行氛围浓厚且有情调的餐厅用餐。

17:30

在附近购物

在附近购买防晒霜等忘记随身携带的物品以及饮品等。还可以在当地购买一些休闲服装。

塞班凯悦酒店（→p.180）的前台工作人员

出借服装等商品的周天哈发代购物中心（→p.173）

第2天　适应酷暑

塞班的平均气温约为27~32℃。应逐渐适应当地的气候环境。

快乐咖啡&露台餐厅外面的座位看上去环境更佳（→p.122）

参加上午的观光团

如果是初次来到塞班，为了能够整体了解岛上情况，建议参加观光团（→p.83）进行游览。如果参加上午的观光团，下午还可以购物或者参加各类活动项目。

9:00

岛岛（→p.107）是塞班唯一一个名胜

7:30

早饭要吃好

为了能够饱享塞班之旅，早饭务必要吃好。充满度假氛围的餐厅很有气氛！

12:00

在加拉班享用午餐&购物

观光团在加拉班的塞班DFS环球免税店（→p.162）解散。解散之后可以直接在免税店内购物，或者在附近享用午餐。周边聚集了各种商店与餐厅，可以先散散步再做决定。

上／位于加拉班的洛克与塔克（→p.130）
右／塞班DFS环球免税店内鳞次栉比的奢侈品商店

16:00

在海滨区度过美好时光

塞班是一座小岛，市区与海滨区的距离很近是这里的一大优点。买完东西后可将所购物品放回酒店，之后来到海滨区玩水或者散步至晚餐时间。

麦克海滩（→p.97）梦幻般的傍晚景色

18:00

饱享晚餐秀与烧烤

这一天的晚餐可以饱享充满乐趣的表演与烧烤。推荐沙堡（→p.86）与日落海滩烧烤（→p.124）。

上／日落海滩烧烤令人兴奋的现场演奏表演
右／沙堡的表演十分华丽

37

第3天

积极主动的一天

第三天就痛痛快快地玩吧！如果想体验各种活动项目，则建议前往军舰岛。如果想看一看透明度更高的大海，可以前往罗塔岛与天宁岛。

前往罗塔岛
➡ p.46

前往天宁岛
➡ p.48

7:30 享用市区的咖啡与快餐
这一天可以早点出发，前往市区的咖啡厅或者快餐店享用早餐。体验一下当地人的生活。

深受女孩子们喜爱的阳光咖啡厅

8:30
前往军舰岛！
军舰岛（→ p.54）是塞班之行中必不可少的一个行程。在这里可以饱享各种活动项目的乐趣！

观光团的午餐安排是烧烤自助。看上去好好吃哦！

11:30
在军舰岛享用午餐
在体验各种活动项目之后，肚子一定会饿得咕咕叫。午餐就安排在军舰岛吧！

13:00 午餐后在海滨区悠闲地度过午后时光
下午可以在岛上散散步或者在海滨区玩玩水，悠闲地度过午后时光。

上／通过潜水的方式与鱼儿们偶遇
右／在香蕉船上体验绝美大海

上／虽然恋恋不舍，但是不得不踏上回程的船
右／在纯白色的沙滩上悠闲地度日

18:00
体验查莫罗料理！
挑战一下塞班的传统料理查莫罗料理（→ p.112）。前往位于加拉班的索尔缇兹餐厅（→ p.135）。

15:00
返回加拉班体验养生水疗
既然是来度假，那么一定要去体验一下当地的水疗。返回加拉班体验养生水疗，对暴晒后的肌肤做一下护理。

充满神秘氛围的伊萨古阿水疗馆（→ p.89）

在索尔缇兹餐厅可以品尝到多种查莫罗料理

17:00
在沙滩酒吧喝一杯
塞班有几家地理位置极佳的沙滩酒吧。在当地逗留期间务必要前往体验，度过一个快乐的傍晚时光。

地理位置绝佳且环境出众的教父海滩之屋（→ p.131）

快乐的回程日

第4天

如果搭乘傍晚的航班回国，即便是最后一天，也可以充分享受各种活动项目、午餐以及购物的乐趣。话不多说，就让我们痛痛快快地度过塞班之行的最后一天吧！

7:30

地方风味早餐！

最后一天可以安排前往游客甚少的特里小吃店（→p.151）享用早餐。推荐品尝手工肉饭团与颇受当地人喜爱的肉馅卷饼。

令人兴奋的旅行体验

左／备受当地人喜爱的一家餐厅
右／肉团饭售价 $1.50

9:00

挑战 ATV

参加"让我们去旅行"（→p.81），驾驶ATV穿越丛林。

11:00

最后的午餐安排为自助餐

在塞班的最后一顿午餐可以安排为自助餐。几乎所有酒店的餐厅都有自助午餐，品种丰富的料理一定会让你大饱口福。

岛上咖啡厅（→p.144）的自助午餐费用为 $24

13:00

购买旅游纪念品等的最后机会

最后安排在加拉班购物。检查一下是否已经购买了足够的旅游纪念品？

我爱塞班（→p.165）为游客准备了众多价位适中的旅游纪念商品

14:00

前往塞班国际机场

从加拉班出发，30分钟左右便可抵达塞班国际机场。在办理完登机手续之后，可以在机场内的塞班DFS环球免税店（→p.162）购物，也可以在咖啡厅小憩。再见了，塞班！

塞班国际机场

如果……

Thursday

如果旅行期间恰逢周四！务必要前往！

加拉班集市

每周四的17:00~21:00前后，在加拉班教堂对面的广场（MAP 折页地图②-C5）上会举办加拉班集市。各摊位上会出售查莫罗料理、中国菜以及菲律宾与当地的地方点心等，种类繁多。如果在塞班逗留期间恰逢周四，那不如前往加拉班集市（→p.114）转一转，并在那里享用晚餐。

上／当地人的休闲晚餐时间
下／很多摊位只需支付 $5~6 便可自选4、5种菜

Sunday

如果旅行期间恰逢周日！务必要前往！

塞班凯悦酒店

如果在塞班逗留期间恰逢周日，务必要前往位于塞班凯悦酒店（→p.122）内的乔万尼意大利餐厅享用周日午餐，餐费为 $50。起泡葡萄酒等饮品不限量，菜品涵盖海鲜、寿司、烤牛肉以及意大利料理等，种类繁多。天妇罗与意大利面食等均为现场烹饪，可趁热享用。周日午餐的用餐时间为10:30~14:00，是令人满足感极强的自助餐。人气高，须提前预约。

上／厨师现场烹饪美食
下／烤牛肉可以现场切分

罗塔岛2天1晚

塞班之行中可拿出1~2天的时间前往罗塔岛。与塞班岛相比，罗塔岛拥有透明度更高的大海，可以与未经开发的大自然来一次亲密接触。从塞班岛出发经约30分钟的飞行时间便可抵达罗塔岛，每天有2个航班。

7:00
从塞班机场出发前往罗塔岛
国内航线机场坐落于塞班国际机场的旁边。约约30分钟的飞行时间便可抵达罗塔岛！

朴素的机场

8:00
罗塔岛的早餐
抵达罗塔岛后可以租一辆车去品尝当地风味的早餐。推荐前往当地的老字号餐厅——巴黎餐厅＆酒廊（→p.210）。

由煎鸡蛋、牛肉干（烤牛肉）以及白米饭组成的套餐售价$8.95

9:30
松松展望台（→p.202）
松松村是罗塔岛的中心，可以从坐落在村内的展望台上眺望村子，景色尽收眼底。

前面是太平山。由于外形酷似婚礼蛋糕又被称作婚礼蛋糕山。

10:00
岛南部观光
上午在岛南部巡游观光。可以欣赏到千本椰子林与罗塔松岛等美丽的景色。此外，还可以前往制糖工厂遗址参观，了解罗塔岛的历史。

1. 罗塔松岛→ p.202

2. 制糖工厂遗址→ p.203

3. 千本椰子林→ p.203

4. 图伊库斯贝利海滩→ p.203

12:00
人气比萨
午餐可以安排在颇受当地人喜爱的男孩酒吧烧烤（→p.210）。来一份售价$24.95的咖喱虾仁比萨怎么样？

这家店还设有开放式的露天席位

13:30
饱享罗塔蓝
罗塔岛独特且美丽的大海颜色又被称为罗塔蓝。要饱享罗塔岛的大海之美，务必要在这里体验一次潜水（→p.205）。

潜水时可以偶遇很多种鱼类

15:30
办理酒店入住
前往罗塔岛上唯一一家度假酒店"罗塔度假村＆乡村俱乐部"（→p.213）办理入住。之后可轻松舒畅地从客房眺望窗外的美景。此外，罗塔岛还有其他极具个性的小型酒店，感兴趣的游客可以在本书中（→p.214）进行详细了解。

别墅酒店

客房视野绝佳

18:00
优雅的晚餐
在客房稍事休息之后可前往酒店内的餐厅（→p.209）优雅地享用晚餐。

晚餐供应使用罗塔特产番木瓜等烹制的菜品

Good Night！

我们也非常喜欢！

7:00

前往市区咖啡厅

第二天稍微早一点起床，前往位于市区的咖啡厅。蒂安娜咖啡厅（→ p.211）的面包与小甜饼干都非常美味，十分受当地女孩子们的喜爱。

自制面包与小甜饼干十分美味

罗塔岛生活着一些珍奇的野鸟

9:00

在通往自然景观的小径散步

在广阔的罗塔度假村 & 乡村俱乐部内有一条通往自然景观的小径。游客可以在林中散步或者赏鸟。酒店提供望远镜租赁服务。

10:00

可供游泳的深水潭

前往罗塔的绝景——可供游泳的深水潭（→ p.204）。建议退潮时前往，详情可向酒店咨询。

淡水不断从海底涌出，这是一个令人不可思议的景点

11:00

爹爹头海滩

可前往被誉为罗塔最美海滩的爹爹头海滩（→ p.202）捡贝壳或者浮潜。

这里几乎看不到人类的踪影。给人一种私人沙滩的感觉，非常令人兴奋

将来为您送餐

11:30

在海滨区享用午餐

在海滩上玩着玩着就到了午餐的时间！罗塔度假村 & 乡村俱乐部提供送餐服务，可将餐品送到爹爹头海滩。需要预约。$13。

供应汉堡包与三明治等

13:30

鸟类保护区

罗塔岛东北部都有一个鸟类保护区（→ p.201）。站在直上直下的山崖边眺望无数的鸟巢与来往的海鸟，深蓝色的海洋堪称绝景。

可以从山崖上眺望到鸟巢

14:30

塔哥石场遗址

前往罗塔机场之前的最后一个景点。谜一般的塔哥石场（→ p.204）充满了古代的浪漫情调。

令人联想到这里可能曾是采石现场

16:00

前往罗塔机场

在位于罗塔机场前的小房内将租来的车归还。在这两天时间内最大限度地享受了罗塔的自然风光！

15:00

在地方商店购物

在位于机场附近的西纳帕罗·西夫韦（→ p.212）可以以十分便宜的价格买到罗塔特产胡椒。在这里入手一些罗塔岛的旅游纪念商品吧！

商品量丰富啊

罗塔产香蕉堆积如山。看上去十分美味

41

天宁岛一日游

从塞班出发，搭乘飞机前往天宁岛约需 15 分钟。每小时有一个航班，可轻松前往。美丽的自然与历史完美地凝聚在这座岛屿当中，建议游客务必在塞班之行中安排天宁岛一日游的行程（→ p.215~）。

7:30 天宁岛的早餐

天宁岛的中心是圣何塞村。游客可前往村内菜品最为丰富的 JC 咖啡（→ p.228）享用早餐。

地方风味早餐。由煎鸡蛋与咸牛肉组成的套餐售价为 $9.75

7:00 从塞班机场出发前往天宁

国内航线机场坐落在塞班国际机场旁。经约 15 分钟便可抵达天宁岛！

享受小型机的飞行体验

9:00 参加观光团

天宁岛没有公共交通设施，此外，在美军进行军事演习期间还会设立禁止入内的区域。建议初次前往该地的游客参加观光团来进行游览。报名参加 MK 旅行社（→ p.226）的观光团，对天宁岛了如指掌的导游会为你做向导与讲解，令人十分放心。

去附近的洞窟探险！

1. 古代查莫罗人遗址
这个遗址是原住民查莫罗人在古代曾经居住过的地方。

3. 丘鲁海滩
前往丘鲁海滩与没有人的寂静海滩。可以捡到玻璃瓶碎片经海浪常年冲刷后形成的玻璃贝壳！

2. 原子弹装载地 → p.224

12:00 午餐时间

午餐可购买售价 $15 的 MK 旅行社自制便当。将牛肉放入番茄烧汁、酱油以及奶酪中炖制而成的菜品十分美味！

装有地方特色菜肴的便当

13:30 周游观光景点

天宁岛有很多景点。让我们来一一观赏！

1. 塔加屋 → p.221

4. 自杀崖 → p.225

16:00 前往天宁机场

从圣何塞村前往机场需要 15 分钟左右。虽然只有一天时间，但是天宁岛依然给人留下深刻的印象。

2. 塔丘纳海滩 → p.222

3. 塔加海滩 → p.222

第 1 章
选择性旅游项目和活动

OPTIONAL TOUR & ACTIVITIES

选择性旅游项目和活动 旅行须知

Optional Tour Orientation

在没有公共交通设施的塞班，观光时最令人头痛的是出行方式。虽然有租车（→ p.247~）等方法，但是相对而言最令人放心的应该还是参加旅行观光团出游了。下面针对旅行观光团做一下简单介绍。

位于塞班凯悦酒店前的海风游洋体育俱乐部（→ p.56）

参加旅行观光团的好处

旅行观光团提供酒店接送服务，因此不必担心出行方式的问题。随旅行观光团出游，不仅能从导游那里听到观光景点的解说与当地的一些地方信息，而且还可以与很多同行的其他游客互相交流旅游信息。

如何做旅行预算

每人每参加一个旅行观光团，需要 \$50~100 的费用。这个价位贵不贵？结论因人而异。但是，通常情况下团费包含接送费用、观光景点门票（公共设施）与器具租金等。此外，如果旅行观光团提供餐食，那么游客完全可以认为是又节省了一顿餐费。做旅行预算时，应当综合考虑上述附加价值与旅途安全感等因素后再进行选择。

POINT 1
与导游以及同行的其他团员交流旅行信息！

POINT 2
确认是否包含餐食！

在军舰岛体验香蕉船项目｜塔西旅行社（→ p53）

天宁岛的塔加海滩（→ p.222）

塞班有什么样的旅游项目？

不管怎么说，蓝色大海是塞班当之无愧的魅力所在。这里至今依然有丰富的未经开发过的自然资源。可以体验一下骑山地自行车或驾驶 ATV 在陆地上周游的旅游项目（→ p.78~）。不过，如果将水上运动与陆上活动安排在同一天，则要注意换装时间等问题。

POINT3
注意换装时间等问题！

如何安排时间

如果想高效地度过一天，那就早早地起床参加清晨出发的旅游观光团吧。参加清晨出发的旅游观光团，下午就可以早早地返回酒店，当然，耗时较长的旅游观光团另当别论。返回酒店之后可以安排购物、去海滩或者在酒店的游泳池内玩耍，甚至还有时间报名参加傍晚出发的旅游观光团。塞班的商店大多会营业至 22:00 前后。可以白天参加旅游观光团出游，晚上慢慢地逛街购物。如果按照这种模式制订旅行计划，应该可以充分地利用各个时间段，有效地度过旅行时光。

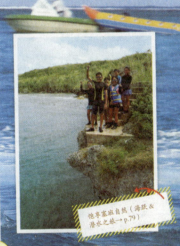

饱享塞班自然（海跃 & 游水之旅→ p.79）

观看行前说明，了解旅行须知（让我们去旅行 → p.81）

POINT4
参加清晨出发的旅游观光团可充分且有效地利用一天的时光！

POINT5
禁止迟到，请提前上洗手间！

参加旅游观光团的注意事项

几乎各旅游观光团都会安排班车前往各酒店接参团游客，之后前往观光目的地。一个人迟到会给所有参团人员带来不小的麻烦，因此务必遵守指定集合时间。此外，有时途中很少停车安排游客去卫生间，因此尽量在上车前做好准备。

陆上活动也有很多（马里亚纳山中行→ p.78）

选择性旅游项目一览

	旅游项目名称	内容
海滩旅游&海洋活动	军舰岛之旅	距离塞班岛约2公里处的军舰岛是一座拥有白沙滩的美丽无人岛。在这里可以体验各种水上运动项目（→p.48）。还有午餐、快乐晚餐秀（→p.88）以及水疗养生等可供选择的项目
	军舰岛之旅（含午餐）	
	军舰岛之旅＋快乐晚餐秀	
	军舰岛之旅＋水疗养生	
运动主题推荐项目	马里亚纳山中行	除了自行车、环保汽车、ATV以及禁断岛之旅这四条线路之外，还有皮筏与BBQ等活动项目。饱享马里亚纳的自然风光（→p.78）
	海跃&潜水之旅	在游客几乎不会涉足的劳劳湾体验潜水。还可以挑战从约3米高的自然跳台上跳进大海的海跃项目（→p.79）
	跳伞运动	体验从8000英尺（约2400米）的高空自由降落。与教练使用同一个降落伞跳下，初次体验的游客也无须担心（→p.80）
	让我们去旅行	驾驶越野车在塞班的原始森林内穿行，以塔波乔山为目的地，是一个令人兴奋的旅游项目（→p.81）
	塞班金牌潜水员之心	一个既安全又可以快乐地巡回山麓游览的旅游项目。在丛林中穿行、体验秘境探险感觉的线路十分丰富（→p.82）
	塞班徒步俱乐部	不仅是观察自然，巡回山麓游览，还可以体验山地车与潜泳等项目（→p.82）
特选旅游项目	历史寻踪之旅	由在塞班居住20年以上的导游带领前往战争遗址与历史性场所，与通常的岛内观光项目有着不一样的韵味（→p.83）
	塞班岛内观光&购物之旅	搭乘巴士巡游以岛北部为核心的部分区域。在塞班DFS环球免税店（→p.162）解散，可直接前往购物（→p.83）
	原椰油	挑战天然特级初榨椰油的制作工艺。探访当地居民，还可以体验塞班文化（→p.84）
	塞班租车自由行	租一辆车，雇一名司机，以包车的形式在两小时内完成自由行。可以自由指定要参观场所与希望体验的项目（→p.85）
夜间旅游项目	沙堡	体验宏大的拉斯维加斯风格梦幻天地。有晚餐或者一杯饮品两种套餐供游客选择（→p.86）
	落日下的晚宴之航	在玉石夫人Ⅲ号邮轮上眺望日落美景之后还可以饱享晚餐并欣赏舞蹈表演的航海巡游之旅（→p.87）
	快乐晚餐秀	塞班悦泰度假村酒店举办的晚餐秀。可以欣赏到南太平洋诸岛的舞蹈表演（→p.88）

可充分体验各种活动项目的军舰岛之旅

可与宏伟大自然亲密接触的马里亚纳山中行

这里的选择性旅游项目一览表以塞班大型旅行社塔西旅行社与 P.D.I. 旅行社的旅游套餐为主，还包括本书登载的一些其他旅游项目。
希望对你的旅行计划有所帮助。

※ 酒店不同，出发与抵达的时间也各不相同，敬请注意

时间 7 8 9 10 11 12 13 14 15 16 17 18 19 20 21 22 23	费用 成人	儿童（年龄）	预约·咨询 当地
需要 3.5~7 小时	$46	$36（2~11）	234-7148
往返共有四班	$58	$46（2~11）	
大约需要 1.5 小时	$84	$55（4~11）$26（2~3）	
在结束军舰岛之旅后，22:00 前可体验水疗	$45		
内容不同，所需时间也各不相同	$50	$25~（6~11）除外	323-8735
上午或者下午发团，约 2 小时	成人 $55、儿童 $45（10~11 岁）		323-1111
依照顾客要求安排具体行程，约需 1.5 小时	$289~		488-8888
均约 1 小时	成人 $60、儿童 $20（3~12 岁）		322-5387、322-4646
内容不同，所需时间也各不相同	$30~	$30~（8~15）	285-3483
内容不同，所需时间也各不相同	$50~	$35~（5~11）除外	483-5630
周一·周三·周五，大约需要 2.5 小时	$50	$40（2~11）	323-1111
大约需要 3 小时	$30	$25（2~11）	234-7148
周日·节假日除外，大约需要 1 小时	$30~		323-1111
依照顾客要求安排具体行程	轿式汽车 $150/辆 旅行轿车 $200/辆		323-1111
一天两次，表演约 1 小时	$80~	$50（2~11）	233-8585
大约需要 3 小时（包括接送）	$70	$45（3~11）	234-8230/8231
大约需要 2 小时	$60	$30（4~11）	233-6414

选择性旅游项目和活动 ♣ 选择性旅游项目一览

积极主动地享受海跃 & 潜水之旅

华丽的沙堡表演秀

Beach TOURS & Ocean Activities

饱享欢乐时光
海滩旅游 & 海洋活动

纯白色的沙滩像是蓝色大海的一道白色镶边，那里是一片极乐世界。就让我们在这里饱享南部岛屿所特有的美好时光吧！

集中精神、消除杂念，饱享各类活动项目带来的乐趣！

黄色的救生亭在蓝天的映衬下显得格外显眼。

被白沙与珊瑚礁所环绕

军舰岛之旅

军舰岛漂浮在珊瑚礁大海的海面上。这里是塞班之行中绝对不容错过的一个景点。

"军舰"在当地方言中的意思是"稍微休息一会儿"。

正如其名，在这座岛上可以将日常琐事全部抛之脑后，然后轻松舒适地度过一天的美好时光。

这里就是军舰岛！

Managaha Island

• Garapan

Saipan Island

每逢假期，当地的孩子们也会来军舰岛游玩。

军舰岛的守护神？试着去找找它在哪里吧。

军舰岛是一座什么样的岛屿？
军舰岛漂浮在距离嘉麦海滩约2.5公里处的海面上，是一座拥有美丽白沙滩的无人岛。包括周围1.5公里在内海域的岛屿全区域是经国家认定的海中公园。

在军舰岛可以干什么？
军舰岛虽然没有住宿设施，但是，餐厅、礼品店、卫生间、淋浴室以及橱柜等配套设施十分完善。游客可以在这里饱享各种水上运动与活动项目带来的乐趣。

如何前往军舰岛？
在加拉班港口搭乘大型船只，经约15分钟的航行便可抵达军舰岛，如果搭乘快艇，仅需约5分钟的时间便可抵达。塔西旅行社的一日游费用中包含意外伤害保险与登岛费，游客可以放心地参加上述旅行观光团前往军舰岛。此外，有的军舰岛观光项目只包含船只接送的费用，还有几个团涵盖了各种活动项目。预订时请注意。

前往军舰岛需要携带哪些物品？
军舰岛上开设有出租水上运动用品的专营店、餐厅以及商店等，基本可以满足登岛游客的需求，但是最好随身携带饮用水与防晒用品等少量的必需品。

享受军舰岛的乐趣！
全岛 MAP

游泳区域

➕ 救生亭
🚿 淋浴室
🏐 沙滩排球场
🏕 烧烤区

①码头
所有开往军舰岛的船只均会在码头停靠。如果你所参加的旅游团团费中不包含登岛费，则需要在这里支付 $5。

②信息中心
塔西旅行社会在这里宣讲旅行须知。此外，这里还设有水上运动用品的租赁柜台与活动项目的报名处。

③我爱塞班
军舰岛上唯一一家礼品店。除了泳衣与原创 T 恤衫，这里还出售饮品与防晒用品等，忘记携带上述用品的游客可以前往选购。

④海滨
这座岛屿的海滨区设有救生亭。海面上有设置游泳范围的浮标，游客务必多加注意。

⑤午餐区
塔西旅行社的午餐是自助餐。如果所报观光团提供午餐，可前往该区域用餐。

⑥餐厅
不享用团餐的游客可以前往岛上的餐厅用餐（→ p.52）。菜品有意大利面、炒面条等。在餐厅旁边还有一家冰激凌店。

⑦榕树
军舰岛上有一棵巨大且十分茂盛的榕树。虽然军舰岛的海滨区是必须前往的一个景点，但是在这里要重点推荐岛内的丛林漫步。

⑧阿古鲁普首领雕像
北马里亚纳群岛原住民族加罗林人的首领。据说古代时期，他抵达马里亚纳群岛后，在军舰岛上稍微休息了一下。

⑨海滨
这个海滨区没有救生亭，比起游泳，更建议你在这里散步、休闲。

⑩烧烤区
军舰岛上有几处烧烤专用区，经常会有当地家庭在这里烧烤娱乐。游客不妨爽快地上前打个招呼！

⑪洗手间 & 衣帽间
我爱塞班的旁边设有区分男女的洗手间与衣帽间。

⑫油彩文身
要不要挑战一下文身！？ 在军舰岛上做的文身大多过几天便会脱落，不妨前往一试（→ p.55）。

在白砂小岛上尽情地游玩

军舰岛之旅

Managaha Island Tour

建议游客报名参加塔西旅行社含接送、意外伤害保险以及登岛费等在内的旅游观光团前往军舰岛。
本书以首次前往军舰岛的两名女孩为例，记录了她们跟团游玩的全过程！

军舰岛之旅（含午餐） 成人：$58、2~11岁：$46 当地预约·咨询：塔西旅行社 ☎ 234-7148，详细情况可参考后续内容！

海风令人神清气爽！
非常愉快的航海旅程！

Point 1
从加拉班市区前往港口需要10分钟左右。如果报名参加观光团前往军舰岛，会有旅行社的巴士接送，无须担心出行问题。

塔西旅行社的信息中心

乘船前往军舰岛

从水上飞机坡道处登船出发！船上绘有军舰岛的吉祥物"玛雅"。游客可以在船上享受约15分钟的航海旅程。

租沙滩椅与遮阳伞

租赁所需的水上运动物品。

这里不错哦！

8:40

Point 2
在确认已预约以及新报名的项目之后，可以同时办理相关用品的租用手续。

9:15

活动项目 **1**

帆伞运动

首先来挑战第一个活动项目！帆伞运动是指体验者佩戴使用结实的绳索与船体相连接的降落伞在广阔的天空中翱翔的活动项目。难度不大，可以在空中俯瞰大海，体验爽快的感觉。

9:00

十分期待第一次军舰岛之行！

抵达军舰岛码头

军舰岛越来越近，终于要登岛了！

10:00

乘船出发！

乘船出海！看看绳子那头的降落伞，略感紧张……

小而可爱的岛屿！

在船上阅读注意事项，做好万全的准备。

穿好救生衣，准备出发！

两人一起体验帆伞运动，可以相互壮胆，放越长……绳索越

选择性旅游项目和活动 ⚓ 军舰岛之旅

在空中俯瞰斑斓的大海，景色美极了！

在军舰岛体验空中漫步！

在广阔的天空中飞舞！映入眼帘的是一望无际的蓝色海洋。漂浮在海面上的军舰岛看上去十分可爱。

10:30

如果右转，刚只需要划动左边的船桨……

先往那边划吧！

划船出海！

在学习宽叶短桨的基本使用方法之后，划向茫茫大海。

11:10

> **Point 3**
> 军舰岛规模较小，无须担心交通问题，可以高效地享受各类活动项目。

活动项目 **2**

皮筏

乘坐皮筏慢慢地向透明度极高的军舰岛海域前行。这是别具一格的海上体验项目。即便是初次体验也可以在短时间的学习后顺利地划船前行，甚至还可以变换前行方向。

> **Point 4**
> 军舰岛上有会外语的教练提供指导，可以放心。

下一页继续哦！

11:00

讲授皮筏项目的注意事项

首先在沙滩上听教练讲授注意事项。

11:20

越来越熟练了

步调一致

刚开始的时候前行速度较为缓慢，慢慢地两个人的节奏越来越协调。皮筏轻快地在海面上前行！

第一次划皮筏可以顺利完成吗

大海非常漂亮，心情好极了！

肉、海鲜以及意大利面等种类十分丰盛

烤制的美食散发着浓浓的香味

痛痛快快玩了一上午，肚子都饿瘪了，我们要开动啰！

前往自助餐区

塔西旅行社的午餐是烧烤自助。可以饱享喜爱的食物！

午餐时间

痛痛快快地玩了一上午之后开始享用美味的午餐吧。

12:15

Point 4

军舰岛上还开设有餐厅！不想享用团餐或者自助餐，想品尝更多当地美食的游客可以前往餐厅用餐。餐厅供应炒面条约5与汉堡牛排套餐$13等。

活动项目 3

海滩浮潜

在军舰岛海域轻松地体验浮潜项目也能偶遇众多的鱼群。只需佩戴面罩与脚蹼，就可以进一步与鱼儿们成为亲密的伙伴！

餐厅还向游客供应韩国料理！韩国拌饭$10

正宗的咖喱牛肉$11

13:40

佩戴脚蹼与水下呼吸管

用通气管潜泳的准备工作比较简单。只要按照讲解穿好救生衣等即可！

首先穿好救生衣

在工作人员的协助下选取合适的脚蹼，认真听讲解

可以偶遇丰富多彩的各种鱼类！

佩戴面罩后也可以轻松呼吸！

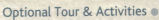

体验完活动项目之后，悠闲自在地欣赏海景

比想象中更加惊险刺激

乘风破浪的感觉好极了！

乘坐香蕉船出发！

身着救生衣坐在香蕉形状的充气筏上向大海进发。在波浪与海风的作用下滑行。爽快至极！

在海滨区悠闲自在地休息

体验完所有的活动项目之后，在海滨区悠闲自在地休息。纯白色的沙滩与透明度极高的大海，美得让人喘不过气来。

14:40

15:30

活动项目 **4**

香蕉船

最后一个活动项目是香蕉船。这是海上游乐中具有代表性的一个项目。乘坐在与汽艇相连接的香蕉形状的充气筏上，感受塞班的海风与波浪。香蕉船对体验者没有任何限制，是一个惊险而刺激的海上项目！

在森林中偶遇的当地儿童，他们笑得可爱而灿烂！

15:40

环岛一周

来到军舰岛，不能只在海滨区游乐，还要体验一下林中漫步。

比较受欢迎的冰激凌有夏威夷与三色拿破仑（售价均为 $350）

15:15

16:00

休息时间！

体验完所有活动项目至回程船出发前的这一段时间是休息时间。首先来一份凉爽的冰激凌稍事休息。

我们还会再来的，再见了军舰岛！

凉爽的冰激凌美味至极！

再见了！军舰岛

终于到了回程船的登船时间。虽然深感恋恋不舍，但还是要前往码头登船。

细心且十分友好的工作人员

塔西旅行社 军舰岛之旅

活动时间：约7小时（不同活动项目时间会有不同） 去程船次 ※：8:40、9:40、10:40、13:20 回程船次：12:00、14:00、15:00、16:00 ※ 接送班车抵达酒店的时间在班船起航前1小时至30分钟 🚌 自由行项目：$45、2~11岁 $36 含午餐项目：$58、2~11岁 $46 自由行＋快乐晚餐秀：$84、4~11岁 $55、2~3岁 $26 自由行＋帆伞运动＋香蕉船：$101、6~11岁（身高125以上）$81 [A][D][J][M][V]

当地预订・咨询：塔西旅行社 ☎ 234-7148 🌐 www.tasi-tours.com

其他活动项目

军舰岛的
项目菜单

🌴 **Activity in Mdndgdhd Isldnd**

军舰岛还有很多
其他活动项目。
你想体验哪些呢！？

船载潜水
Boat Snorkeling

军舰岛附近海域被指定为自然保护区，是海鱼的宝库。在沙滩边上浮潜就可以看到海中的世界，若想接触到更多的海域，不妨尝试一下船载潜水活动。全程有教练指导，可以放心体验。所需时间约 50 分钟。

众多鱼儿畅游的身姿，令人禁不住想要伸手触摸

我们要启程前往
军舰岛海域咯

各项活动一览
Activities Menu

请结合活动所需时间与你在军舰岛的逗留时间制订计划。也许你是期待海上运动的行动派，抑或是喜爱按摩的养生派。尽管按照自己的喜好来安排军舰岛一日游的行程吧。

海上活动项目

※ 表中的优惠价格仅针对报名参加塔西旅行社观光团项目的游客，其他游客适用正常价格

项目名称	优惠价格 / 正常价格	所需时间	年龄限制
体验型有氧深潜	$60/$65	约 1 小时	10~65 岁
泡泡勇士	$60/$65	约 1 小时	8~65 岁
帆伞运动	$60（6~11 岁 $40）/$65（6~11 岁 $45）	约 45 分钟	6~70 岁
船载潜水	$45（5~11 岁 $35）/$50（5~11 岁 $40）	约 50 分钟	5~70 岁
香蕉船	$15/$30	约 20 分钟	身高 125 以上、6~60 岁
海滩浮潜	$15/$30	约 40 分钟	7~60 岁
皮艇冒险	$45（6~11 岁 $25）/$49（6~11 岁 $29）	约 1 小时	6~70 岁
站立划桨船	$45/$49	约 1 小时	6~70 岁
站立划桨船·私人课程之旅	$95/$99	约 2 小时	6~70 岁

岛上项目

项目名称	优惠价格 / 正常价格	营业时间	年龄限制	内容
油彩文身	$2~	9:30~15:30（5 分钟~）	无	喷枪油彩文身

还开设有私人课程

站立划桨船
Stand up Puddle

世界范围内人气急涨的站立式划桨船在军舰岛闪亮登场。站在船上瞭望海景令人心情十分愉快。除了可以欣赏五光十色的热带鱼，运气好的话还可以偶遇海龟！？

油彩文身

选择喜爱的图案后，由工作人员将油彩喷上即可。油彩文身几天便会脱落，可以轻松地进行尝试。图案不同，价位各异，基本上是 $2~。

体验型有氧深潜
Experience Diving

如果想更长时间地在海中赏鱼，可以参加体验型有氧深潜。体验有氧深潜的游客需要注意，在体验结束后 12 小时内不能搭乘飞机。有氧深潜体验时间约需 1 小时。

所需器材齐备，
游客可轻松上阵

我爱塞班

"玛雅"原创 T 恤
也有儿童装

我爱塞班出售海滩游玩所必需的物品，游客大可不必担心是否有什么东西忘记携带。与军舰岛吉祥物"玛雅"相关的周边商品也拥有极高的人气。

军舰岛是塞班水上运动项目的核心体验场所

makagaha saipan

南部岛屿的主要活动项目!

水上游乐项目

如果说塞班最令人期待的是什么,那非水上运动莫属!如果只是横卧在沙滩上,是无法饱享塞班的魅力的。香蕉船、帆伞运动、花式滑水以及浮潜等丰富多彩的活动项目等待着你亲自体验。游客除了了解期待尝试的活动内容与费用之外,还要仔细斟酌该费用当中是否包含接送服务与午餐,如果是全家出游,孩子的年龄是否在活动项目的年龄范围之内等,在全面考虑之后便可以痛快地享受此次塞班之旅了。

Marine Sports Tour

务必体验一下可以贴着海面行进的海上皮艇

海风海洋体育俱乐部
Sea Wind Marine Sports Club

MAP 折页地图② -C2

在位于塞班凯悦酒店(→p.180)前部沙滩上的海风海洋体育俱乐部可以饱享帆板运动、水上摩托以及海上皮艇等各种水上运动。用于接送游客的快艇往返于军舰岛与俱乐部之间,速度快且十分舒适。此外,乘坐香蕉船前往军舰岛,再以帆伞的形式返回俱乐部的"贪婪计划"也拥有极高的人气。俱乐部还提供各种沙滩用品的租赁服务,可以轻松地前来咨询。

人气极高的站立划桨船。在可以瞭望军舰岛的美丽沙滩上饱享水上运动的乐趣

★水上摩托 时 15分钟收费 $35 ★海上皮艇 时 每小时收费 $15 ★军舰岛接送 价 往返 $25
★香蕉船+军舰岛+帆伞运动 所需时间:2小时~ 价 往返 $85(还需要支付 $5 的军舰岛登岛费)
当地预约 咨询:海风海洋体育俱乐部 ☎ 233-6965 ⊠ www.saipanwind.com

选择性旅游项目和活动 ⚓ 水上游乐项目

帆伞运动是人气项目之一

P.D.I. 哈发代快乐驿站
P.D.I. Hafadai Pleasure Station
MAP 折页地图②-C3

P.D.I. 哈发代快乐驿站是塞班代表性大型旅行社 P.D.I 的水上运动部门。以格兰德瑞奥塞班度假村（→ p.183）前的沙滩为据点，可以轻松地体验各类水上运动项目。这个海滩毗邻加拉班的繁华街道，建议既想购物又想体验水上运动的游客前往。

令人兴奋的香蕉船

可以体验爽快感觉的水上摩托

P.D.I. 哈发代快乐驿站向游客推出了"饱享水上运动"的优惠套餐。香蕉船、水上摩托以及帆伞运动是三项人气很高的水上运动项目，三项运动费用共计 $149，如果以套餐的形式报名，成人只需 $99（儿童 $77）即可。另付 $35，还可以享受军舰岛往返接送服务。

水上运动
★帆伞运动 所需时间：约 30 分钟 🚩$70、6~11 岁 $45 ★香蕉船 所需时间：约 30 分钟 🚩$34、6~11 岁 $25
★水上摩托 所需时间：约 30 分钟 🚩$45（16 岁以上）★水上摩托（双人）所需时间：约 30 分钟
🚩$75（16 岁以上）※ 如有成人陪同，6~16 岁的青少年可体验双人水上摩托项目。单人水上摩托限 16 岁以上游客
※ 至少 2 人才可开始

水上运动套餐
★套餐 1（香蕉船＋水上摩托）🚩$60、6~11 岁 $50 ★套餐 2（香蕉船＋帆伞运动）🚩$85、6~11 岁 $65
★套餐 3（帆伞运动＋水上摩托）🚩$100、6~11 岁 $75 当地预约・咨询：P.D.J. ☎ 323-1111 🖥 www.pdisaipan.com

从加拉班海滨区前往军舰岛！

令人高兴的是，"军舰岛快运"从便于购物与用餐的加拉班海滨区出发

"军舰岛快运"从格兰德瑞奥塞班度假村（→ p.183）前的海滨区出发，驶向军舰岛。9:00~13:00 期间，几乎每小时发一班船，游客无须担心时间问题。如果有空闲时间，也可以当天预约，详情敬请咨询。

军舰岛快运
去程船次：9:00、10:00、11:00、13:00 回程船次：10:30、11:30、12:30、13:30、14:30、15:30
🚩自行代：$42、2~11 岁 $35 含午餐：$54、2~11 岁 $42 CC J M V
当地预约・咨询：P.D.I. ☎ 323-1111

塞班海滨地图

被珊瑚礁环绕的塞班海滨全年风平浪静。
游客可以在塞班饱享海上运动与浮潜的乐趣，
也可以铺上垫子悠闲自在地度过美好的时光。
清澈透明的大海、珊瑚礁白沙滩、随风摇摆的椰子树……
各随己愿，编织属于自己的旅行记忆。

可以在椰子树的树荫下悠
闲地度日（麦克海滩）

⑥ 军舰岛

①

② ★圣罗切
SAN ROQUE

③

④ 踏盼
TANAPAG

⑤ 加拉班
GARAPAN

国会山
CAPITOL HILL

塔波乔山

⑨ 圣何塞
SAN JOSE

⑧

★苏苏佩
SUSUPE

⑦ 查兰卡诺亚
CHALAN KANOA

★圣安东尼奥
SAN ANTONIO

⑫

✈ 塞班国际机场

⑩

⑪

SAIPAN BEACH MAP

各海滩设备一览
→ p.61

经常会遇到正在烧烤的当地人

海滨区注意事项

● 大海有很多安全隐患

塞班的大部分海滨区并未设置救生亭，人身安全由自己来保护是当地铁的法则。游客务必遵守各海滨区标牌上所记载的规定。此外，为避免伤害，应尽量不要接近人烟稀少的区域，在停车场停车时切勿遗忘贵重物品。

● 注意海洋生物

大海里生活着有毒或者带刺的生物，切忌徒手随意接触。特别是蕈蝴、海星、部分海参以及珊瑚需要多加注意。此外，为避免珊瑚与岩石划伤脚部，前往海滨时最好随身携带一双旧鞋或

者防水鞋。

浅海对面翻起白浪的地方是暗礁。即便暗礁内侧风平浪静，其外侧水流也会相当快。切忌接近暗礁附近区域。此外，虽然是浅海，但还是会有一些比较深的坑洞。海内状况千变万化，很难预测会发生何种事故，因此切记在靠近沙滩的区域活动，不要远离。

● 遵守规矩

垃圾与烟灰需扔进指定场所。这是最基本的规矩。此外，如果附近有其他游客钓鱼，切忌大声喧哗影响他人。

① 翅滩
Wing Beach
 `MAP` p.12-B

翅滩位于马里亚纳度假村＆水疗中心北侧，是塞班岛上最北面的海滩。这里是为人熟知的海滩潜水点。虽然前往海滩的道路未经修整，行车十分不便，但其透明度极高的海水弥补了所有不足，使其成为无可替代的景点。每逢周末，当地居民便会聚集在此地进行烧烤野餐，十分热闹，而平日这里则是一个非常安静的地方。

② 塞班水晶湾珊瑚花园
Paupau Beach
`MAP` p.12-C

位于塞班北部，是从塞班肯辛顿酒店前面向北约1公里处的开阔海滩。这里海水平浅，适合浮潜与皮划艇运动。备有烤肉设备与各种齐全的泳具，是当地人在休息日必去的场所。

③ 阿奇加欧海滩
Achugao Beach
`MAP` p.7-A

由塞班清泉度假村俱乐部向南延伸的海滩。酒店前面有海上运动设施。宁静美丽的白色沙滩很有观赏价值。平浅的海水是浮潜的好地方，在稍远的海域可以看见很多鱼群。

上／阿奇加欧海滩人烟稀少，是度假的好去处。 左／可饱享海上运动项目的阿奇加欧海滩

④ 踏盼海滩
Tanapag Beach
`MAP` p.7-A

位于加拉班北部约3公里处，是一个长200米的宁静小沙滩。稍远处隐约可见漂浮在海上的军舰岛。现在船只增多，已经不能游泳和冲浪了。

塞班水晶湾珊瑚花园人烟稀少，十分安静

让海滨之旅更加愉快！

海滨商品大搜罗

如果有在沙滩上可以玩的海滨关联商品，孩子们一定会十分高兴。下面就来介绍一些可以在当地购买且价位适中的关联商品。

戏水后务必要披在孩子们的身上！独特的人鱼浴巾与恐龙浴巾，单价$28.95 ⑤

如需要将头发扎起来，这种防水发绳应该是一个不错的选择。单价$1.50 ❶

在水中玩耍时所需物品价位也相对比较适中。浮水袖$3.99，沙滩球$1.50 ❸

将智能手机放入防水套中就可以放心地游泳了。单价$24.95 ❶

儿童用潜水眼镜与潜水用具套装也可以在当地购买。左$1.69，右$9.99 ⑤

⑤周天仓储式超市（→p.174）
❶周天哈发代购物中心（→p.173）

⑤ 麦克海滩
Micro Beach 🗺 折页地图②-C2

从美国纪念公园到塞班格兰德瑞奥度假酒店沿途蜿蜒约1公里，是最具塞班特色的白色沙滩。鱼不多，但海上运动很兴盛。这里的大海表情丰富，经常变脸，据说一天会变7种颜色。

⑥ 军舰岛
Managaha Island 🗺 p.6-A

在塞班的所有海滩中，军舰岛的海水透明度可谓最高。这里是来到塞班务必一游的一个景点。在这里可以饱享浅水浮潜、体验型有氧深潜以及香蕉船等各种海上运动项目。还可以躺在南国的沙滩上极尽悠闲。

⑦ 查兰卡诺亚海滩
Chalan Kanoa Beach 🗺 p.10-A

查兰卡诺亚海滩虽然狭窄，但刚好适合在平浅滩戏水。游客可以将车停在沙滩附近，因此比较适合兜风途中顺便前往。

特别适合自驾兜风途中前往的查兰卡诺亚海滩

设有救生亭，游客可放心游玩（军舰岛）

军舰岛的沙滩绝对不容错过

塞班海鱼迷你图鉴

塞班的海滨区，随便一次潜水都可以与众多海底生物相遇。在此简单地介绍一些在浅滩便可以观赏到的海底生物。

金头虾虎

个头大的金头虾虎身长15厘米左右。其特征是从脸颊到鱼鳃间有一道鲜艳的淡蓝色线条。它们喜欢成双成对地出出来，由于经常一动不动地停留在一个地方，因此很方便潜友细致地观察它们。

鞭蝴蝶鱼

从鱼身尾部到尾鳍是黄色，身体的中央部位有两道黑色条纹，这是鞭蝴蝶鱼的外观特征。经常能看见成双结对的鞭蝴蝶鱼。在军舰岛与欧碧燕海滩可以仔细观察它们。

蓝蛸

隐身在珊瑚与岩石阴面，将身体模仿成周围物体的形状，以至于很难辨认。经仔细寻找，在塞班水晶湾珊瑚花园与欧碧燕海滩曾经发现过蓝蛸。

薛氏海龙

体长15厘米以上，喜欢群体行动，在海草与垃圾中栖息，以保护自己免遭天敌袭击。在舒鸭达（→ p.69）的沙地与海草带可以看到大量的薛氏海龙。

登陆海滩还是历史遗址

8 登陆海滩
Landing Beach MAP p.8-C

登陆海滩是苏苏佩的一个平浅海滩。海滩附近有美军登陆纪念碑，海底至今还有当年作战的坦克。

9 吉利利海滩
Kilili Beach MAP p.8-C

离美军登陆纪念碑不远，是一个新开发的海滩公园。吉利利海滩海水平静、透明度高，适合浮潜。此外，公园得到了精心的修整维护，绿地植被非常丰富。园内设有带凉棚的长椅供游客休息。这里也是当地人野外烧烤的一个聚餐点。

设有休息场所的吉利利海滩公园

10 拉德海滩
Ladder Beach MAP p.10-C

拉德海滩紧邻塞班机场，是位于南海岸的一个海滩。这个全长不超过100米的小海滩上有许多因海水侵蚀而形成的洞窟，大小不一。经常可以看到当地居民在这些洞窟内烧烤食物。这个海滩不适合游泳，因此游客最好就在岸边附近游玩，不宜远走。

11 欧碧燕海滩
Obyan Beach MAP p.11-C

欧碧燕海滩位于拉德海滩东侧。海水的透明度高，是著名的海滩潜水点，适合不同潜水级别。在接近岸边的浅滩上看得到鱼，也可以浮潜。能望见远处海面上的天宁岛。

12 劳劳海滩
Laolao Beach MAP p.9-C

劳劳海滩位于塞班岛东部，劳劳湾的一角。由于通往海滩的道路未经铺修，大雨过后，交通很不便，但是潜水时能够观赏到克氏双锯鱼等众多鱼类。这里还是潜水初学者与高级潜水员的向往之地。

各海滩的设备一览	停车场	洗手间	淋浴室	带凉棚的长椅	桌子	BBQ	救生亭
❶ 翘滩	未铺修	✖	✖	✖	✖	✖	✖
❷ 塞班水晶湾珊瑚花园	铺修	✖	✖	●	●	●	✖
❸ 阿奇加欧海滩	未铺修	✖	✖	●	●	●	✖
❹ 踏盼海滩	未铺修	✖	✖	●	●	●	✖
❺ 麦克海滩	铺修	●	✖	●	●	●	✖
❻ 军舰岛	——	●	●	●	●	●	✖
❼ 查兰卡诺亚海滩	未铺修	✖	✖	●	●	●	✖
❽ 登陆海滩	未铺修	✖	✖	✖	✖	✖	✖
❾ 吉利利海滩	铺修	⚷	✖	●	●	●	✖
❿ 拉德海滩	未铺修	✖	✖	✖	✖	✖	✖
⓫ 欧碧燕海滩	铺修	✖	✖	✖	✖	✖	✖
⓬ 劳劳海滩	未铺修	✖	✖	●	●	●	✖

⚷ 虽然设有洗手间，但是几乎都上了锁，基本无法使用

王子雀鲷
在水深40米的深海也能栖息，在双脚够着地的浅滩也能看见它们的身影。其特征是沿背鳍有一条黄线，以及背鳍后方有一圆形花纹。

黑双锯鱼
小丑鱼的亲戚，只在密克罗尼西亚周边海域生息。找到它们比较容易，在塞班水晶湾珊瑚花园就可以看到它们的身影。

索氏尖鼻鲀
索氏尖鼻鲀主要生活在珊瑚礁的边缘等地，是塞班常见的一种海洋生物。这种鱼大多成对出游，虽然属于河豚科，但是身上并不携带毒素。水珠花样的鱼身与滑稽的面孔非常可爱。

选择性旅游项目和活动 塞班海滨地图

常夏塞班的泳池度假村
POOL ResOrt

塞班有两家酒店分别拥有各自别出心裁的水上公园。携带小孩子前来度假的家庭可以放心地让孩子在游泳池内玩耍。无论是悠闲自在的享受派还是积极主动的行动派都可以舒适地饱享度假气氛。

小孩子也可以
放心地玩耍

P.I.C的吉祥物西吉
与俱乐部伙伴恭候你
的到来

乐趣无穷且活力十足的度假村
太平洋岛屿俱乐部

MAP p.10-B
Pacific Islands Club

愉快的运动度假村

太平洋岛屿俱乐部（以下简称 P.I.C. → p.184）拥有水上公园、海滨活动项目与陆上运动等成人与儿童均可享乐的配套设施。此外，俱乐部内配有被称为俱乐部伙伴的工作人员，专门为各项活动做后援工作。

水上公园可以满足静修派与行动派的所有需求。对于悠闲自在的享受派来说，建议体验全长 400 米的游泳池"懒人河"。佩戴好游泳圈后，一边在池内缓缓漂流，一边饱享

与俱乐部伙伴一同玩耍吧

塞班和煦的阳光。相反，积极主动的行动派可以挑战一下"极限造波机"，在俯伏冲浪板上乘风破浪。如果没有体验过有氧深潜，则可以参加"潜水池"的有氧深潜课程。

太平洋岛屿俱乐部还设有少儿俱乐部（→ p.33），P.I.C. 的人气吉祥物西吉与俱乐部伙伴会与孩子们一同玩耍，由此看来，这里真的特别适合全家出游的游客前往体验。

挑战俯伏冲浪板

亲身体验塞班的大海

塞班的大海非常美，来到这里一定要体验当地的海滨活动项目。在 P.I.C. 可以轻松地体验浮潜、皮筏

还可以体验水上运动

以及有舷外支架的木舟等。帆板运动方面，有俱乐部工作人员向游客讲授运动技巧与注意事项，即便是初次尝试也可以放心地进行挑战。课程咨询与潜水等运动器具的租赁需前往海滨中心办理。

陆上运动也十分充实

陆上运动设施齐备也是 P.I.C. 的一大特色。俱乐部开设有各等级的网球课程。射箭与攀岩均有工作人员提供指导。还有全家人均可体验的"迷你高尔夫"。上述各项运动所需装备均可租用，无须提前准备，十分方便。游客共有三种方法体验 P.I.C.。各方法的体验时间与费用如下。

★①团体游客：9:00~17:00（含午餐）/9:00~24:00（含午餐＆晚餐），费用详询各酒店旅游咨询处或各旅行社
★②个人直接前往：9:00~24:00（含午餐＆晚餐），成人 $125、儿童（2~11 岁）$65
★③入住 P.I.C.：9:00~24:00（所有费用均包含在住宿费用中）
CADJMV
当地咨询：①酒店旅游咨询处或者旅行社 / ②③太平洋岛屿俱乐部
☎ 234-7976

晚上可以欣赏俱乐部工作人员的表演

P.I.C. 除活动项目外的其他乐趣所在

在充分享受游泳池与活动项目的乐趣之外，你的肚子一定饿得咕咕叫了。自助餐厅"麦哲伦"（→ p.145）的自助取餐区为你准备了世界各国的美食。如果你的体验项目内包含午餐或者晚餐，可以来这家餐厅大饱口福。

晚上俱乐部工作人员还为游客准备了表演与游戏活动等，而且每天都会变更活动的主题。活动会场有很多，例如信息中心旁的浮标酒吧或者沙滩等，具体位置可通过馆内布告进行确认。一定要亲自体验一下 P.I.C. 的夜生活哦。

在麦哲伦可以自助餐形式品尝各国料理

波浪森林

Wave Jungle

塞班首次引进的黑洞滑道。看着就脸晕
密克罗尼西亚最大规模的水上公园，这是塞班新的著名活动地

在"亚马孙河"上随波逐流，
处处都是笑脸

休息场所打造得非常别致，
颇具南国情调

度假酒店发源地创办的水上公园！

　　波浪森林坐落在塞班世界度假村酒店（→p.185）内，是密克罗尼西亚最大规模的水上公园。水上公园占地面积广阔，共设有7种游泳池与4个大型滑梯，还有在海滨区可饱享的各种活动项目，内容十分充实。

　　滑梯是波浪森林最大的乐趣所在。爆破大师全长286米，体验者坐在游泳圈上颠簸下滑，即便是成人也会激动不已。管状滑梯可以在昏暗的"管道"内体验惊险的下滑瞬间。身体冲浪无须使用游泳圈，而是身体直接接触滑梯，体感速度极快，充满刺激。岛上首次引进的黑洞则是指身体在擂钵状的滑道内不停旋转并最终扑通一声落入中部泳池！通过黑洞可以体验普通滑道所没有的速度感。

　　在7种游泳池当中，每间隔约20分钟便制造一次人工波浪的冲浪池最受欢迎，其人造浪最高可达2米。波浪森林的懒人河又被称为亚马孙河，工作人员在其周围动了不少脑筋，例如，沿途可以偶遇北极熊与企鹅等独特的创意。想消除身体疲劳，可前往水力按摩池；如果想安静地享受日光浴，则可以悠闲自在地在晒肤池小憩。以糖果城堡的布景为界，另一侧是多功能分层区域与漂浮着玩具鳄鱼与玩具蛇的儿童专用泳池连接构成的古堡泳池以及可体验潜泳的潜水池。幼儿池中有两组供幼儿玩耍的水上滑梯，还有许多暗道机关，足以满足孩子们的冒险心理，池水很浅，幼儿也可放心大胆地在里面嬉水。

在海滩上玩个痛快！

波浪森林的专用海滩游泳区"世界海滩"和水上公园由一扇门连接，海滩上免费出借海上皮划艇、脚踏船以及浅水浮潜设备。

波浪森林水上公园令成人与儿童都十分着迷。虽然有一日游与半日游（下午）之分，但若要把游乐项目都玩遍，至少需要一天的时间。请注意巧妙有效率地安排时间。

🌸 建有各种配套装置的
儿童泳池令孩子们十分欢喜

时间：9:00~17:00
🎟 一日游（含午餐）：成人 $85、儿童（6~11 岁）$60；一日游（不含午餐）：成人 $60、儿童（6~11 岁）$42
※ 以上价格均含酒店接送。5 岁以下儿童免费。身高未满 120 厘米的儿童须由监护人陪伴（部分设施禁止使用）
💳 A J M V
当地咨询：☎ 234-5900 以及各酒店旅游窗口或各旅行社
※ 以上是针对非塞班世界度假村酒店住客（外来访问者）的信息。对该酒店住客的开放时间是 9:00~18:00，免费

波浪森林与各海上运动项目菜单

爆破大师	利用喷射水流达到忽上忽下的效果。全长 286 米的超长水上滑梯设施
管状滑梯	体验因封闭环境而倍增的体感速度。高速封闭滑梯设施
黑洞	像赌盘那样被转动一周然后垂直落下！首次登陆塞班的滑梯游乐设施
身体冲浪	用身体感受速度。没有救生圈，考验体验者的勇气
亚马孙河	一项放松的运动。可在流动游泳池中悠闲地漂流一圈
古堡泳池	多功能泳池，可体验水上运动与有氧健身
幼儿池	设有专供幼儿玩耍的水上滑梯与管道滑梯，其中的秘密机关令孩子们备感惊喜
冲浪池	波浪汹涌。可以玩俯伏冲浪板
密林闲吧	提供热带饮料与休闲零食
潜水池	可以免费体验有氧潜水（有时间限制）
水力按摩池	在具有按摩疗效的按摩浴池中小憩。享受最惬意的时刻！（有时间限制）
浮潜设备	潜水镜与呼吸管
脚蹼	潜水用脚蹼
海上皮划艇	皮划艇与配套划桨
脚踏船	限乘 2 人
帆板	初级者用。没有监护人员，仅限有经验的体验者

水上运动

受日照所惠，塞班气候温暖，海水极度透明。身处这样的环境之下，连平时远离运动的人也禁不住跃跃欲试，想挑战一下海上活动。以塞班之行为契机，务必挑战一下水上运动！

⚓MARINE SPORTS　信风吹，波浪平，大好环境

帆板运动 Windsurfing

塞班是帆板运动的绝好起点

塞班岛的周围岩礁环抱，波平浪静，而且常年有适度的海风吹过，非常适合帆板运动。特别是 11 月至次年 4 月期间，信风自东北吹来，形成绝好的冲浪条件。这个时候麦克海滩（→ p.97）的海面上风帆点点，五彩缤纷。

如果想接受培训，推荐海风海洋体育俱乐部（→ p.56☎234-1234 转内线 5708/☎233-6965），该俱乐部位于塞班凯悦酒店（→ p.180）门前的海滩上。一节课 1 小时，费用 $55。也可在俱乐部报名参加在塞班举行的密克罗尼西亚公开赛。也可以在塞班清泉度假俱乐部（→ p.181）里面的清泉海上运动俱乐部（☎322-1234 转内线 772，Ⓤwww.zensaipan.com）与 P.I.C.（→ p.62）等参加此类活动。

须注意两点：
① 为防止落海受伤，必须穿高帮鞋或胶底鞋。
② 为避免被潮水冲走，一定不要走出环礁之外或浮标以外的区域。

挑战帆板运动！

"想体验一下帆板运动！"对这样初次接触帆板运动的朋友，我们推荐海风海洋体育俱乐部的初学者课程。该课程的亮点是他们使用的风帆比通常的帆要轻 20% ~ 30%，初学者与女性使用起来比较方便，所以颇受欢迎。

💰 1 小时 $55
☎ 233-6965
Ⓤ www.saipanwind.com

左 / 轻便的风帆，便于女性操作
右 / 站在帆板上的那一瞬间最爽

⛵ MARINE SPORTS　**水上运动**

浮潜 Snorkeling

塞班的海况最适合浮潜

轻松愉快的浮潜运动

塞班的海水透明度极高。浮潜能够轻而易举地窥探到海中的世界。浮潜即所谓的"轻装潜水"，无须潜入水中很深。在海岸附近的浅滩便可尽情享受塞班大海的美丽，与无数的鱼儿在海中相遇。

浮潜需要的装备有面镜、脚蹼与呼吸管。呼吸管是一种J形的管子，潜水者无须将脸仰出海面，而是通过这个管子进行呼吸。人们往往将"裸潜"称为浮潜，正是因为两者共同的特点是使用呼吸管这样的工具。前面的三种装备在主要酒店的商店与街上的潜水商店（→ p.73）均有出租。

浮潜注意事项

①挑选三件套装备的方法

将面镜扣在脸上用鼻子使劲地呼吸。松开手，如果面镜掉不下来，说明它是严丝合缝的。挑选呼吸管是看能不能轻松咬住接头，而挑选脚蹼则是看它是否合脚。这些装备是否合适，可以听听店员的意见。

②潜水一定要两人以上

即便是在浅滩潜水，也无法预料海里会发生什么突发状况。因此必须保持多人同行，以备不虞。

③不要越出环礁之外

像麦克海滩与军舰岛这样的地方，退潮时浅滩延伸得很远。不过，环礁外侧水深浪急。务必不要越过环礁到其外侧去。

④不赤脚行走，不徒手乱摸

部分海洋生物对人类是危险有害的。不要乱摸海里的生物，更不要徒手赤脚。规范的做法是穿上脚蹼或者运动鞋并佩戴手套。

有氧深潜 Scuba Diving

或许能邂逅这样一个世界

　　塞班的海是潜水的天堂。这里有透明的海水、变幻无穷的海底地形、在国内不曾见过的千姿百态的热带鱼群以及海中洞穴中如注的阳光……一旦接触，便会入迷，以至于嗜潜成瘾。

有氧深潜 Q&A

①什么是体验型有氧深潜？

　　即便没有潜水执照也可以体验的潜水项目。体验型有氧深潜费用一般在 $60~80。

②无论多大年龄都能潜水吗？

　　大多数潜水站点对年龄有限制。军舰岛规定体验型有氧深潜的年龄必须在 10 岁以上。

③考取潜水执照的时间与费用？

　　潜水执照申请时间为 3~4 天，费用在 $350~550（不含团费）。

④如何向商店预约？

　　申请人需要介绍自己的潜水经历，提出希望与要求，经双方共同协商确定具体细节，过程虽然略显烦琐，但却令人十分放心。各商店 URL 与地点可参照本书→ p.73。

热爱塞班大海的朋友们

N.M.D.O.A. 代表

　　N.M.D.O.A. 的工作人员在谈塞班潜水时说道："北马里亚纳被誉为世界屈指可数的高透明度海域。作为世界著名度假胜地，这里的海滩潜水环境十分完善，体验者可以轻松愉快地享受潜水的乐趣。当然，当地还有很多船潜场所，无论初学者还是专业潜水员均可饱享其中的乐趣。"

　　N.M.D.O.A. 是 Northern Mariana Diving Operators Association 的缩写。这是一个重视安全与环境保护，旨在为潜水游客服务的非营利性组织，这个组织目前由塞班岛与罗塔岛的 22 个站点店铺加盟组成。该组织自 1991 年成立以来，设置安全绳与保护珊瑚礁的浮标，并精力充沛地定期开展海滩清扫等活动。为会员提供氧气瓶出租服务，还会协助处理一些突发事件。

　　务必在北马里亚纳宏伟的大海内体验一次潜水。

塞班最佳潜水点

进行安全且愉快的有氧深潜的秘诀就是获得落潮与满潮、水流、海底地形、报名场所以及出水点等潜水点的信息。因此，读者可参考以下对潜水点的介绍。本书中所介绍的潜水点均为塞班众多潜水场所中特别受欢迎的人气潜水点。在跳入未知的大海之前读一读这些潜水点的介绍，会让你的海中漫步之旅更加愉快。

翅滩

万岁崖

B-29点

探照灯

沉船（松安丸）点

鸟岛

蓝洞

军舰岛海域

踏盼

军舰岛

加拉班

The Best Diving Spot in Saipan

灯塔海域

冰激凌

管道

苏苏佩

苏苏佩潟湖

浅湾

查兰卡诺亚

圣安东尼奥

劳劳海滩

舒鸭达

塞班国际机场

纳夫坦峭壁

欧碧燕海滩

蓝洞（北部·马多克海角）

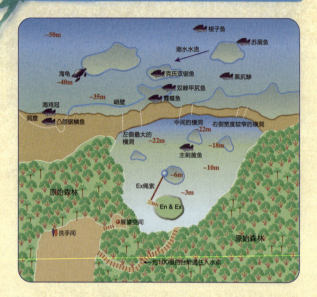

-50m

梭子鱼

苏眉鱼

潮水水流

海龟 -40m

克氏双锯鱼

黑尻鲹

双棘甲尻鱼

-35m 峭壁

霞蝶鱼

海鸡冠

洞窟

凸颌锯鳞鱼

左侧最大的 横洞 -22m

中间的横洞 -22m

右侧宽度较窄的横洞 -18m

主刺盖鱼

-10m

原始森林

Ex绳索 -6m

-3m

En & Ex

展望空间

原始森林

洗手间

约100级的台阶通往入水点

有这样一种说法："如果不前往蓝洞体验潜水，那你的塞班之行将会毫无意义。"蓝洞是塞班人气最高的著名潜水点。

从悬崖边的天然泳池入水，在水深22米处的三个横洞与远洋相通。透过远洋照进的光亮营造出梦幻的蓝色空间，一经体验便会永生难忘。

蓝洞的潮水水流较为湍急，因此仅建议有信心借水中浮力便可游泳的游客前往体验。此外，从停车场前通往入水点途中是约100级台阶的陡峭楼梯，潜水后容易滑倒，需要多加注意。

纳夫坦峭壁（纳夫坦）

纳夫坦峭壁是塞班极具代表性的峭壁潜水点，这里的大海有着令人惊讶的可视度。在搁板上可以看到梭子鱼群与塞班极为珍奇的黑背蝴蝶鱼等。蓝紫色的紫后鱼群也非常美丽。峭壁水深且潮水水流突变，需要体验者多加注意。

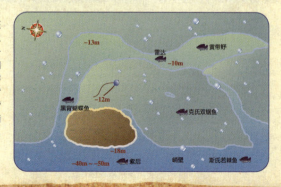

N

-13m

雷达

黄带鲆

-10m

-12m

黑背蝴蝶鱼

克氏双锯鱼

-18m

-40m ~ -50m

紫后

峭壁

斯氏若棘鱼

翅滩（北部麻僻海滩附近）

面向大海方向，右侧有一处峭壁，沿该峭壁行 50~60 米，有一个深深的裂缝。这个裂缝景观看上去十分奇妙。除了海龟、鲨鱼、黑尻鲹以及浪人鲹之外，还可以在这里看到一些大型鱼。翅滩潜水点适合中级以上的潜水员。出水难度较大。

鲨鱼　−35m
−30m　裂缝
−15m　黑尻鲹　峭壁　海龟　凸颌锯鳞鱼
−6m　马夫鱼
月亮狮子鱼
−3m
暗礁
En & Ex

欧碧燕海滩（南部·塞班国际机场附近）

在距离岸边 100 米左右的海内可以看到簇生在一起的异康吉鳗，这是欧碧燕海滩潜水点非常值得一看的景色。在水底缓慢地前行并逐渐向它们靠近是成功拍摄异康吉鳗的要领之所在。除此之外，在这里还可以看到斑鳍光鳃鱼、绿拟鳞鲀、鲨鱼以及钉鱼等。出水的难易程度与潮水息息相关，需要潜水体验者多加注意。

异康吉鳗
−15m
斑鳍光鳃鱼　克氏双锯鱼　沙土地　异康吉鳗
沙土地　斑鳍光鳃鱼　金带鲷
−12m　克氏双锯鱼
苏眉鱼
−6m
彩带刺尾鱼　−3m
潮水水流
碉堡

冰激凌（登陆海滩海域）

冰激凌潜水点位于登陆海滩海域。此潜水点水深较浅，最深处也仅有 16 米左右，水流平稳，即便是初次体验的游客也可轻松地饱享潜水的乐趣。之所以将此潜水点命名为冰激凌，是因为呈半球状的珊瑚根部（珊瑚隆起的部分）宛如冰激凌一般。围绕珊瑚转动一周需要 10~15 分钟，其高度不足 10 米。在珊瑚根部可以看到无斑拟羊鱼、喷射机鱼以及金刚虾虎等。

−8m　纳氏鹞鲼
无斑拟羊鱼　三带立旗鲷
−15m
霜身裸胸鳝　大石头
喷射机鱼
珊瑚根部　金刚虾虎
−16m
斑点头辣鲉　大石头　沙土地
大石头　大石头

劳劳海滩（东部·劳劳湾一角）

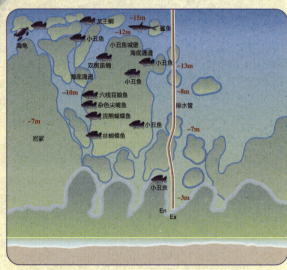

　　劳劳海滩潜水点的地形交错复杂，有很多因珊瑚和岩石重叠而形成的拱形地段。水深3~15米，初学者和顶级潜水员都可以饱享潜水乐趣。最有意思的地方当数小丑鱼城堡。相貌滑稽的小丑鱼与人十分亲近，甚至会停留在人的手心上不愿离开。此外，还能遇到龙王鲷、海龟以及鲨鱼等。

沉船点（松安丸）（本岛与军舰岛之间海域）

　　松安丸全长40米左右，整个船只沉没在12米深的海底。船尾到处都是机关枪弹痕。

　　这个潜水点附近有纳氏鹞鲼栖息点，不时可以看到纳氏鹞鲼编队游过。3~4尾鲨鲛在船体下方安家落户。在经常给鱼喂食的地方，那些乌面立旗鲷、六线豆娘鱼以及濑鱼会很讨好地游过来。此外还有大群的无斑拟羊鱼、锯鳞鱼、骨鳞鱼以及耳带蝴蝶鱼等，鱼类丰富是这个潜水点的特点之所在。

The Best
DIVING Spot
IN SAIPAN

选择性旅游项目和活动 ❀ 水上运动

潜水商店推荐

如果想在塞班体验有氧深潜，首先要与潜水商店商量具体事宜。当地有很多无论初学者还是专业潜水员均可体验的潜水点。游客最好提前通过电子邮件的形式预约并详谈具体事宜，将自身需求细致地告知对方，以便更加放心地完成潜水体验。

※ 下述商店均为 N.M.D.O.A. 加盟店

海洋链接 AQUA connections MAP 折页地图 ② -A2	体验型潜水 → $50~ 趣味潜水 → $81~（2 个海滩） 当地预约·咨询 → ☎ 233-3304/483-5910 URL www.saipan-aquaconnections.com
塞班水之灵魂 Aquasoul Saipan	体验型潜水（2 次潜水）→ $85 趣味潜水 → $75（2 个海滩） 当地预约·咨询 → ☎ 287-9393 URL www.saipanaquasoul.com
阿库阿·德尔·雷伊 Aqua Del Rey MAP p.8-A	体验型潜水 → $45~ 趣味潜水 → $90（2 个海滩） 当地预约·咨询 → ☎ 233-7040 URL www.aquadelrey.com
塞班 S2 俱乐部 S2 Club Saipan MAP p.10-A	体验型潜水 → $55~ 趣味潜水 → $90（2 个海滩） 当地预约·咨询 → ☎ 322-5079（查兰卡诺亚海滨酒店内） URL www.s2club.net
玛丽安娜体育俱乐部 M.S.C.（Mariana Sports Club） MAP p.8-A	体验型潜水 → $55~ 趣味潜水 → $90（2 个海滩） 当地预约·咨询 → ☎ 233-0670 URL www.mscsaipan.com
塞班确保潜水 Saipan Make Sure Diving	体验型潜水 → $45~ 趣味潜水 → $55（单次潜水）、$95（2 次潜水） 当地预约·咨询 → ☎ 233-3966 URL makesuresaipan.com
CMLC 阿塔 CMLC Artha MAP p.8-C	体验型潜水 → $65~ 趣味潜水 → $100（2 个海滩） 当地预约·咨询 → ☎ 234-9157（塞班卡诺亚度假村内） URL www.saipan-cmlc.net
蓝色海上运动 Blue Sea Sports MAP p.8-C/p.10-A	体验型潜水 → $65 趣味潜水 → $90~（2 个海滩） 当地预约·咨询 → ☎ 234-7903 E-mail bluesea@pticom.com
塞班马萨潜水 Masa Dive Saipan MAP 折页地图 ② -A2	体验型潜水 → $70~ 趣味潜水 → $54~ 当地预约·咨询 → ☎ 233-0577 URL www.masadive-saipan.com
塞班奇妙海洋 Wonder Sea Saipan MAP 折页地图 ② -C5	体验型潜水 → $60~ 趣味潜水 → $60~（会员注册费用为 $25，会员价 $50~） 当地预约·咨询 → ☎ 233-7011 URL wondersea-saipan.com

※ 其他的 N.M.D.O.A. 加盟店
● 眼球大王 ☎ 989-1712 ● 塞班潜水 ☎ 235-7056 ● Y2K 潜水 ☎ 233-6322 ● 五月潜水 ☎ 233-3625 ● 安克拉
☎ 233-7703 ● 潜水元素 ☎ 483-6870 ● 超级鱼潜水 ☎ 323-7772 ● 蓝色棕榈（→ p.206 罗塔岛）
● 罗塔如缤潜水中心（→ p.206 罗塔岛）

高尔夫

塞班共有 5 个高尔夫球场，其中有 9 洞特色球场，也有举办冠军锦标赛的专业球场，体验者可根据各自的需求选择适合自己的球场。这些球场大多都充分发挥了自然地形的优势，非常漂亮，交通也十分便捷。对想要度过高尔夫假日的游客来说，塞班岛无疑是最佳的选择。

打高尔夫时务必注意补充充足的水分。6~10月是塞班的雨季，对热带地区特有的疾风骤雨也要做好万全的准备。最好能够提前一周进行预约。

高尔夫礼仪
遵守当地规则

各高尔夫球场都有各自的规则，开始打球前务必进行确认。在确认完规则之后可以像一名专业的高尔夫球运动员一样，遵守球场规则，愉快地打完整整一轮。

虽说塞班是一个可以轻松饱享高尔夫乐趣的绝佳场所，但是对于没有过整轮经验的体验者来说，最好不要直接前往球场。建议体验者首先在练习场掌握最基础的高尔夫技巧，然后与其他有经验的人一同前往球场。

四项基本礼仪

❶ 加快打球速度，避免对后面的体验者造成影响。

❷ 通常以电动车代步，对于需多次击球才可抵达果岭的体验者来说可以在打球过程中阶段性地手持高尔夫球杆步行。

❸ 在设有烟灰缸的场所吸烟。

❹ 驾驶电动车时需注意不要超速。

● **当地规则范例**
（以劳劳湾高尔夫 & 度假酒店为例）

❶ 在发球区域，不得在球座前的位置上击球。

❷ 发球区域与划线的平坦球道禁止高尔夫球车入内（雨天全场禁止入内）。

❸ 打球时如球杆刨地，需要使用高尔夫球车上准备的土铺在地面并用脚踩平。

❹ 如一杆上果岭导致地面凹陷，需要使用球座等将其铺平。

❺ 打完沙坑球之后，为了不给后面的体验者造成麻烦，需将平整沙地用的工具摆放在恰当的位置上。

GOLF 饱享两个举办冠军锦标赛的球场

MAP 折页地图①

劳劳湾高尔夫 & 度假酒店
Lao Lao Bay Golf &Resort

选择性旅游项目和活动 ❖ 高尔夫

左上 / 令人兴奋的东球场拥有四个连续的沿海洞口，其中包含 6 号与 7 号两个跨海洞口
右上 / 面向劳劳湾击球的四号洞口。建议女性使用球道用木杆
左下 / 还可以在这里饱享酒店生活
右下 / 海景客房

　　劳劳湾高尔夫 & 度假酒店位于塞班岛东部的卡格曼海角，共拥有两个高尔夫球场。这两个球场均由高尔夫巨星格雷格·诺曼设计，各设有 18 个洞口，是可承办冠军锦标赛的专业球场。

　　西球场的关键字是"静与绿"，场地宽敞，可以眺望塔波乔山。整体来看，球场比较平坦，一半的球洞位于水障碍区内。东球场的关键字是"动与碧"，其中，6、7 号洞跨海，15 号洞穿越原始森林，可以说是让人感觉十分惊险的一个球场。

　　此外，这里还建有一座可将劳劳湾景色尽收眼底的度假酒店，共有 6 层。所有客房均为海景房，在私人露台上看到的景色绝对对得起度假二字。舒适且阳光普照的海景房的色调柔和，华丽的设计风格给人留下深刻的印象。游客可入住该酒店饱享美好的高尔夫生活。

　　劳劳湾高尔夫 & 度假酒店的游泳池与餐厅也十分完善。从机场出发，约 20 分钟便可抵达，地理位置优越是这家酒店的另一魅力所在。建议你不妨在这被大自然环抱的安静区域内尽情地饱享高尔夫所带来的乐趣。

西球场：18 洞 /7025 码 / 标准打数 72
东球场：18 洞 /6334 码 / 标准打数 72
球场费：西球场 $155~170、东球场 $185~210、东球场 & 西球场 $280~310、3 回合 $375~435、球具出租 $25~、租鞋费 $10、
淋浴：$10、提供接送服务
酒店：[客房间]54　[床]海景房 $540、套房 $760（上述费用为两人同住一室，四天三晚的费用，随着时间推移可能会发生改变）
当地预约·咨询电话：☎ 236-8888

翠鸟高尔夫乡村俱乐部
Kingfisher Golf Links

上／在视野前勃的 16 号跨海洞口

左／经过精心整修的草坪非常漂亮

右上／从 15 号洞前往 16 号洞需要驾驶高尔夫球车跨过一座桥梁

右下／正如其名，常常可以见到翠鸟（钓鱼郎）的身影

翠鸟高尔夫乡村俱乐部位于塞班岛东北部，是一个海滨球场。任何人应该都会惊叹于这个球场宏伟的景观。正如球场设计者格翰马殊的设计理念，这是一个生机勃勃的高尔夫球场，有效地发挥了自然的作用。球场内共设置有 4 个球座，可以满足初学者与顶级高尔夫球员的各种需求。场地内的草坪与水池都十分完善，可以舒适地享受整轮比赛。

除了打满 18 洞之外，翠鸟高尔夫乡村俱乐部的高尔夫球场还有很多其他乐趣。体验者可以在 6 号与 14 号洞处的茶馆品尝饮品并小憩。特别是 14 号洞处的茶馆景色绝佳。据说运气好的话还可以看到浮出水面的海龟。

从 15 号洞前往 16 号洞时需要跨过一架设计极为庄严的桥梁。驾驶高尔夫球车在塞班的蓝色海洋上行走是令人欢呼雀跃的一次体验。

18 洞 /6651 码 / 标准打数 72、追加 3 洞 /1086 码 / 标准打数 12
球场费：根据季节不等 $175~190（11:00 起收费 $145、13:00 起收费 $115~）
球具出租：$25　租鞋费：$10
当地预约·咨询电话：☎ 322-1100
🌐 www.kingfishergolflinks.com

GOLF 塞班极具代表性的海滨高尔夫球场 MAP p.10-C

塞班珊瑚海洋高尔夫度假村
Saipan Coral Ocean Golf Resort

选择性旅游项目和活动 ⚓ 高尔夫

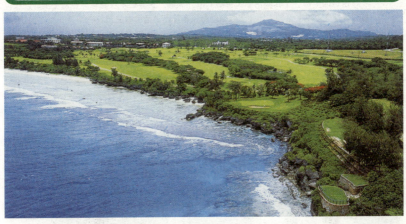

塞班珊瑚海洋高尔夫度假村位于塞班国际机场附近，是塞班极具代表性的海滨高尔夫球场。由拉里·尼尔森设计的球场有效地发挥了雄伟壮观的自然环境之美，在这里可以欣赏塞班海峡与远处的天宁岛。在这个充分利用了跨海与海岸线优势的绝佳位置上饱享打满18洞的乐趣吧，只有塞班岛可以为你带来这种独一无二的体验。

该球场最精彩的是7号洞与14号洞。这两个洞口均为高难度的跨海短距离球穴。充分考虑影响球速的海风是打出好球的要领所在。游客可以一边欣赏美景，一边饱享惊险刺激的球赛。

塞班珊瑚海洋高尔夫度假村（→ p.185）紧邻机场，即便是回国当天也可以轻松地打满18洞。2014年，酒店、餐厅以及游泳池等设施已全面翻新。在享受度假氛围浓厚的酒店生活的同时，还可以饱享高尔夫球赛的乐趣。

塞班珊瑚海洋高尔夫度假村为计划在塞班充分享受高尔夫乐趣的游客准备了两日（$310）与三日套餐（$400）等十分优惠的活动计划。

上 / 可以享受南国岛崎的高尔夫球场
下 / 令人备感压力的7号跨海洞口

18洞 /7156码 / 标准打数72
球场费：根据季节 $170~200不等、两日套餐 $310（仅限4~10月期间）、三日套餐 $400（仅限4~10月期间）、下午（14:00~）$110~120、球具出租 $15~、租鞋费 $10
当地预约·咨询电话：☎ 234-7000

GOLF 初学者与全家一起出游的游客也可以轻松享受 MAP p.8-B

塞班乡村俱乐部 Saipan Country Club

塞班乡村俱乐部拥有距离加拉班与苏苏佩最近的9洞高尔夫球场。塞班岛上按时间收费的高尔夫球场仅此一家，在一定的时间内玩多少轮都可以。场地的设计充分利用了高低起伏的地形与葱葱郁郁的树木，适合所有级别的爱好者来此试手。场内南国的果树结出果实，可以随便采食。有儿童用球杆出租，大人小孩可以一起上阵。餐厅的手工冷面颇受欢迎，售价 $5~。

9洞 /2676码 / 标准打数35
球场费：早场（7:00~12:00）$55、下午场（14:00~日落）$55、晚场（16:00~日落）$50、无限制场次（7:00~日落）$70、儿童套餐（含球具租金）$35、球具出租 $15~20、租鞋费 $10~
当地预约·咨询电话：☎ 234-7300，或者详询酒店旅游窗口

可以放松地享受高尔夫是其魅力所在

运动主题推荐项目

塞班的美丽在于其保留了大自然的原汁原味。在塞班不仅能够体验海上运动，也可以以探险之心享受诸如山地徒步与山地摩托车等陆上运动的快乐。

⚠ SPORTS TOUR　　**尽享塞班丰富的大自然！**

马里亚纳山中行 Marianas Trekking

一边眺望蓝色大海与军舰岛，一边骑行下坡（单车冒险之旅）

虽然路途艰辛，但等待你的是独一无二的绝美景色（禁断岛徒步之旅）

塞班的大自然并不仅仅限于一望无垠的大海。不妨尝试一下骑山地自行车或者驾驶 ATV（四轮地形车）在未经开发的原始森林与视野极佳的山顶穿行。马里亚纳山中行为游客准备了上述充满刺激的活动项目。下面就来介绍一下人气较高的单车冒险之旅与禁断岛徒步之旅。

●单车冒险之旅

在骑最新款电动自行车周游塞班北部名胜之后，可以在蓝洞体验潜水的乐趣。虽然通往鸟岛与自杀崖等名胜的路程坡度较陡，但电动自行车还是可以十分顺利地向前行进的。北部气候变动较大，最好穿着防水外衣前往。

●禁断岛徒步之旅

正如其名，禁断岛徒步之旅就是前往与世隔绝的小岛进行探险。徒步期间会沿未设栅栏与扶手且草木丛生的崎岖坡道下行，该路段危险系数较高，务必按照工作人员的指示完成徒步。徒步固然艰辛，但是之后的壮丽美景与断崖绝壁中的潜水体验将会为此次行程增添一份趣味。道路泥泞，湿滑难走，最好穿不怕脏的鞋子前往。当地还会提供租鞋服务。

单车冒险之旅（12 岁~）
时间：8:30~15:00、12:30~19:00，一天两次（自行车旅行单项体验时间为 8:30~12:00、15:00~18:30）
💰 完整体验 $95、自行车旅行单项体验 $65

禁断岛徒步之旅（6 岁~）
时间：8:30~15:00、12:30~18:00
💰 成人 $95、儿童（6~11 岁）$40

野地冒险之旅 ※ 驾车规定年龄 18 岁以上
时间：7:30~9:00、9:30~11:00、12:30~14:00、15:00~16:30、17:00~18:30，一天五次
具体分为以下几种参与方式。
①越野车冒险（4 岁~）
💰 成人 $65、儿童（4~17 岁）$30
※ 上述费用为两人同乘一辆地形车时的单人费用
②ATV 冒险（18 岁~）
💰 成人 $75
③ACE（单人摩托车）冒险（18 岁~）
💰 成人 $85
④导游驾车
💰 成人 $75、儿童（4~17 岁）$30

环保之旅
时间：8:30~12:00
💰 成人 $55、儿童（4~11 岁）$25

其他旅游项目
皮筏或明轮船 & 潜水、蓝洞潜水 & 水疗、环保露营一天或半天
cc A D J M V
当地预约·咨询电话：
☎ 323-8735
🖥 www.marianastrekking.com

⚠️ SPORTS TOUR　　独自霸占宏伟的劳劳湾

海跃 & 潜水之旅
Sea Jump & Nature Snorkeling Tour

选择性旅游项目和活动 ⚓ 运动主题推荐项目

跳入劳劳湾

和小伙伴一起饱享蓝色海洋之美

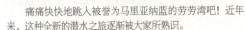

如果习惯了挑战项目，还可以摆出这样的姿势

有教练指导，让人感觉很放心

塞班允许乘客坐在轻型货车的装货台面上，坐在接送游客的班车上兜风是非常愉快的一次体验。不过，装货台面不属于保险范围，游客可以根据自身状况选择落座点

痛痛快快地跳入被誉为马里亚纳蓝的劳劳湾吧！近年来，这种全新的潜水之旅逐渐被大家所熟识。

搭乘前来迎接的轻型货车前往位于塞班岛西南部的劳劳尽头。坐在轻型货车的装货台面上，迎着清爽舒适的海风沿原始森林中的道路前行，心情不禁欢欣雀跃起来。穿过森林，紧接着映入眼帘的就是一望无际的蓝色海洋！劳劳湾波平浪稳，海面宛如蓝色玻璃一般美丽。

在听完有关活动的讲解之后，终于要向大海进发了。令人十分向往的是从 3 米左右的高台上跳进大海的海跃项目。站在高台上向下俯瞰，是一望无际的马里亚纳蓝。也许多少会有些紧张，但还是大胆地跳下去吧！跳入海中之后，还可以在教练的带领下体验潜水运动。在没有人的寂静大海中，可以尽情地与鱼儿近距离接触。热衷于令人兴奋的海跃项目的游客还可以从约 5 米的高台上跳下。在宏伟的劳劳湾体验潜水与海跃项目，可以饱享塞班的大自然之美。体验海跃项目时可根据自身状况采用楼梯辅助入水。

海跃 & 潜水之旅
所需时间：约 2 小时，每天上午与下午各发一团（最少 2 人成团，团员最多不超过 6 人）
💰 成人 \$55、儿童（10~11 岁）\$45
※ 未满 16 岁的青少年不可独自参团
※ 根据天气状况，有可能变更项目体验场所
当地预约·咨询：P.D.I.
☎ 323-1111　🖥 www.pdisaipan.com

跳伞运动
Sky Diving

❶体验一下在塞班空中飞翔的感觉吧
❷向天空飞行的过程中也许会十分紧张，但等待你的将会是未曾见过的绝美景色
❸体验结束后，工作人员会为游客颁发证书。这一刻将会让人感受到完成后的成就感
❹体验开始前一边观看视频资料一边听教练讲解，以便放心地完成体验项目
正在练习跳伞姿势的游客

从 8000 英尺（约 2400 米）的高空自由降落！能够带给你这种异次元体验的便是跳伞运动。与教练共享一个降落伞，由教练来全程操控的双人跳伞适合初次体验跳伞运动的游客。在听完相关讲解之后，穿好跳伞衣与背带便可坐进飞机了。此时你也许有些紧张，但还是要饱享跳伞前的这一段乘机游览时间。抵达约 2400 米的高度之后，终于要开始跳伞了！自由降落时间大约会持续 15 秒，在这期间可以像一只自由的鸟儿一般体验迎风飞翔的快感。降落伞打开之后，便像是在塞班的空中舞蹈一般悠闲地降落到地面。

运气好的话，可以看到飘浮在空中的一圈彩虹。湛蓝色的大海、地面上袖珍的建筑与行人以及伸手可触的云彩等，这些都是只有体验过跳伞运动的人们才可以看到的绝美景色。

通常会在高约 2400 米的位置跳下，还可以挑战更高的高度。每上升 600 米需要追加支付 $40，最高可达到 4200 米。不妨来尝试一下这令人兴奋的体验吧。

游客可以买到记录自己跳伞过程的 USB 存储设备。

所需时间：约 1 小时 30 分钟
🪂 基础跳伞 $289（高度每上升 600 米需要追加支付 $40，最高可达到 4200 米）。USB 存储设备需要另行付费。
报名资格：18~65 岁、体重 100 公斤以下、24 小时内未曾体验过有氧深潜运动、不受酒精与药物影响、非怀孕期间
※ 除了需要出示护照之外，还必须填写免责同意书
当地预约·咨询：塞班跳伞运动
☎ 488-8888　🖥 www.skydivesaipan.com

SPORTS TOUR 精彩的原始森林之旅！

让我们去旅行 Let's Go Tour

从未经开发的自然中驱车前行，心情格外舒畅

通往塔波乔山的路况恶劣，普通车辆是无法通行的，驾驶ATV突破面前的断坡沟坎吧

在塔波乔山的山顶安静下来。从这里眺望塞班，可将全岛之景尽收眼底

领队随行，可以放心体验

驾驶越野车驰骋在塞班的原始森林中，这样的运动项目让人心情舒畅。现在使用的车型是 Polarisa RZR。即便是崎岖不平的道路，可供双人乘坐的 ATV 也可凭借其稳定的性能在浓密的绿色森林之中不停地前行。

首先要在办公区接受前期训练。工作人员会在体验场地内进行公开演示。这时你会惊讶地发现 ATV 居然可以轻松越过 15~20 厘米的断坡沟坎！

戴好安全帽与太阳镜后跟随领队的车出发吧。塔波乔山 & 原始森林之旅用时约 1 小时，其间穿越原始森林并最终抵达塞班最高峰塔波乔山。在离开公路之后，领队车会带队进入无法判断是否有道路的茂密丛林。

水沟、土堆以及令人忐忑不安的坡道都会一一化险为夷。在被树木覆盖的道路上驱车前行，宛如乘坐轨道飞车一般快感十足。经 20 分钟左右的车程便可抵达塔波乔山的山麓地区，下车后徒步向山顶进发。山顶上阵阵袭来的海风与远处湛蓝色的大海令人心情舒畅，人们兴奋的心情也随之安静下来。游客不妨来这里体验一下别具一格的陆上冒险活动。

塔波乔山 & 原始森林之旅

所需时间：约 1 小时
🚗 成人 $60、儿童（3~12 岁）$20
※ 儿童体重 50 磅（约 23 公斤）以上方可参加
※ 有儿童座椅
当地预约·咨询：
☎ 322-5387、322-4646
📱 letsgo-saipan.com

81

塞班金牌潜水员之心
Heart of Gold Divers Saipan

热情、安全、阳光以及温情，被这家探险旅游＆潜水用具商店奉为宗旨。他们组织的深入未经开发的原始森林内部的旅游活动丰富多彩，惊险刺激，可以体验到秘境探险的乐趣。例如以"老人与海"为主题的旅游活动，是在人迹罕至的密林中徒步行走。道路崎岖险峻，有时需要借助绳索才能前行，在经历种种艰险之后才到达安静的海滩，在那里能够看到酷似老人侧身头像的一座巨石。一路劳顿顷刻消解，心情愉悦。

老人与海
所需时间：2~3 小时　💰 成人 $50、儿童（8~15 岁）$30
牛叫岩（俗称陀螺）
所需时间：2~3 小时　💰 成人 $50、儿童（8~15 岁）$30
鸟岛海滩
所需时间：2~3 小时　💰 成人 $50、儿童（8~15 岁）$30
自设目标的飙车游
所需时间：约 3 小时　💰 $30（2 人以上，成人与儿童金额相同）
※ 仅一人参加 $50
禁断岛
所需时间：约 4 小时　💰 成人 $65、儿童（12~15 岁）$35
蓝洞潜水
所需时间：2~3 小时　💰 成人 $40、儿童（8~15 岁）$30
当地预约・咨询：
☎ 285-3483　🌐 heartofgolddivers.com/saipan

老人与海的线路很难只能独自前往

秘境探险，走完全程后成就感爆棚，大家一起比出庆祝胜利的 V 字手势

塞班徒步俱乐部
Saipan Walking Club

可以体验潜水的项目有很多

在野地徒步游或者山地单车之旅等项目中随导游一起观察大自然，特别是观察野鸟这样的观光形式颇受好评。野地徒步游费用中包含独创的自然观察用具与望远镜的租赁服务，游客可以在途中仔细观察塞班的花花草草与野生鸟类。塞班徒步俱乐部还开设有"行走在拉德兰唐凯"的徒步线路，拉德兰唐凯是政府认定的自然保护区步行道，沿途大多是人迹罕至的原生态自然区。同时，俱乐部还为游客准备了塞班岛首个鸟岛观鸟游线路。欢迎有兴趣的游客前来咨询。

山地单车骑行，感受塞班的海风

禁断岛探秘
所需时间：3 小时 30 分钟~4 小时　💰 成人 $70、儿童（10~11 岁）$40
鸟岛潜水
所需时间：3 小时~3 小时 30 分钟　💰 成人 $60、儿童（5~11 岁）$35
山地单车之旅
所需时间：3 小时 30 分钟~4 小时　💰 成人 $75、儿童（10~11 岁）$45

行走在拉德兰唐凯
所需时间：约 2 小时 30 分钟　💰 $60（12 岁以上）
蓝洞有氧潜水
所需时间：约 2 小时 30 分钟　💰 $50（10 岁以上）
仙女海滩探险
所需时间：约 3 小时 30 分钟　💰 $70（12 岁以上）
※ 上述所有项目均为 2 人成团，每天上午与下午各发一次团
※ 此外还有许多其他项目
当地预约・咨询：☎ 483-5630

△ OPTIONAL TOUR

特选旅游项目

塞班岛的旅游项目不仅限于体育运动，也有去原始森林兜风与回顾急剧变化的塞班岛历史的项目，还有根据游客要求定制的一日游项目等，有各种趣味盎然的活动供你选择。

△ OPTIONAL TOUR   塞班的景点观光与购物

塞班岛内观光 & 购物之旅
Sightseeing and Shopping Tour

在塞班岛首屈一指的
购物中心购物

塞班岛内观光项目是指搭乘大型巴士在鸟岛（→ p.107）与保留有众多战争遗址的塞班岛北部周游。观光团在塞班 DFS 环球免税店（→ p.162）解散，游客可以直接留在这里购物，也可以在加拉班逛一逛。岛内观光项目安排在上午，因此建议下午有其他活动项目或者海上运动等计划的游客报名参加。

还可以欣赏名胜——鸟岛的绝美景色

所需时间：约 3.5 小时　🚌 成人 $30、儿童（2~11 岁）$25
当地预约·咨询：塔西旅行社 ☎ 234-7148　🖳 www.tasi-tours.com

原椰油
Natural Coconuts Oil

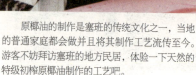

　　原椰油的制作是塞班的传统文化之一，当地的普通家庭都会做并且将其制作工艺流传至今。游客不妨拜访塞班的地方民居，体验一下天然的特级初榨原椰油制作的工艺吧。

　　有一天我们去到了位于塞班中部小山丘上的戈登家。

　　"椰子对我们来说就是'生活'。我们喝椰子汁，将椰油用作化妆水涂抹在皮肤上起到了防虫作用。受伤时还可以当作药物使用。此外，我们的祖先卡罗莱纳人使用椰子皮纤维制作出了独木舟的绳索。可以说椰子是我们生活中不可或缺的一个重要组成部分。"

　　戈登为我们讲述了椰子对于塞班当地人来说是何其重要的一个存在。

　　终于到了体验椰油制作的环节。椰子那层厚厚的壳用刀顺着纤维一刀一刀砍下来，接下来再将坚硬的外皮剥下，切开果实便会有椰子汁流出来。喝完椰子汁后可从剩下的白色部分提取出椰油。用手紧握便可挤出白色液体。戈登告诉我们："熬制挤出的白色液体，最终会凝结成椰油。"在熬制椰油期间，还可以体验当地的花卉装饰手工与椰子叶工艺品的制作。制作完成后可将其装饰在头发或者手腕处，并与戈登一家合影留念。通过该旅游项目可以体验到在其他观光项目中无法触及的当地的地方文化与生活。

在椰油熬制过程中挑战制作椰子叶工艺品

❶花卉装饰手工出乎意料地难，我们做得非常可爱吧　❷首先要砍下厚厚的椰子壳　❸取出椰子汁之后，削下白色部分　❹用手使劲挤　❺熬制白色液体，最终形成椰油　❻在椰油熬制过程中还可以体验椰子叶工艺品制作与花卉装饰手工

发团时间：每天 10:00~11:30、13:00~14:30，周日与节假日除外
💰 $30（两人成团）。成人与儿童费用相同。
※ 花卉装饰手工与椰子叶工艺品制作等文化体验为非自选项目
当地预约·咨询：P.D.I.
☎ 323-1111 🌐 www.pdisaipan.com

⚠ OPTIONAL TOUR **全套私人订制之旅!**

塞班租车自由行
Saipan Wagamama Wagon & Sedan

司机可带领游客前往塞班圣母庙（→p.103）等很难只身前往的景点

"周游塞班自然景点!"等要求也可一一实现

游客也可以要求前往独具地方特色的大型超市

塞班现如今出现了可以最大限度满足游客需求的终极自由行。例如，参观许愿娃娃（→p.152）的制作工艺等也是可以的。通常是租一辆轿车或者旅行车并雇用一名司机，以包车的形式完成观光，共约需要4小时。租好车之后的行程完全由游客决定。首先要告知对方，你想在塞班看什么、做什么。你可与伙伴以及家人通过租车自由行的方式看一看普通的观光行程中看不到的景色，接触更加真实的塞班。

时间：每天 10:00~15:00 期间，任意安排出发时间
🚗 轿车（1~3 人）$150/1 辆・旅行车（4~6 人）$200/1 辆
当地预约・咨询：P.D.I. ☎ 323-1111 🖥 www.pdisaipan.com

塞班首次引进! 出租车月票上市

塞班没有公共交通设施，备受期待的出租车月票终于问世。首先，在游览服务台购买月票，费用为 $25。提供月票服务的出租车均与旅行社签订了协议，隶属信誉度较高的出租车公司。月票内容如下。

●每天每人的费用为 $25。运营时间为 9:00~22:00（预约时间截至 21:30）

●未持有月票的游客不得乘车，团体出游，需每人各自购票。不过，12 岁以下的儿童，在有监护人同行的情况下可以乘车。

●持月票免费乘车区域为加拉班地区至南部的 P.I.C.（→p.184），北部可抵达肯辛顿酒店（详细情况可在购票时进行确认）。

●除观光地之外，还可以在酒店、餐厅以及购物场所乘降。

●月票不得转让。

游客可搭乘出租车辗转购物，也可以往返于各家海滩酒吧（→p.119~121）。出租车月票无疑会使你的塞班之行变得更加充实。

当地预约・咨询：P.D.I.
☎ 323-1111
🖥 www.pdisaipan.com

出租车公司是拥有多年经验的日升出租车。预约后，在乘车时出示自己的月票即可

夜间旅游项目

来塞班观光，不仅白天要马不停蹄，晚上的时间也要充分利用起来。游客可以欣赏塞班特有的舞蹈表演、参加当地的晚宴秀或者去看变幻无穷的魔术表演。

沙堡 Sand Castle

优华丽的表演气氛高涨的演员们

令人忐忑不安的幻影表演

如果想在塞班度过一个奢华的夜晚，那就去沙堡。那里一流魔术师的魔术表演与魔女们高水平的舞蹈演出，让人们在塞班就能欣赏到拉斯维加斯风格的舞台。从华丽的舞蹈到令人目不暇接的疯狂奇术，在这里你可以亲眼见证一个变幻无穷的魔幻世界。

在表演接近高潮时，还会有白虎登场。这样的表演真能让人忘记平日的琐碎烦事。观看表演分两种形式：一种带有晚餐；另一种仅限观赏。晚餐内容是带有剧场的塞班凯悦酒店（→ p.180）大厨烹饪的套餐。游客可以边用餐边看表演。

还有白虎登场表演

此外还有沙堡特制的汉堡包配炸薯条、甜食以及汤品，"休闲晚餐"优惠活动正在进行中，售价$94。

会场：塞班凯悦酒店内（MAP 折页地图②-C2）
表演时间：晚宴套餐：晚宴 18:00～、表演 19:15～20:15
看秀：第一场入场时间 19:00～、表演 19:15～20:15
第二场入场时间 20:45、表演 21:00～22:00
周一·周四休息
圈 晚宴套餐 按照座位与餐饮内容分为 $94、$125、$185 三种
2～11 岁 $55·$80
看秀 按照座位与饮品类别分为 $80、$94、$125 三种
2～11 岁 $50·$55
※ 没有严格的着装规定，但是不得穿着拖鞋与泳衣入内
当地预约·咨询：塞班沙堡
☎ 233-7263　🌐 www.saipan-sandcastle.com

Night TOUR

饱享壮丽的残阳、晚餐以及舞蹈表演

落日下的晚宴之航 Sunset Dinner Cruise

在日落前开船

玉石夫人Ⅲ号游轮鸣笛启程，开始落日下的晚宴之航，在这里可以饱享奇幻的落日、佳肴、美酒以及表演秀。

起航后，首先是著名歌手杰瑞出场表演。他以"请记住我，我是《猫和老鼠》里的老鼠杰瑞哦"作为开场白，还演唱了一些亚洲歌曲。此外，他还熟练掌握了亚洲一些国家的地方言，同时模仿亚洲一些著名艺人的表演。

天色渐暮，海面被染成橘黄色。此时远眺军舰岛，喝着不限量供应的啤酒等饮料，进入晚餐时间。餐后由工作人员组成的舞蹈队"The

对晚餐十分满意

杰瑞不愧是多才多艺的歌手。对观众的点歌有求必应

Red Boys"也加入进来助兴，他们的舞蹈煽动起场内的气氛。最后伴随着"YMCA"的热舞，游轮返航靠港。

席位有甲板内侧与外侧之分，预约时请事先声明。

左／天色渐暮，观望着空中美景是多么舒适惬意的一刻　上／晚餐后，气氛伴随着音乐与舞蹈沸腾起来

会场：微笑湾码头出发
表演时间：17:15~19:00
💰 $70、3~11岁 $45、2岁以下免费
当地预约·咨询：落日下的晚宴之航
☎ 234-8230-8231
🔗 saipansunset.com

快乐晚餐秀 Joyful Dinner Show

雄壮的火舞令人大声呼叫

舞蹈演员不断展开华丽的表演

可以品尝到烤乳猪等地方特色浓厚的菜品

在塞班悦泰度假村酒店（→p.183）举办的快乐晚餐秀上可以欣赏到南国岛屿的舞蹈表演并饱享极具地方特色的美食。

快乐晚餐秀的举办场地位于海滩上的开放式会场，身着华丽服饰的舞蹈演员会在入口处迎接来宾。整个会场以大海为背景，伴随着现场演奏的音乐入座，会场气氛逐渐沸腾起来。

晚餐是自助餐。取餐区摆满了腊肠、烤牛排骨以及烤猪排骨等肉类菜品，还有海鲜、沙拉以及甜品等，令人目不暇接。令人开心的是这里还会供应几种塞班菜。其中，烤乳猪是节日与结婚典礼等庆祝活动上的常见菜肴，是查莫罗族的代表性菜品。

在酒足饭饱之后，备受期待的表演也即将拉开帷幕。届时可以欣赏到华丽的舞蹈、沉静的女子舞蹈以及雄壮的火舞等。在感受阵阵海风的同时欣赏着台上的舞蹈表演，令人心情愉悦。在有来宾一同参与的互动环节之后就到了整场表演的最后一个环节。

快乐晚餐秀的表演有声有色，还有地方特色浓郁的美食。务必在你的旅程中安排这样一个夜晚，好好欣赏一下令人满足感爆棚的舞蹈表演。

会场：塞班悦泰度假村酒店（MAP 折页地图②-C2）
表演时间：18:30~20:30
💲 $60、4~11岁$30、3岁以下免费
当地预约·咨询：塞班悦泰度假村酒店
☎ 233-6414

塞班水疗养生

提到在南国岛屿振作精神的好方法，无疑是玩好、吃好，外加买买买。
那么你是否考虑过养生＆按摩呢？让你的心灵与身体在塞班得到一次完美的蜕变吧。

感受隐藏在水中的力量

i Saguá Spa ✽ 伊萨古阿水疗馆

MAP 折页地图②-C2

世界连锁的凯悦酒店将殷勤好客的宗旨与塞班的自然以及文化相融合，开办了这家高档水疗馆。"伊萨古阿"在查莫罗语中意为水循环。利用潮水涨落，汲取水的能量，继而产生自然的治疗效果。以当地自然疗法师的知识为基础，提供优雅的养护。

建议利用半天的时间，在水疗馆内的豪华治疗室体验为时4小时的"伊萨古阿旅程"项目。在令人身心放松、重新焕发活力的非日常空间内度过最好的时光。

服务项目与费用

伊萨古阿静居	
布拉（补充营养）120分钟	$180
挞西（营养平衡）120分钟	$180
玛惕（排毒）120分钟	$180
伊萨古阿旅程	
布拉（补充营养）240分钟	$300
挞西（营养平衡）240分钟	$300
玛惕（排毒）240分钟	$300

❶优雅的水疗室采用自然光照明，游客可以在这里享受美好舒适的水疗时间 ❷象征水能量的圆形浴池 ❸备有优雅的豪华小套房

地址：塞班凯悦酒店内 🕐10:00~22:00 CC A D J M V 备注：提供接送服务（需要预约）☎323-5888

在充满芳香的空间内体验最幸福的时刻

ARC Health Spa ✽ ARC 健康水疗

MAP p.7-A/12-C

ARC 健康水疗是一家高档水疗馆，来宾可以在南国鲜花开得如火如荼的酒店内享受顶级的芳香疗法。这家水疗馆用材讲究，采用 100% 的天然中药香精油。美容师均拥有十年以上的执业经验，绝对专业。

躺在床上，首先会被迎面而来的香气所吸引，接下来逐渐进入更加舒适惬意的体验环节。美容师的手法细腻，却有一股强烈的刺激感直至体验者体内。这简直就是像做梦一般的幸福时刻。

ARC 健康水疗还有面部护理与足部护理项目。足部护理项目包含石蜡足膜，塞班岛仅此一家。采用特制香精油按摩之后，将足部泡入液体石蜡当中。在摘下凝固的石蜡时，顽固的皮肤角质也将会一同脱落。最后，再涂抹一些化妆水，足部便会焕然一新。抵达塞班之后，可以在换上拖鞋前来到这里尝试一下足部护理项目。

服务项目与费用		
项目疗程		
罗莎疗程	150 分钟	$150
身体按摩		
豪华芳香疗法	90 分钟	$120
芳香疗法	60 分钟	$100
反射按摩	60 分钟	$70
瑞典式按摩	60 分钟	$80
面部按摩		
芳香面部按摩	60 分钟	$75
晒后护理	60 分钟	$75
运动面部按摩	60 分钟	$75
其他		
足部护理	60 分钟	$70
芳香头部按摩	30 分钟	$35
※ 服务费 10%		

❶ 熟练的按摩师将带领体验者进入极乐世界 ❷ 水疗客人可免费使用按摩浴缸 ❸ 轻松自在的时光等待你亲自前来体验 ❹ 水疗场地是一栋独立的建筑

地址：塞班清泉度假村俱乐部内 🕙 10:00~24:00 CC A D J M V 备注：提供接送服务（需要预约）
当地预约·咨询 ☎ 322-1234（酒店）

Spa Verde ❋ 温泉豪园

MAP 折页地图②-A1

比起位于酒店内部的休闲健身中心，坐落在街上的疗养机构因其便捷的交通而更受喜爱，但是由于数量众多，游客往往无从选择。对因上述原因而感到迷茫的游客，在此特别推荐温泉豪园。

温泉豪园的动态指压项目拥有多年的实践经验，与潟湖温泉同属一家公司，可以放心地前往体验。

温泉豪园的特色在于采用自然素材进行护理的项目丰富多彩。例如，采用咖啡豆完成的咖啡浴（60 分钟 $68）可抵御老化，凝驻肌肤年轻的状态。实际体验后便可发现，咖啡浴除了带给你舒适的感觉之外，咖啡的香气也会使人心情平静下来，其芳香效果令人期待。

此外，有机面部护理（60 分钟 $66）分为芦荟＋黄瓜、胡萝卜＋椰子以及燕麦＋蜂蜜等多种独特的搭配方式。

当然，温泉豪园的动态指压技术也备受好评，有指压（60 分钟 $50）与足底穴位按摩（60 分钟 $50）等，热衷按摩的游客在这里一定会得到满足。

服务项目与费用

有机面部护理

晒后修复（芦荟＋黄瓜）60 分钟 $66
抗衰老（胡萝卜＋椰子）60 分钟 $66
干性皮肤（燕麦＋蜂蜜）60 分钟 $66

去死皮

红糖浴 60 分钟 $68
燕麦大米浴 60 分钟 $68
椰子浴 60 分钟 $68
咖啡浴 60 分钟 $68

其他

动态指压 60 分钟 $50
足底穴位按摩 60 分钟 $50
头部按摩 60 分钟 $50
豪华套餐（指压60 分钟＋足底穴位40 分钟＋足浴30 分钟）
130 分钟 $98

❶ 咖啡的香气还可以起到使人放松的作用。咖啡浴带来的适度刺激感令人十分舒适 ❷ 还有鲜花足浴项目 ❸ 坐落于交通十分便捷的加拉班中心地区

地址：塞班凯悦酒店（→ p.180）前 ⏰ 10:00～次日 2:00 CC A J M V 备注：提供免费接送服务
当地预约·咨询 ☎ 233-7766 🌐 www.spaverde-saipan.net

眺望大海放松自我
Lagoon Spa
✽
潟湖温泉

MAP 折页地图②-C3

① 内容丰富，也有针对男性与情侣的项目　② 大堂内有前台　③ 还有修甲与美甲

潟湖温泉是哈发代海滨酒店内的水疗馆。位于克里斯特塔八层，正如其名，那里视野宽广，可以环视大海的珊瑚礁。这里从中国、印度、印尼巴厘岛以及瑞典等很多国家引进了各种疗法。特别是指压疗法，其在加拉班开的两家动态指压姊妹店在当地十分闻名。印度的希罗达拉疗法（60 分钟 $75、90 分钟 $110）用油滴额的方式放松身心，值得一试；夏威夷的热石精油推背按摩（60 分钟 $75、90 分钟 $105）所采用的玄武岩与推背的精油能促进血液循环并稳定情绪。

服务项目与费用

按摩
动态指压　60 分钟 $55
精油推背按摩　60 分钟 $70
热石精油推背按摩　60 分钟 $75

全身护理
死海粗盐身体磨砂　50 分钟 $80
全身海藻　50 分钟 $90
晒后修复　50 分钟 $80

面部、手部以及足部护理
深层洁面　60 分钟 $88
抗衰老精油　90 分钟 $128
美白　90 分钟 $120

豪华套餐
动态全套豪华套餐　130 分钟 $120
女王套餐　240 分钟 $318
绅士套餐　120 分钟 $168
※ 上述费用均不含服务费

住址：格兰德瑞奥塞班度假村（→ p.183）　🕐 10:00~24:00
🆑 A D J M V　备注：提供免费接送服务
当地预约·咨询　☎ 233-5599　🌐 www.lagoonspa.com

提供丰富多彩服务项目的顶级水疗
Nilala Spa
✽
尼拉拉水疗

MAP 折页地图②-C2

① 舒适且香气弥漫的治疗室　② 强有力的按摩使身体备感松弛

尼拉拉水疗融入各种传统方式，是一家位于塞班悦泰度假村酒店内的顶级水疗馆。步入治疗室的瞬间便会被令人备感舒适的香气所包围，心情也会变得舒畅惬意。这家水疗馆准备了丰富多彩的服务项目供游客体验，例如，使用温热的玄武石完成的能量热石疗法，其促进新陈代谢的效果令人备感舒适，还有通过刺激全身穴位来达到改善血液循环目的的指压疗法等。

在此特别推荐令人不禁联想到波浪的"塞班波按摩"。掌握高超技巧的按摩师有节奏地施力按摩，令人感觉像是随波摇晃一般，心情瞬间变好。

服务项目与费用
塞班波按摩　60 分钟 $95
深部组织按摩　60 分钟 $80
能量热石疗法　60 分钟 $110
自然面部护理　60 分钟 $85
抗衰老治疗　60 分钟 $100
足部护理　60 分钟 $85

水疗套餐
尼拉拉豪华套餐　165 分钟 $250
经典水疗套餐　105 分钟 $180
永葆青春套餐（2 人）120 分钟 $295（2 人）
豪华型水疗两天　270 分钟 $350

地址：塞班悦泰度假村酒店（→ p.183）　🕐 10:00~23:00
🆑 A D J M V　备注：提供免费接送服务（需要预约）
当地预约·咨询　☎ 234-6452

日晒后来体验一次海藻浴吧

Mirage Spa
✳ 美梦按摩院

MAP 折页地图②-C1

① 做完护理项目后还可以在装饰得十分可爱的房间内品茶 ② 给晒伤后的皮肤做一个海藻浴会感觉十分舒适 ③ 是足底按摩室。店内十分敞亮，可以放心体验

南国塞班的日照十分强烈。即便处心积虑地保护自身皮肤不被晒伤，往往也还是会被晒黑。针对上述人群，我们在此推荐海藻浴。在30分钟的精油按摩之后，工作人员会将糊状海藻涂满体验者的全身。届时体感凉爽舒适，30分钟之后可以真实地感觉到肌肤变得十分滋润。海藻浴＆香熏精油按摩的费用为60分钟$70。

除了上述体验项目之外，印度式阿育吠陀滴油（60分钟$80）等体验项目也极具人气。

服务项目与费用

海藻浴＆香熏精油按摩 60分钟 $70
阿育吠陀滴油 60分钟 $80
全身指压按摩 60分钟 $60
幻影套餐A（全身指压、足底按摩、头皮按摩）120分钟 $78

地址：塞班悦泰度假村酒店（→ p.183）前　🕐11:00~次日 2:00　CC A D J M V　备注：提供免费接送服务　当地预约·咨询 ☎ 233-4137

加拉班中心地区的非同寻常空间

Hanamitsu
✳ 花蜜

MAP 折页地图②-C1

① 按摩师手法都不错 ② 背上的热石慢慢开始见效

花蜜Spa酒店位于加拉班中心的马里亚纳漫步大道。一踏进这家酒店便会被一种宁静祥和的气氛围住，全然忘了外面就是喧嚣的繁华街道。这里喷水式按摩浴缸、鲜花浴缸以及换衣柜等设备一应俱全，非常充实。

按摩有11个种类，足底按摩有3种。"热石按摩疗法"是指将具有远红外线效果的热石放在后背上进行理疗。热气慢慢穿透肌肤渗入到身体内，据说这种疗法对寒冷症与肩周酸痛有不错的疗效。

局部快速按摩30分钟$25起价，可以先试一试。

服务项目与费用
全身按摩
指压按摩 60分钟 $35、90分钟 $55
热石疗法·按摩 60分钟 $50、90分钟 $70
夏威夷罗密罗密按摩 60分钟 $45、90分钟 $65
泰式（古法）按摩 60分钟 $50、90分钟 $70
局部快速按摩 30分钟 $25、45分钟 $35

地址：花蜜Spa酒店（→ p.192）　🕐24小时
CC A D J M V　备注：提供免费接送服务
当地预约·咨询 ☎ 233-1818（酒店）
URL www.saipanhanamitsu.com

SIGHTSEEING

加拉班周边 Garapan

加拉班位于塞班岛西海岸中部地区，这里是塞班观光旅游的中心区。现在加拉班及其周边地区以大型避暑山庄为中心，是聚集了西餐厅与各种特产商店的繁华街道。

沿着贯穿加拉班中心的海滨大道依次是美国纪念公园、警察局、消防局、学校以及购物中心等，交通量非常大。在加拉班地区通常会挤满众多游客，沿街可见的蓝色海洋、椰子树以及各种南国鲜花共同营造出了悠闲宁静的氛围。

只要来到海岸线一带，就能看到洁白的沙丘与拥有蓝色海洋的麦克海滩，更加神奇的是还能看到在海面上浮现的军舰岛，在这里马上能感受到旅游的惬意。

海滨大道
Beach Road

MAP 折页地图②-C4

沿着从加拉班北部的踏盼港口到南部圣安东尼奥的海岸线一路走来都是延绵的海滩。租一辆车沿着海边兜风，最能感受到真正的塞班风情。6~7月正好是凤凰花（塞班樱花→p.190）盛开之时，可以在鲜红的凤凰树下兜风观光。

海滨大道拥有完善的人行道，散步、慢跑以及骑车都是一个不错的选择。

能愉快地感受到南国风情的人行道

加拉班教堂
Garapan Church

MAP 折页地图②-B5

加拉班教堂在18世纪西班牙统治时期被称作天主教堂。在太平洋战争中教堂受到破坏，之后经过重新改建并一直保存到现在。2006年重新刷新，从原来的黄色变成了白色的建筑物。最值得一提的是，建筑物左右对称的设计展示了其美妙的身姿。

建筑物后面有一个能感受教堂历史的旧钟楼，这是值得一看的景点。钟楼多少有些受损，但因为幸免于战争破坏，所以大体上还保存了原样。

上／能感受历史的旧钟楼静静地矗立着
右／令人印象深刻的是冲向天空的设计

美国纪念公园
American Memorial Park
MAP 折页地图②-B2

左上／各式展品
左下／游客服务中心内陈列着战史资料等
右／了解塞班历史的重要场所

　　绿茵繁茂的美国纪念公园位于加拉班中心地区。公园中央建有为第二次世界大战美军牺牲者设立的纪念碑以及塞班岛民牺牲者纪念碑。园内的游客服务中心免费开放。其内部陈列有第二次世界大战的历史性资料与图片，同时还可以听到证人证词等音频资料。

　　此外，如提出申请，游客服务中心还会放映长约20分钟的纪录片。

　　游客服务中心内的商店（→p.172）出售介绍北马里亚纳历史的书籍与DVD。该服务中心营业时间为9:00~17:00。1/1、感恩节以及12/25休息。游客可免费入场。☎234-7207。

左／令人心情舒畅的纪念公园
右／与工作人员合照的游客

麦克海滩
Micro Beach

MAP 折页地图②-C2~3

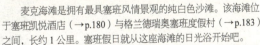

　　麦克海滩是拥有最具塞班风情景观的纯白色沙滩。该海滩位于塞班凯悦酒店（→p.180）与格兰德瑞奥塞班度假村（→p.183）之间，长约1公里。塞班假日就从这座海滩的日光浴开始吧。

　　麦克海滩海域是被踏盼珊瑚礁环绕的浅海。该海域水质澄澈，海面上漂浮着军舰岛。据说这里的海水一天会变7种颜色，为世人展现了美丽多彩的一面。特别是日落景观，绝对是你前所未见的绝美场景。

　　海滩上到处散布有采用椰子叶作为房顶的体育商店，游客可以在这里租用潜水用品等各种海上运动器具。还可以报名参加训练课程。

麦克海滩与军舰岛是塞班观光的代表

军舰岛
Managaha Island

MAP p.6-A

军舰岛漂浮在加拉班海上。这里比本岛的海滩透明度更高，白茫茫的海滩就像是童话故事里存在的南洋小岛。悠闲地睡上一觉是一种享受，水上运动（→p.48）是必不可少的娱乐。自由行的游客，需要支付$5的进岛费。

左／海浪很平稳，带孩子的游客也能尽情地享受海滩
上／徒步15分钟左右就能绕一圈的小岛

北马里亚纳群岛博物馆
Northern Mariana Islands Museum

MAP 折页地图②-B5

上／原来的医院改造成了博物馆
右／展示有很多北马里亚纳珍贵的历史文化遗产

在以前的日本医院的旧址上建立的博物馆。在最初建设的1926年，也算得上是密克罗尼西亚最先进的医疗机构，设有X射线、外科、耳鼻喉科、妇产科等门诊与药剂室等。

北马里亚纳群岛博物馆内展示有塞班与北马里亚纳群岛的历史性照片与绘画等珍贵的展品。开馆时间为周一～周四9:00~11:00、12:30~16:00。周五、周六、周日与节假日闭馆。门票$2，学生票（凭学生证）$1。※本书调查时，因翻新而处于闭馆状态。

砂糖王公园
Sugar King Park

MAP 折页地图②-B5/p.8-A

南洋兴发株式会社的甘蔗栽培与糖厂，当时在塞班岛上是很大的一个产业。对马里亚纳群岛的产业发展与贸易兴旺做出贡献的松江春次被大家称为"砂糖王"。为了纪念松江春次的业绩，建立了这座砂糖王公园。砂糖王公园内种有草坪与许多树木，还有当时搬运甘蔗的小火车与迷你植物园。

上／松江春次的铜像
下／砂糖王公园内展示有当时搬运甘蔗的小火车

塞班南部 Southern Saipan

北马里亚纳自由联邦的行政中心苏苏佩及其南北相邻的圣何塞、查兰卡诺亚等塞班南部地区，与充满欢快的观光地加拉班有着完全不同的氛围。

在以水质好而闻名的登陆海滩上，可以看到当地渔民们撒网捕鱼的场景，还可以看到与家人一起在树荫下烧烤的游客身影。在塞班南部可以饱享悠闲自在的岛上风景。

塞班南部的南海岸有很多最适合潜水的珊瑚礁与适合野餐的海滩。此外，在太平洋岛屿俱乐部（→ p.62）与波浪森林（→ p.64）内可饱享以酒店游泳池为中心的各种活动项目。这就是丰富多彩的塞班南部。

圣何塞
San Jose
MAP p.8-B

圣何塞是海滨大道与塞班国际机场通往塞班南部道路相交点附近的一个小村落。又被称作欧雷阿伊 Oleai。这个 T 字交叉路口建在白色十字架上盖着钢盔的美国登陆纪念碑 U.S.Landing Monument。

从圣何塞前往机场方向途中，与中央大道的交叉路口处为在战争中牺牲的塞班岛民建造了塞班岛民纪念碑。据传说，被卷入美日战争并丢掉性命的岛民约有 1700 余人。

上／圣何塞地区悠闲宁静的海滩
右／这里至今遗留有记录美军登陆的纪念碑。在塞班岛民纪念碑前可以双手合十默默悼念

瑙鲁大厦顶层是景致极佳的观景餐厅（360 旋转餐厅）

苏苏佩
Susupe
MAP p.8-C/10-A

苏苏佩是北马里亚纳群岛自治联邦区的首府。在政府机关集中的市政中心 Civic Center 集聚了北马里亚纳自治领行政大楼、法院、警察局以及消防局。南侧是高 8 层的瑙鲁大厦，北侧是马里亚纳高中。滨海区有两家大型度假酒店。瑙鲁大厦旁的周天购物中心（→ p.174）是北马里亚纳规模最大的商场。

查兰卡诺亚
Chalan Kanoa

MAP p.10-A

　　查兰卡诺亚是塞班最大的一座城市。连栋百货商店、周天仓储式超市（→p.174）、邮局、电影院以及餐厅等鳞次栉比，这里经常会挤满当地的居民。游客与加拉班比，相对较少，有很多不错的餐厅。

　　城市北端建有西班牙风情的卡梅尔山教堂。

上／开设在连栋百货商店内的
人气快餐店——塔可贝尔
下／在宝瓶宫海滩酒店
（→p.194）俯瞰查兰卡诺亚

卡梅尔山教堂
Mount Carmel Church

MAP p.8-C/10-A

　　卡梅尔山教堂坐落在连栋百货商店斜对面，是塞班规模最大的教堂。第二次世界大战之后，这里惨遭破坏，之后向国家申请重建并在1949年竣工。

　　1984年，接到罗马主教之命，卡梅尔山教堂被升格为总管北马里亚纳群岛天主教堂的大教堂（Cathedral）。现在，这里是卡梅尔山高中的所在地，当时工厂的部分建筑直接用作了学校的校舍。此外，神社遗址现在成了墓地，天主教的墓地与十字架中，现在还留着一些当时的灯笼与牌坊。

上／左右对称的美丽教堂。圣母玛利亚保佑着这座城市
下／天主教墓地上的牌坊。这种不可思议的风景，如实
地记录着塞班岛一路走来的历史

吉利利海滩
Kilili Beach

MAP p.8-C

　　吉利利海滩是一座海滩公园，沿着海滨大道从加拉班向苏苏佩（→p.99）方向前进，经过圣何塞的美军登陆纪念碑后便可抵达。

　　吉利利海滩作为公园设施齐全，还有休息处。非常适合沿着海滨大道边散步边休息。夕阳西下时，经常可以看到眺望日落的游人的身影。

公园的绿色草坪让人心旷神怡

苏苏佩湖
Susupe Lake

MAP p.8-C /10-A

　　苏苏佩湖周长大约 1.6 公里，是塞班最大的淡水湖。由于拥有喷涌不止的水源，干旱季节也不会出现干涸，苏苏佩湖不仅拥有丰富的水资源，还生存有斑节虾与非洲鲫鱼。

　　只是，参观苏苏佩湖必须经过一处私有地，因此一般游客是被禁止入内的。虽然不能保证每次都能成功，但可以通过 P.D.I. 主办的活动进行参观。

充满了神秘色彩的苏苏佩湖

南海岸
South Shore

MAP p.10-C

　　在塞班南部不容错过的地方是西南部的阿劲岗海角 Agingan Point。从查兰卡诺亚（→ p.100）沿着海滨大道南下，通往旧机场方向的坡路右侧有一条暂未铺设的路可直达海角。从海角的悬崖上能眺望大约 5 公里远的天宁岛（→ p.215~）。

　　拉德海滩 Ladder Beach 位于塞班机场南侧。虽然是宽 100 米左右的小海岸，但是在海岸背后的大小洞穴内能经常看到当地人饱享烧烤的愉快场景。

　　拉德海滩的东侧是欧碧燕海滩 Obyan Beach（→ p.61/71）。这里是潜水的好地方，初学者也可以饱享潜水的乐趣。

　　只是，不管是拉德海滩还是欧碧燕海滩，都需要经过原始森林中暂未铺设的一段路，因此最好是有一辆四驱车。此外，设置的标识不易看懂且有标识丢失的情况发生，因此最好参加旅游团或者寻找当地人做向导。

左 / 也许是交通不便的缘故，南海岸海滩人烟稀少　右 / 安安静静的拉德海滩

旧日本军队弹药库遗迹
Bomb Storage Magazine

MAP Map p.11-B

　　在塞班机场附近，第二次世界大战时使用的旧日本军队弹药库的遗迹原样保留下来了。在草丛中向前走，眼前突然出现生锈的战车。以战车作为标记向右侧的小道向前走的话，就看到了有着混凝土做的沉重大门的弹药库，曾经被搁置了很久，现在道路已经完善，旅行者方便前往了。这里是讲述塞班历史的遗迹。

机场附近的战争遗迹

塞班中部 Central Saipan

塞班中部以塞班最高峰塔波乔山为中心，是一个拥有众多未开发自然景观的区域。从这里有能遥望美丽军舰岛的国会山，还有人烟稀少的东海岸等丰富多彩的景观。此外，近年来劳劳湾高尔夫＆度假酒店（→ p.75）周边区域的开发成果显著，新建的酒店拔地而起，今后的发展备受关注。

塞班中部地域宽广，因此一般情况下需要租车观光，但是道路上标志与记号很少且地面凹凸不平。如果对驾驶技术不自信，参加当地的旅游项目应该是最保险的选择。

MAP p.7-C

国会山
Capitol Hill

国会山是一座小山丘，沿穿岛路 Cross Island Road 上行便可抵达。1947 年 7 月，由美国托管的联合国信托领地行政府政成立，并在这座山上建造了行政总部大楼。因此，这座山以 Capitol（国会议事堂）命名。

现在有国会议事堂、总督官邸、邮局以及图书馆等设施坐落在此，是一个非常悠闲安静的住宅区。

国会山最高点海拔210 米，从山上远眺的风景优美如画。俯瞰踏盼珊瑚礁，可以清楚地观察到海水的颜色随着太阳的位置与云的动向变幻无穷。此外，据说从这座山上眺望到的军舰岛格外美丽。

这里还是通往塞班最高峰塔波乔山的通路

从国会山眺望军舰岛

塞班圣母庙
Our Lady of Lourdes Shrine

MAP p.9-A

从国会山出发，沿穿岛路向南走 2.5 公里左右，可以看到左侧有一个箱形的黄色公交车站。走过这个公交车站，马上右转。继续沿柏油路下行 550 米左右，看到坐落在左侧的橘色小型建筑后右转。拐弯后应该马上可以看到设置在左侧的招牌，上面写有 "Santa Lourdes Shrine As Teo" 的字样。

道路右侧有一个洞窟，内部的祭坛上供奉有圣母玛利亚的雕像。虽然塞班并没有丰富的优质水源，但是这座小庙前却有一口水井，人们将从这口井中喷涌而出的水源当作玛利亚的神水来崇拜。每年 2 月中旬，这里会举行祭祀仪式。此外，小庙左侧有一个很大的洞窟，据说在第二次世界大战期间曾用作野战医院与强台风来临时的避难场所。

玻玻矗立着的圣母玛利亚像

禁断岛
Forbidden Island

MAP 折页地图①

正如其名，这是一座远离尘世的小岛。位于塞班岛东南部，劳劳湾以东。禁断岛是一处庇护所（保护区），植物与动物等珍稀的自然资源受到政府的保护。现在，出入口损坏，处于开放的状态。

前往禁断岛，需要约 30 分钟的巡回山麓游览，为保证安全，最好报名参加由导游带队的观光团（→ p.78/82）。观光者可在天然泳池内饱享潜水的乐趣，运气好的话，也许还可以看到海龟。

俯视禁断岛的绝美景色

灯台遗址
Light House

MAP p.6-C

灯台的视野极佳，曾一度用作餐厅，现在只是保留着建筑本身。

虽然墙面被胡乱涂写，但视野却一如既往、不曾改变。建筑保存状况完好，游客可以登上观景台，眺望加拉班街道、大海以及军舰岛（→ p.48/98）。

白色建筑在蓝天的映照下显得格外美丽

塔波乔山
Mt.Takpochao

MAP p.9-A

塔波乔山屹立在塞班岛中央，海拔 473 米。由于塞班没有其他高山，因此在塔波乔山的山顶可以 360° 环视四周，瞭望塞班岛全景。这里可以说是塞班首屈一指的观景场所。在踏盼珊瑚礁内漂浮的军舰岛、海浪从太平洋涌来的东海岸、南部的苏苏佩湖、远处的天宁岛（→ p.215~）以及哥特岛等也清晰可见。天气好的话，还可以眺望罗塔岛（→ p.195~）。

虽然国会山有通往山顶的登山道，但是参加选择性旅游团前往观光会相对更加放心。可前往各酒店的游览服务台进行咨询。

左 / 这里曾是第二次世界大战中的激战场所
右 / 山顶的耶稣像

塞班植物图鉴

塞班是一座常夏岛屿，年平均气温 27℃，全年温度差仅有 1~2℃。
不用说，这种环境特别适合植物生长。
这里全年都有色彩缤纷的鲜花开得如火如荼，
南国的水果收成极佳，简直就是人间天堂。
下面介绍几种在塞班常见且极具代表性的植物与水果。

番木瓜树

种子宛如圆形药丸一般，土壤条件比较好的话，大约半年便会结果。成熟的果实口感软糯，十分美味，但是，南洋地区通常会在成熟之前收割果实，食用口感如瓜果一般生脆。此外，树液通常会用来制作化妆水。

火炬姜花

由于外形酷似奥运会火炬手手中的火炬而被命名为火炬姜花。是热带花卉中最有异国情调的品种。塞班的火炬姜花几乎全年开花。

九重葛

南美原产的紫茉莉科植物。塞班随处可见，集聚在一起盛开的深红色鲜花十分漂亮。

鸡蛋花

在多为红色与橘色等鲜艳色彩的南国，清秀的白色鲜花格外引人注目。鲜花中间的一抹黄色与白色搭配在一起，十分漂亮。

阳桃

切片后呈星形。成熟后变成黄色，略酸，咬起来嘎吱嘎吱作响，与梨子十分相像，非常美味。

扶桑

扶桑是南国鲜花中极具代表性的一种。红色居多，还有橘色、白色以及黄色等品种。在塞班可以欣赏到罕见的重瓣扶桑花。

塞班北部 Northern Saipan

塞班北部拥有绿茵繁茂的麻僻山 Mt.Makpe 与美丽的海岸线，风景十分优美。同时，这一带还是太平洋战争中牺牲者最多的地区。

建议游客在饱享塞班这座度假岛屿的同时，可以前往这一地区更加深入地了解塞班的历史。

普恩唐·萨巴内塔（万岁崖）
Puntan Sabaneta

MAP p.13-A

与当初一样海浪汹涌

上／建有众多纪念碑
下／昔日的战场

这里俗称为"万岁崖"。是位于塞班最北端的萨巴内塔海角 SabanetaPoint 与拉古卡海角 Lagua Katan Point 之间的断崖。

1944 年 7 月 7 日，美军攻击日军基地，日军退到岛的北端，逼迫老幼妇孺一起到万岁崖边，高呼万岁后，集体跳入崖中自杀。死者人数有 1000 人与 1300 人两种说法。在高约 80 米的断崖上远眺，太平洋的惊涛骇浪至今依然接连不断。

这里建造了众多纪念碑。愿逝者灵魂安息。

巴纳德罗
Banadero

MAP p.13-A

麻僻山的山崖下有俗称"司令部"的战争
遗址。城堡侧面有被炸弹直接击中而形成的直
径2米左右的大窟窿，这足以说明当时的战争
是多么激烈。

左／可以进入地堡内部参观　右／地堡前面残留的炮台

拉德朗·巴纳德罗（自杀崖）
Laderan Banadero

MAP p.13-A

俗称"自杀崖"。在海拔249米的麻僻山，
南侧是缓缓的斜坡，北侧却是直立的断崖。与
在万岁崖发生的悲剧几乎处于同一时期，很多
人为了逃避被俘虏的命运，从此跳崖自杀。拉
德朗·巴纳德罗被称为自杀崖的缘由就在于此。

现在，山顶已经成为和平纪念公园，公园
中央建了站在十字架前面的观音像。从远望台
可以看到太平洋和万岁崖，眼下绿茵茵的原始
森林中能看到原日军机场的遗迹。据说是作为
零式战斗机的基地建造的，然而建成后没有起
飞过一架飞机。

祈祷和平的观音像　　从自杀崖上看到的绝美景色。飞机跑道依稀可见

旅游景点 ● 塞班北部

鸟岛
Isleta Maigo Fahang

MAP p.13-B

从蓝洞西行大约 1.5 公里，眼前会出现在塞班也能称得上数一数二的绝佳美景。马多克海角南边的小海湾处浮现的是伊斯列塔·麦哥·法汗 Isleta Maigo Fahang。别名为鸟岛，是名副其实的海鸟的乐园。在石灰岩石的岛上，海鸟造了很多漂亮的巢穴，白天都空着，到日落时无数海鸟在这里聚集。

此外，它还有另外一个别名叫"月见岛"。

左／从观景台眺望到的景色极美，是海鸟的保护区
上／这里还设有海鸟的说明板

蓝洞
Grotto

MAP p.13-B

来到塞班，能看到很多海蚀地貌与海蚀洞，其中有代表性的在马多克海角 Madog Point 的山崖下边，也是一处比较有名的潜水地点（→ p.70）。

从停车场顺着坡陡易滑的阶梯往下走，大约走 100 个阶梯就能抵达圆形的洞口。这里有一个天然的水池，水中有 3 处横洞，横洞与外海相连。因此，从外海照进横洞的光反射到水面上，在洞窟深处营造出神秘的蓝色空间。色彩随时间的推移而变幻莫测，特别是在天气条件较好的下午，这个天然水池阳光普照，呈现出梦幻般的景观。

上／塞班屈指可数的潜水点。还可以用通气管浮潜
右／100 级左右的台阶让人心生畏惧

卡拉贝拉钟乳石洞
Kalabera Cave

MAP p.13-C

卡拉贝拉钟乳石洞是位于塞班北部原始森林中的洞窟。"卡拉贝拉"在查莫罗语中意为骸骨。据传说塞班的原住民族曾遭到西班牙人的大规模杀戮，骸骨在这里堆积如山。站在入口处，可以感到洞窟深处有十分广阔的空间，神秘却又略显恐怖。通往本景点附近的道路较为完善，游客可以租车自驾前往。

可以从入口处向里行走一段距离，但务必充分注意脚下的安全

RESTAURANT & BAR

餐厅 & 酒吧 餐饮须知

Restaurant & Bar Orientation

来到塞班只要提前了解并掌握一些用餐规则与就餐礼节，便可以轻松地享用美食啦。

关于餐厅向导内的图标

本书后续的餐厅向导中，使用了 5 个图标。这些图标的含义如下。

☎ 需要预约或者最好预约

👔 有着装标准规定（男性需穿着有领衬衫与长裤，女性则需要穿着连衣裙等）

快乐咖啡＆露台餐厅（→p.122）的人气自助餐每天都会更换菜品的种类

切忌随意入座

除快餐店与吧台之外，切忌随意入座。需等待店员前来引导。

要求店员倒水

提出请求，店员便会倒水，因此，如果你需要水，可以尝试向店员说"Ice Water, please"。

餐厅着装

虽然有着装标准的餐厅很少，但是前往餐厅享用晚餐时，如身着 T 恤、短裤以及拖鞋，有时会被禁止入店。特别是前往酒店内的高档餐厅等场所时，男性需要穿着有领衬衫与长裤，女性则需要穿着连衣裙。此外，即便外面酷暑难耐，有时因餐厅空调的原因也会略感寒冷。最好准备长袖薄外套或者对襟毛衫等以备不时之需。

自助餐礼仪

早餐、午餐、晚餐以及晚餐秀等有很多会以自助的形式呈现。虽然不限量，但是过度取餐是严重违反用餐礼仪的。此外，很多游客为了与亲朋好友一起分享美食而导致大量的剩菜剩饭出现，这也是非常不好的一种习惯，自助餐用餐原则是只取自己的那部分即可。虽然是自助服务，但是会有工作人员收取空盘，因此只需将空盘放在桌上即可。

离开座位取餐时，需要注意自己的贵重物品。可将贵重物品放入随身携带的小包，或者留一个人在座位上看管。

准备好有领衬衫与连衣裙可以更加放心地出入各类餐厅

POINT 1
带一件外套可以更加放心地用餐

POINT 2
自助餐切忌过量取餐！

餐厅&酒吧 ◆ 餐饮须知

预约与迎送服务

为了保险起见，晚餐最好提前预约。一般来说傍晚之前给餐厅打个电话即可。若用英语预约，大致可依如下内容："I want to make a reservation this evening at 7 o'clock for 2 persons. My name is ×××。"说清楚日期、人数以及预约者的姓名就行了。此外，塞班岛没有公共交通设施，因此很多餐厅会提供免费或者有偿的迎送服务。

餐厅禁烟须知

根据塞班岛的禁烟法，几乎所有餐厅与酒吧等餐饮设施都是不允许吸烟的，请吸烟者务必注意。

POINT4

塞班的餐厅全部禁烟

POINT3

迎送服务有必要加以确认

请随意品尝！"快乐咖啡＆露台餐厅"（→p.122）

点菜须知与小费

每个餐桌的服务生是固定的。最初谁过来为客人点菜，谁就始终负责这个餐桌，记住这个服务生，追加酒菜仍找同一个人。

小费为结算金额的 10%~15%。餐费多在餐桌上结算，所以小费一般在离开时放在餐桌上即可。但是，若收据上注明含有服务费或是在快餐店，则无须支付小费（参见"关于小费"→p.252）。

POINT5
点菜请找各餐桌的专属服务生

有趣的当地食物

查莫罗菜肴、
午餐肉饭团、点心……

吃那些只有在当地才能吃到的食物，是旅游的一大乐趣。来了塞班，就要挑战当地祖祖辈辈传下来的查莫罗菜与当地人最为喜爱的野外烧烤等各种各样味美价廉的平民饮食。

查莫罗菜肴 Chamoro

查莫罗菜肴是塞班的传统美食。游客除了可以在几家综合性餐厅中品尝到比较有代表性的查莫罗菜肴之外，在晚餐秀等也可以看到它们的身影。这里介绍索尔缇兹餐厅（→ p.135）的查莫罗菜品。

赤饭
喜庆之时吃的食品，遇上节日或者值得庆贺的事情，当地人就会做赤饭吃。将米饭与胭脂树的果子一起煮，煮出来的米饭就是红颜色的。

风味手卷
风味手卷是一道典型的查莫罗菜，用柠檬汁来腌制新鲜的虾肉或者鸡肉，也可以是生牛肉片，然后拌上葱、盐以及辣椒等调味，最后用玉米饼包起来吃。部分餐厅还会在上述食材的基础上再附加一些红姜，可以拌在一起调味。图示为虾肉手卷。

牛肉开拉关
牛肉烧烤。它的调味非常清爽，凸显肉香。这道菜会配上一种叫作提提加丝的当地烙饼食用。用它夹或卷着烤牛肉吃。在塞班经常可以看到一些加油站等地有卖提提加丝卷鸡肉开拉关的快餐。

卡顿霹卡
把猪排骨放入辣汤里炖。"霹卡"是辣的意思，"卡顿"是汤。说是辣汤，其实味道相当温和。炖透了的排骨肉烂如泥。

查莫罗腊肠
非常实在的粗腊肠，味道辛辣浓烈是它的特征所在。塞班当地的早餐大都由这种查莫罗腊肠与鸡蛋以及米饭搭配组成。游客不妨尝试着品尝一下。

吃遍当地鱼类！　Fish

北马里亚纳近海是各种各样鱼类的宝库。在当地，刚捞上来的鱼会被做成生鱼片或者煎炸后食用，食客们可以来到塞班享受十分多样的鱼类烹饪方法。在塞班逗留期间，务必前往各种餐厅品尝独特的鱼类菜品。

日本鹦鲤
隆头鱼类。油脂丰厚，是刺身的绝品。

红鲷鱼
又叫作尾长鲷、丝尾红钻鱼。

彩带刺尾鱼
纹吊。虽然是美丽的热带鱼，但在塞班当地会采用烧烤或者煎炸的方式烹饪后食用。

鲯鳅
在塞班经常可以吃到的一种鱼，拥有非常高的人气。通常会以生鱼片与法国式黄油烤鱼的形式食用。

单角鼻鱼
独角倒吊。这种鱼虽然长着一副轻松滑稽的面孔，但味道可以称得上是天下绝品。可以通过干炸等方式食用。

姬鲷
西氏紫鱼。

在塞班可以品尝到各种各样的鱼哦

塞班鱼类菜品图鉴

生拌鲣鱼 $9
生拌原本是夏威夷的一种烹饪方法，在塞班也十分盛行。采用芝麻油与酱油将非常新鲜的鲣鱼腌制后，再撒上葱丝与芝麻。可以搭配米饭食用，也可以当作下酒菜。鱼骨（→ p.148）

鱼肉手卷 $9
查莫罗风味手卷（→ p.112），通常选用鸡肉或者牛肉进行制作，采用鲯鳅（→参照上述鱼类简介）等鱼类制成的手卷也十分美味。使用黄瓜、洋葱、柑橘类果汁、醋以及酱油等搅拌后食用。东京苑（→ p.211）

煎鱼（当天捕捞） $12
采用当天捕捞的鲯鳅煎制而成。柠檬黄油汁的香气很容易引起食客们的食欲！再蘸一点独具塞班当地特色的招牌万能酱，别有风味。椰子亭（→ p.129）

地方特色炸鱼 $25（根据鱼的大小定价）
采用当天打捞上来的本地鱼煎炸而成，这是正宗的查莫罗风味料理，吃起来相当痛快。多采用姬鲷（西氏紫鱼），图示为红鳃裸颊鲷。煎炸后的鱼皮十分美味！鱼的新鲜度决定了这道菜的成败，餐厅老板娘介绍道"非常抱歉，没有渔获的日子我们停止供应本菜品"。椰子亭（→ p.129）

生鱼片（当天捕捞） $9.50
可以蘸着芥末食用，如果搭配塞班当地的招牌万能酱——费那蒂尼辣椒酱（→ p.115）则更具地方风味。图示为采用新鲜捕捞的鲯鳅制成的生鱼片。芋屋（→ p.143）

麻辣鲯鳅卷 $8
黏糊糊的鲯鳅肉与配有 7 种调料的辣椒面构成了这道美味的菜品。图示为鲯鳅，在椰子亭可以品尝到各种应季的鱼肉寿司卷。椰子亭（→ p.129）

鲯鳅手卷 $8
手卷是查莫罗料理的一种，如果多放一些酱油就变成了秃头海怪自制的日式风味料理。简单地加一些洋葱片便可食用。秃头海怪（→ p.129）

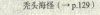

裸蒜鱼 时价
将当地捕捞的鱼肉切成可一口吃下的碎丁，煎炸后摆盘，这是外形十分独特的一种查莫罗风味料理。大蒜的味道香醇浓郁。鱼骨（→ p.148）

地方鱼肉盖饭 $12
在塞班还可以品尝到采用新鲜鱼品制作的盖饭。图示为大马哈鱼盖饭，售价 $12。可根据自己的喜好使用塞班当地产的柠檬、芥末以及酱油等进行调味。波食堂（→ p.133）

113

蔬菜与水果
Vegetables & Fruits

光是看一看就非常高兴

番木瓜
在塞班，番木瓜经常被腌制成咸菜。仔细观察便可发现，价格会直接写在瓜皮上！

辣椒
马里亚纳特产辣椒。总之是非常的辣。一定要来尝试一下。

小番茄
能够直接食用，可弥补旅行途中蔬菜摄入量不足的缺陷。

空心菜
炒着吃非常美味。

猴子香蕉
只有南国岛屿才能够品尝到味道浓郁且熟透了的香蕉

山药
适用于煮、烤等多种烹饪方式，同时还可用于点心制作。

酸豆角
可将种子煮或炸后食用。

四棱豆
热带特有蔬菜，用于清炒。

花生
煮熟的花生可以直接当作点心或者小菜食用。美味！

采用罗塔特产甘薯烹饪出绝品料理！

我种的甘薯甜甜的，很好吃哦

在塞班流传着这样一种说法，"罗塔岛有一种十分美味的薯类特产"。之后特意前往罗塔岛尝试着寻找了一番，果然发现了这种美味的食物！我们在路旁遇到了正在售卖甘薯的夫妇。经过询问得知，这种美味的薯类特产内部呈漂亮的紫色，味道与红薯类似。同时，我们还在罗塔岛上的餐厅品尝了采用这种甘薯烹制出的菜品。

自制土豆肉末炸饼 $7
采用罗塔岛特产甘薯烹制而成。虽然甜味的土豆肉末炸饼令人不可思议，但与沙司的酸味可谓绝配！
东京苑（→ p.211）

地方甘薯
（搭配冰激凌与水果）$11
试吃后发现与红薯口味相同！像地瓜泥一样，吃起来口感柔和甜腻。内部呈漂亮的紫色。炸后的甘薯与冰激凌搭配食用非常美味。
帕奇菲卡（→ p.209）

体验节日气氛

加拉班集市

当地市场中最热闹的是每周四举办的加拉班集市。集市上挤满出售查莫罗、中国以及泰国等各种风味料理的摊位，还有乐队演奏等活动。可将在摊位上购买的小吃打包带走，也可以在广场上设置的用餐区品尝。会场设置在与加拉班教堂相隔一条海滨大道的广场上（MAP 折页地图② -C5）。关于小吃的价位，选4~5种，大概需要花费 $5~6。

当地人非常喜爱的烧烤

出售各种小吃的摊位十分齐全

聚集众多当地居民与观光游客，十分热闹

餐厅&酒吧 ● 有趣的当地食物

费那蒂尼辣椒酱!
Finadene

费那蒂尼是查莫罗菜肴中不可或缺的调味料。在酱油中加入了少许马里亚纳特产的辣椒,然后和洋葱丁、柠檬或者酸橙一起搅拌而成的就是费那蒂尼。在不同的餐厅或者各个家庭,配料比例会有所不同,正所谓各家有各家的味道。刺身、烤鱼、干炸食品或者

波食堂(→p.133)的餐桌上常备有自制费那蒂尼辣椒酱与酱油

米饭蘸着费那蒂尼都非常好吃!一般餐厅都备有费那蒂尼。如果没有和菜品一起端上来,请跟服务生说"请给我费那蒂尼",他一定会给你拿来。此外,辣椒在周天购物中心(→p.174)等超市有出售。

与炸鸡是绝配哦!(J餐厅)
→p.138

在餐厅提出请求后,工作人员会将酱料装入小盘内端到餐桌上

在辣椒工厂采访报道!

北马里亚纳特产的辣椒是万能酱那蒂尼与查莫罗料理的必需品。在塞班,这种辣椒通常会以瓶装形式出售,除了辛辣的口感之外,还有十分独特的甜味。为了解该辣椒口感之谜,我们特意前往坐落在苏苏佩郊外的工厂进行采访。

辣椒工厂的工作人员

轻松体验地方风味食品

如果想轻松地接触北马里亚纳的饮食文化、品尝地方风味美食,建议你可以尝试着前往当地的市场逛一逛。塞班定期举办的集市有加拉班集市与萨巴鲁农贸市场。

[周四] 17:00~21:00 前后
加拉班集市

有现场歌舞表演,气氛欢快如同节日。集市的举办场所位于加拉班教堂前的广场,地点有可能发生变更,需要通过酒店等进行确认。(参照专栏)

[周六] 6:00~ 中午前后
萨巴鲁农贸市场

在塞班世界度假村酒店(→p.185)旁边的广场举行。"萨巴鲁"是当地查莫罗语"星期六"的意思。集市上摆放着当天早上采摘的鲜蔬果品、鱼虾海鲜以及当地的糕点小吃,种类琳琅满目,丰富多彩。会场有可能发生变更,需要通过酒店等进行确认。 MAP p.8-C

原料采用天宁岛出产的辣椒,直接将其放入口中将会是意想不到的体验

首先会在工厂将辣椒装入容器内使其成熟,这一工艺大约需要两周的时间

采用最新设备制作

装瓶意味着整道工序完成。除了糊状辣椒之外,还有酱汁(最右倒)与辣椒粉(最左端)等多种形式的商品

上/虽然看上去很辣,但吃起来十分上瘾
右/搅拌后的辣椒如右图所示,这一阶段会在辣椒中加入大蒜与西洋醋。从现在开始就不仅仅是辣椒了,加入食材是其口感的源泉

鲜艳的冰果露摊位,非常快活的摊主

乐队演奏开始,气氛高涨

美味的中华美食摊位

有很多家庭会在广场用餐

快餐、甜食 etc……
Fastfood, Sweets, etc……

塞班当地的糕点与甜食等品种丰富，令人身心愉悦。这些在当地市场、大型超市（→ p.173）以及加油站的商店等均有出售。

玉米粉圆饼
将查莫罗特色料理风味手卷（图示为鸡肉手卷）夹在玉米粉圆饼内就变成了简便的快餐。

查莫罗饼干
在超市等地经常可以看到的马里亚纳风味油炸糖点心。香味浓厚，好吃到根本停不下来。

春饼
将风味卷饼夹在玉米粉圆饼内，像春饼一样卷起来食用。吃起来十分方便。

阿皮吉吉
典型的查莫罗糕点。椰奶中加入淀粉与砂糖，用椰树叶包着烧制而成。

恩帕那达
外皮松脆，里面是肉馅。很能填饱肚子。

面糕
用玉米面与米粉制成团，在上面放培根蒸制而成。虽说是点心，但或许用来下酒会更好。

乌白片
乌白就是紫薯，把紫薯切成片就是乌白片了，这是营养价值很高的健康食品。

在切开的地方插入吸管饮用

采购地方风味食品
位于加拉班的新加拉班市场（地图 折页地图②-B4）出售风味卷饼与恩帕那达等各种地方风味食品。下午经常会出现销售一空的现象，因此最好安排在上午前往购买。

一个椰子两种美味！
椰肉果汁
在塞班经常可以品尝到椰肉果汁。是只需切开椰果插入吸管便可品尝到的自然饮品。甜而清爽，富含营养，特别适合令人无法忍受的酷暑天气。喝完之后还有一个惊喜……

喝完果汁之后，切开椰子果实，白色的果肉便会裸露出来。蘸着芥末酱油食用，口感与马鲛生鱼片十分相似

斯帕姆午餐肉饭团味觉大比拼 SPAM

斯帕姆饭团诞生于夏威夷，同时也是塞班人喜爱的大众食品。
先将罐装午餐肉斯帕姆烤一下，然后将其放在捏成圆柱形状的饭团上，再用紫菜把饭团卷起来，这就是斯帕姆午餐肉饭团。
在塞班也有餐厅管这种食品叫"斯帕姆寿司"，不同的餐厅有不同的做法，乐趣也就在其中。
这么多种好吃的斯帕姆午餐肉饭团，让我们来一场味觉大比拼吧！

周天仓储式超市
（→ p.174）
米饭里掺有鱼松与紫菜等调味食品，紫菜宽宽地缠上一圈，好过瘾。

$1.69

ABC 商店
（→ p.174）
味道并不浓厚，但斯帕姆与芝麻风味的米饭完全融为一体。

水漾咖啡餐厅
（→ p.141）
斯帕姆午餐肉与米饭之间那层垫着海带让人感觉非常美妙。

$2

$2

向日葵商店
（→ p.173）
有点块头的饭团上的斯帕姆香味醇厚。

$1.50

新加拉班市场
（→上述）
斯帕姆午餐肉饭团内竟然夹有煎蛋饼与腌咸菜。午餐肉稳稳地端坐在饭团上，吃起来非常方便。

$1.50

当地人的早餐图鉴
Breakfast

塞班当地居民早餐吃什么?
他们也是以面包为主食吗? 结果令人很意外, 他们早餐特别喜欢吃米饭。
人们一大早起来, 米饭就着鸡蛋与香肠, 大口大口地吃起来!

这是家庭餐厅——雪莉餐厅 (→ p.149) 的固定早餐。主食有面包与米饭供选择, 而当地人几乎都会选择炒饭。煎鸡蛋与腊肠配上费那蒂尼辣椒酱 (→ p.115), 这才是正宗的塞班风味。$8.95

老字号餐厅 J 餐厅 (→ p.138) 的炒饭。套餐内包含两个煎鸡蛋, 售价 $5.50。当然, 还可以加腊肠、腊肉以及斯帕姆午餐肉等。

烤鱿鲹套餐是雪莉餐厅 (→ p.149) 供应的另外一种早餐, 售价 $9.25。把鱿鲹剖开后在通风处晾干, 与其说是烤鱼, 倒不如称其为炸鱼显得更为贴切。

JC 咖啡 (→ p.228 天宁岛) 的查莫罗煎蛋卷, 售价 $9.75。煎蛋卷内加入了辛辣的查莫罗腊肠、洋葱、西红柿以及洋蘑菇。与白米饭搭配食用, 非常下饭。

巴黎餐厅 & 酒廊供应的 Local Favorites 菜品之一, 售价 $8.95。套餐内的牛肉干实际上就是熏牛肉。一口咬下去, 回味无穷。除了牛肉干之外, 套餐内还搭配有煎鸡蛋与炒饭。

麦当劳 (MAP 折页地图② -C4) 也供应当地的地方菜品! 腊肠、鸡蛋 & 炒粉, 售价 $5.25。

温切尔 (→ p.126) 供应查莫罗风味早餐。图示为查莫罗腊肠套餐。除此之外, 还有斯帕姆午餐肉套餐。售价均为 $4.15。

左侧是温切尔餐厅供应的菲律宾鸡肉粥。吃起来十分美味。清晨喝一碗, 对胃有好处, 售价 $2。右侧是加入足量咸饼干的传统文蛤周打汤, 售价 $3.25。

塞班的荞麦面条是什么样子的呢? *SOBA*

在时常挤满当地人的餐厅, 可以在菜单上看到 "SOBA" 这样一种食物。

"SOBA" 其实就是方便面。查莫罗人最喜欢 '札幌一番' 了。在面里加入一些斯帕姆午餐肉与红姜, 轻轻松松地就可以做出塞班风味, 有时候真的会特别馋这一口。"

听完当地人的介绍, 我不禁对其充满了好奇。于是便去尝了尝 "塞班风味的荞麦面条"。J 餐厅 (→ p.138) 的荞麦面条售价为 $3.25~。面中确实加入了斯帕姆午餐肉、切成细丝的洋白菜以及红姜。面条的口感筋道, 十分美味。

"加入一些红辣椒做的调味品或者红辣椒, 会更加正宗!" 我听从了当地人的建议, 在面中加入了用红辣椒做的调味品, 果然别有风味。除了 J 餐厅之外, 谭玛丽吉塔咖啡厅 (→ p.143) 等也供应荞麦面条。

J 餐厅的荞麦面条。难以想象的美味

塞班
单人餐 & 酒吧
推荐

即便是一人独行，也可以轻松前往塞班的餐厅用餐。但对于单独出行的游客来说，还是会有菜量过大或者因团队游客较多而导致的环境嘈杂等困扰。下面就来介绍一些适合独自前往的餐厅与环境较为舒适的酒吧。

File 1 🍴
餐厅

波食堂 Nami Restaurant（→ p.133）

这里拥有轻松愉快的环境，菜品口味十分正宗。午餐与晚餐供应牛肉盖饭与叉烧肉盖饭（单价 $10）等，盖饭品种特别丰富。咖喱饭也很受欢迎。店内安静、雅致且十分舒适，设有吧台席位，即便是只身前往也无须有任何负担。同时，餐厅内还备有各种烧酒供来宾选择。

上／难得的吧台席位。内部是餐桌席位
左／厨师精心烹制的特制咖喱饭也很受欢迎。图为汉堡咖喱饭，售价 $12

File 2 🍴
餐厅

向日葵餐厅 Himawari Restaurant（→ p.135）

向日葵餐厅是备受当地居民欢迎的寿司店，内部设有吧台席位，即便是独自前往也可以轻松享受美食。单点的菜品种类也十分丰富。

右／坐在吧台席位上，就着寿司喝一杯吧
左／除了生鱼片与寿司之外，其他单点的菜品种类也十分丰富

File 3 🍴🍸
餐厅 & 酒吧

索尔缇兹餐厅 Salty's（→ p.135）

二层是能够享受查莫罗菜肴（→ p.112）与烧烤的餐厅，一层是可体验投飞镖游戏且环境十分素雅的酒吧。在一层的酒吧也可以叫菜，因此不妨一边品尝查莫罗料理一边小酌一杯。当然，也可以在二层的开放空间伴着阵阵袭来的海风饮酒小憩。

左／虾肉手卷是查莫罗料理之一
中／也可以在一层的吧台喝酒
右／虽然位于加拉班市区，却处处洋溢着度假氛围

File 4
酒吧 & 烧烤

鱼骨
Naked Fish（→ p.148）

鱼骨酒吧提倡 "Good Food，Good Friends，Good Times"，店内设有环境极佳的露天席位与可欣赏现场演奏的室内席位，两种坐席各具特色，来宾可根据自身喜好进行选择。这家店也有很多当地人光顾，环境轻松舒适。采用当地捕捞的鱼烹饪的料理等也十分美味。建议游客前往小酌一杯或者品尝美食。

左／树丛对面是一望
无际的大海
中／下酒菜品种丰富
上／当地人聚集的人
气酒吧

File 5
酒吧 & 烧烤

欧雷阿伊海滩酒吧 & 烧烤
Oleai Beach Bar&Grill（→ p.143）

在欧雷阿伊海滩酒吧 & 烧烤可以一边欣赏塞班落日，一边享受美酒。眺望着渐渐落下的夕阳与变幻多端的天空，即便是独自一人也绝对不会感到无聊。这家店供应牛排与汉堡包等，可饱享美式风味料理。

右上／悠闲舒适的环境令人心
旷神怡
右下／菲力牛排售价 $20。图为
8 盎斯，店内 5 盎斯起售

日落景观是最棒的下酒菜

File 6
酒吧

队长海滩酒吧
Skipper's Beach Bar（→ p.124）

队长海滩酒吧面向拥有漂亮白沙的麦克海滩，是一家开放型酒吧。游客可以在这里喝一些饮品，还可以品尝店内的招牌汉堡包与墨西哥玉米薄卷饼，体验沙滩野餐的感觉。

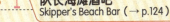

在塞班逗留期间一定要前往体验的海滩酒吧

File 7
酒吧

赤足酒吧 Bear Foot（→ p.144）

正如其名，在白沙上的木质甲板上赤足饮酒，心情将会十分舒畅。使用水椰制成的遮阳伞也增添了不少度假氛围。

左／颜色鲜亮的热带饮料与赤足酒吧简直是绝配
右／在木质甲板上畅饮一杯

File 8
酒吧 & 烧烤

飞溅池畔酒吧
Splash Poolside Bar（→ p.123）

飞溅池畔酒吧是位于塞班凯悦酒店内的游泳池旁的一家休闲酒吧。店内设有宛如在洞窟内的吧台席位与泳池旁的开放式席位，来宾可根据自身喜好进行选择。品种繁多的汉堡包也拥有极高的人气。

左／在游泳池旁畅享美好时光！
右／仿照洞窟环境设计的吧台席位别具风情

File 9
酒吧 & 烧烤

强尼酒吧烧烤
Jonny's Bar & Grill（→ p.130）

强尼酒吧烧烤没有选择海边，而是开设在加拉班市区内，路旁的开放式露天席位令人心情舒畅。菜品多为墨西哥料理等，环境相对轻松。

面向道路设置的吧台席位令人不禁想入庵小憩

在塞班喝什么？

Beer

在炎热的塞班，啤酒绝对是当之无愧的首选！塞班的啤酒品种齐全，应有尽有，而且价位适中。美国品牌自不必说，还有比利时、菲律宾等国家的啤酒，在南国的天空下，向各种啤酒挑战一番吧。

File 10
酒吧

教父酒吧
Godfather's Beach House（→ p.131）

建在白沙上的教父酒吧拥有椰叶房顶与原木椅子。酒吧环境令人不禁赞叹"这才是真正的南国海滩酒吧"！当地爱喝酒的人们三五成群，大声吵嚷着喝酒的场景看上去十分快乐。在塞班逗留期间，一定要前往体验一下。

左上／想要度过一天中最后时光的酒吧
右上／一边眺望这样的日落景观，一边品酒，别有一番情调
右／这才是真正的南国海滩酒吧

File 11
酒吧

米歇尔海滩酒吧
Michell's Beach Bar（→ p.141）

位于塞班清泉度村俱乐部的米歇尔海滩酒吧被誉为塞班"距离大海最近的酒吧"。坐下后，眼前便是一望无际的大海！傍晚时分，天空与大海的颜色每时每刻都在发生变化。在这里可以一边品尝众多外形亮丽的鸡尾酒，一边悠闲地眺望美景。

左／采用塞班产火龙果制成的莫吉托鸡尾酒，售价$12。华丽的红色格外漂亮，口感也十分不错
右／米歇尔海滩酒吧的地理位置极佳，宛如在海上饮酒一般

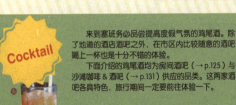

Cocktail

来到塞班务必品尝提高度假气氛的鸡尾酒。除了地道的酒店酒吧之外，在市区内比较随意的酒吧喝上一杯也是十分不错的体验。

下面介绍的鸡尾酒均为房间酒吧（→ p.125）与沙滩咖啡 & 酒吧（→ p.131）供应的品类。这两家酒吧各具特色，旅行期间一定要前往体验一下。

❶ 杜果沙冰 $7：在龙舌兰酒里兑入杜果汁等，味道浓重 /C
❷ 迈泰 $7：意为"天堂" /C
❸ 美伦鲍尔 $7：在伏特加里兑入蜜瓜糖浆等，口感清爽 /C
❹ 独创鸡尾酒 $8：依照"口感略微浓烈、不甜"的要求独创出这样一种鸡尾酒。在伏特加中混入西柚汁等 /S
❺ 激情海岸 $8：恰到好处的酸味十分美味！ /S
※ 房间酒吧→C、沙滩咖啡 & 酒吧→S

塞班首屈一指的繁华街

塞班悦泰度假村酒店 ～ 塞班凯悦酒店附近

Fiesta Resort & Spa Saipan~Hyatt Regency Saipan

塞班悦泰度假村酒店～塞班凯悦酒店附近有很多经营各国料理的餐厅，以及酒吧与俱乐部等夜间娱乐场所，可以玩上一整晚。不过，这些店有好有坏，有时还会强行拉客。选择时也许会犹豫不定，因此提前挑出 2~3 家作为候选是为上策。

正宗的意大利风味晚宴

乔万尼意大利餐厅
Giovanni's

乔万尼意大利餐厅是位于塞班凯悦酒店内的一家正宗的意式餐厅。环境卓越，价位适中。可饱享沙拉、泡鱼、奶酪以及鲜火腿等美食的冷盘自助，费用为 $18。光是冷盘就足以填饱肚子，但是另外支付 $12，还可以再点一道主菜，这样搭配是非常划算的用餐方式。建议品尝厨师采用当天的顶级食材烹饪的意大利面，售价 $22。

图为意大利 Pasta，售价 $22。请尽情品尝炖牛肉与鲜刀面的搭配

MAP 折页地图② -C2/ 塞班凯悦酒店

类型 意大利料理

意大利面食 & 比萨 $14~、套餐 $60~

🕐 18:00～21:00（周日的 10:30～14:00 期间也正常营业）

🚫 周一　**CC** ADJMV

☎ 234-1234

📶 有

Ｐ 使用酒店停车场

塞班首屈一指的正宗意大利餐厅（→ p.39）。周日的早午餐也很受欢迎

自助菜品一天一换，可品尝世界各国美食

快乐咖啡 & 露台餐厅
Kili Café & Terrace

在快乐咖啡 & 露台餐厅可以一边眺望充满小鸟鸣叫声的塞班凯悦酒店庭园，一边享受度假氛围浓厚的美食盛宴。

晚餐时间，这家餐厅为来宾准备了菜品一天一换的自助餐。自助晚餐会设定"马里亚纳烧烤之夜""海鲜之夜"以及"夏威夷宴会"等主题，在塞班逗留期间，可以根据自身喜好选择主题日前往体验。

设有沙拉吧的午餐费用为 $34~，主菜二选一，种类一天一换。

在绿荫环绕的露天席位享受舒适的用餐时间

MAP 折页地图② -C2/ 塞班凯悦酒店

类型 自助餐

早餐 $28~、午餐 $34~、晚餐 $44~

🕐 6:30～23:00（单点 21:00 截止）

🚫 无

CC ADJMV

☎ 234-1234

📶 仅限晚餐

Ｐ 使用酒店停车场

从早餐到晚餐也可前往品尝

餐厅＆酒吧 塞班悦泰度假村酒店～塞班凯悦酒店附近

火爆的自助午餐，需提前预约

都
Miyako ☎

MAP 折页地图②-C2/ 塞班凯悦酒店

类型 **日本料理**

自助午餐 $36、晚餐 $26~

11:00~14:00、18:00~21:00
休 周日
CC ADJMV
☎ 234-1234
仅限晚餐
P 使用酒店停车场

人气火爆，不提前预约很难吃上。
这家餐厅位于塞班凯悦酒店内，是一家素净的日本料理店。天妇罗、新鲜的生鱼片以及寿司等均可满足顾客的口腹之欲，这里都是一些档次极高的菜品。

周一～周六的自助午餐 $36（6~12岁 $17，5岁以下免费）供应寿司、生鱼片、乌冬面以及锅仔等数十种日本料理，甜品种类也十分丰富。如果不预约，可能都无法进店享用美食，其人气之高可见一斑。

可以品尝正宗日式料理的自助午餐

摆放在寿司旁的天妇罗也是自助午餐中的人气菜品

为大厨的现场表演鼓掌叫好

铁板烧
Teppanyaki ☎

MAP 折页地图②-C2/ 塞班凯悦酒店

类型 **铁板烧**

晚餐套餐 $90~

18:00~21:00
休 周一 CC ADJMV
☎ 234-1234
有
P 使用酒店停车场

料理本身当然不言而喻，能够欣赏厨师那令人眼花缭乱的刀法与高高燃起的火焰更是铁板烧的妙趣所在。在塞班凯悦酒店的铁板烧餐厅便可以一边欣赏上述精彩的表演，一边品尝顶级的肉与海鲜。铁板烧餐厅的厨师熟练掌握安格斯牛肉与大龙虾等优质食材的烹饪技巧，他们将会把最美味的餐品呈现在食客面前。由肉类与海鲜组成的丰盛的套餐，售价 $90~。

采用最棒的手法烹饪顶级的食材

厨师的表演使气氛热烈起来

充满度假氛围的池畔酒吧

飞溅池畔酒吧
Splash Poolside Bar

MAP 折页地图②-C2/ 塞班凯悦酒店

类型 **酒吧**

鸡尾酒 $8~

10:00~18:00
休 无
CC ADJMV
☎ 234-1234
无
P 使用酒店停车场

飞溅池畔酒吧位于塞班凯悦酒店的游泳池旁，是一家充满度假氛围的酒吧。顾客可在设计成洞窟形式的吧台上小酌一杯，也可以在室外露天席位一边眺望游泳池与庭园的绿茵美景，一边享用美食。鸡尾酒有椰林飘香 $10 与迈泰 $10 等。还有非常受欢迎的美式招牌汉堡包（→p.28）$15 与玛格丽塔比萨 $12 等快餐（→p.120）。

令人欢欣雀跃的吧台席位

池畔酒吧的气氛十分热烈

塞班凯悦酒店海滨区的平价烧烤

日落海滩烧烤
Sunset Beach BBQ ☎

日落海滩烧烤位于塞班凯悦酒店前的海滨区，地理位置绝佳，游客可以来这里品尝周二特供烧烤。牛肉、烤肉串、鸡肉、乌贼以及大龙虾等海鲜、炒饭、热蔬菜菜肴以及甜食等应有尽有。自助取餐，啤酒与冰激凌等均不限量。每人 $55（12 岁以下免费），肉类采用精心挑选的安格斯牛肉等，凯悦品质毋庸置疑。

类型 烧烤
🍴 $55~
🕐 18:00~21:00
休 周三~下周一
CC ADJMV
☎ 234-1234
📷 有
P 使用酒店停车场

工作人员烤割得十分美味

肉类与海鲜等品种丰富。啤酒不限量

望海小酌

队长海滩酒吧
Skipper's Beach Bar

队长海滩酒吧位于塞班凯悦酒店内。在这家酒吧可以眺望蓝色大海，在阵阵海风的吹拂下，享用啤酒与鸡尾酒。这里地理位置绝佳，来到度假胜地塞班一定要亲自体验一番。店内还供应汉堡包等，对于想要简单用餐的游客再适合不过了。周五与周六两天有特供墨西哥玉米薄卷饼，味美价廉，两个只需 $6。可搭配啤酒食用。鸡尾酒售价 $8~。

类型 酒吧
🍸 鸡尾酒 $8~
🕐 11:00~19:00
休 无 CC ADJMV
☎ 234-1234
📷 有
P 使用酒店停车场

开放式空间使人心情大好，备感舒适

美式三文鱼盖浇饭售价$15，非常受欢迎。鲜绿色的鸡尾酒蓝色太平洋售价$10，非常增添度假气氛

充实的自助晚餐

世界咖啡厅
World Cafe ☎

世界咖啡厅是塞班悦泰度假村酒店的主餐厅。自助晚餐每人 $40（儿童 $20），啤酒不限量供应，非常受欢迎。螃蟹、虾以及贻贝等海产品种类十分丰富。除此之外，寿司、鸡肉、牛肉以及甜食等菜品也相当充实，应该可以满足每一位来宾的需求。

类型 综合性自助餐
🍴 午餐 $26~、晚餐 $40~
🕐 7:00~10:00、11:00~14:00、18:00~21:30
休 无 CC ADJMV
☎ 233-6414 📷 无
P 使用酒店停车场

世界咖啡厅还为来宾准备有烤牛肉

充实的海鲜。每一种都令人垂涎三尺

尽情享受铁板烧的盛宴

舞（铁板烧）
Teppanyaki Mai

MAP 折页地图② -C2/ 塞班悦泰度假村酒店

舞是塞班悦泰假村酒店的铁板烧餐厅。分量十足的嫩肉、牛腰肉以及海鲜等的味道不言而喻，厨师在顾客面前完成的菜品烹饪过程也是令人非常享受的表演。厨师把低度酒倒在菜上，高高燃起的火焰带给气氛带向高潮。

牛排套餐售价$40，可以自选里脊肉。套餐内包含冷盘、沙拉、热蔬菜菜肴、米饭（或者蒜香饭）、味噌汤以及甜食等，十分丰盛。

厨师的表演也是铁板烧的妙趣所在

类型	铁板烧
🍴	晚餐 $40~
🕐	18:00~21:30
休	无
CC	A D J M V
☎	233-6414
语言	无
P	使用酒店停车场

意趣醇厚的外观

在优雅的酒吧度过一天中最后的时光

房间酒吧
Chambre Bar

MAP 折页地图② -C2/ 塞班悦泰度假村酒店

房间酒吧是塞班首屈一指的酒吧。古典的内部装修呈现出强烈的厚重感。尽管如此，酒吧环境并不死板，可以舒舒坦坦地在这里休息。

酒吧内的热带饮品种类齐全，调酒师通过晃动鸡尾酒摇混器来调制出的正宗鸡尾酒售价$7~，一定要尝一尝。工作日的17:00~19:00期间，饮品半价供应。19:00之后还可以唱卡拉OK。

充满热带风情的鸡尾酒

类型	酒吧
🍺	啤酒 $5~
🕐	17:00~24:00（周六 18:00~）
休	周日
CC	A D J M V
☎	233-6414
语言	无
P	使用酒店停车场

古典的内部装饰颇有情调

品尝泰国家常菜

泰式亚洲大食堂
Spicy Thai Noodle Place

MAP 折页地图② -A1/ 加拉班

泰式亚洲大食堂最初只是泰国人马达木在自己家开设的一家小店，名声很好，现如今已然成为塞班首屈一指的人气泰餐厅。环境清爽且颇具南国风情的店内经常会挤满前来品尝美食的顾客。在这家店可以品尝到使用泰国当地香辣调味料烹饪出的家常菜。青木瓜沙拉$6、炒饭$9.95、冬阴功$9.95以及绿咖喱$9.95等价位适中。有三种辣度可供选择。

图为每天11:00~15:00供应的自助午餐，售价$10。平时陈列有8~9种菜品供来其选择

类型	泰餐
🍴	午餐 $10、晚餐 $10~
🕐	11:00~22:00（周日 ~21:00）
休	1/1
CC	D J M V
☎	235-3000
语言	有
P	10 个车位

在加拉班中心区域开设的一家餐厅。暮面的外观十分惹人注目

价格合理的正宗中餐
大华饭店
New Majestic

🗺 折页地图② -B2/ 加拉班

类型 中餐

🍴 午餐 $7~、晚餐 $10~

🕐 11:00~14:00、17:00~22:00
休 无
CC D J M V
☎ 233-8066/287-9919
楼层 无
P 无

大华饭店位于加拉班中心区域，是一家味美价廉的中餐厅。煎饺与春卷单价均为 $5，小笼包 $12，在这家店可以品尝到常见的点心与正宗的中国菜。红烧肉售价 $12，炖制过程中加入八角调味，口味十分正宗；京酱肉丝售价 $12，烹制得软嫩可口。这里还提供味美价廉的套餐，适合团队游前往用餐。

大华饭店位于塞班悦泰度假村酒店正对面，地理位置绝佳

图中按顺时针方向依次是京酱肉丝 $12、红烧肉 $12 以及蛋黄酱炒虾 $15。绍兴酒种类也十分齐全

惬意的咖啡时间
阳光咖啡厅
Sunshine Cafe

🗺 折页地图② -B2/ 加拉班

类型 咖啡厅

🍴 甜食 $3.50~、饮品 $4~

🕐 10:00~ 次日 3:00
休 无
CC D J M V
☎ 233-8300
楼层 无
P 无

阳光咖啡厅位于加拉班的繁华街道，鲜艳的店内装饰十分可爱。店内以白色为基础色调，色彩鲜艳的壁纸与沙发十分适合拍照。冰激凌与鲜榨果汁售价 $5.50，除了饮品之外，汉堡包 $13.50 与大龙虾 $65 等餐品种类也相当丰富。这家咖啡厅紧邻麦克海滩，建议打包在店外食用。

提供免费 Wi-Fi

分量十足的冰激凌共有四种口味。图中自左至右分别是杧果、奶油饼干以及草莓口味（还有一种香草口味）。单价 $3.50

可以用餐的甜甜圈店
温切尔
Winchell's

🗺 折页地图② -B2/ 加拉班

类型 咖啡厅

🍴 饮品 $2~

🕐 6:00~24:00（周六・周日为 24 小时营业）
休 无
CC D J M V
☎ 234-5566
楼层 无
P 10 个车位

传统文蛤周打汤是温切尔甜甜圈店内备受当地人喜爱的人气餐品。加入大量蛤仔与马铃薯的汤品只要吃上一次就会上瘾。搭配提供的咸饼干可放入汤内浸泡后食用，特别适合作为方便快捷的早餐。S 号售价 $3.25。除此之外，这家店还供应地方风味早餐 $4.15(→p.117) 等，在塞班逗留期间不妨前往品尝。

周六・周日为 24 小时营业。

图中右下侧为颇受欢迎的传统文蛤周打汤

尽情享受西部范儿的大排

塞班乡村之屋饭店
Country House Restaurant

餐厅内装是一色的西部范儿，为外国游客助兴增趣。食客可在西部氛围中大快朵颐高级的安格斯牛肉。肋肉牛排$26~，西冷牛排$27~，午餐牛排$20~，肉量及肉的劲道感令人惊讶。

量大味美的牛排演绎鲜美国氛围。西冷牛排配以乡村之屋沙拉

MAP 折页地图② -A2 / 加拉班

类型	美国菜
🍴	午餐 $9~、晚餐 $20~

🕐 11:00~14:00、17:30~22:30
休 无
CC ADJMV
☎ 233-1908
座 无
P 10 个车位

西部氛围

日式包间，创意料理

古乡
Furusato

位于加拉班马里亚纳漫步大道的日式餐厅，外来游客与当地食客络绎不绝。和式春卷$9，秋葵炒培根$8，融合着艺术感与游戏心情的创意料理不容错过。

图为顾客常点的菜品。刺身大拼盘$38、鱼肉串$6、和式牛肉块$15

MAP 折页地图② -C1 / 加拉班

类型	日本料理
🍴	午餐 $8~、晚餐 $15~

🕐 11:30~14:30（L.O.14:15）、18:00~24:00（L.O.23:30）
休 无　CC JMV
☎ 233-3333
座 有（仅限晚餐）
P 7 个车位

有和式包间，可客家庭就餐

新鲜海味随心烹制

白鲸
Moby Dick

看上去十分爽朗的木质外观是白鲸的标志。在这里可以吃到当地捕获的龙虾以及从美国运来的活的大龙虾等海鲜美馔。而当地的当日渔获也是一个亮点。对于既想吃海味又不想错过大肉的贪心食客来说，海陆拼盘$30~是一个不错的选择。上等的牛排与新鲜的海鱼两不耽误。

各种海鲜想吃个遍，可选择大拼盘。内容有应季的贝、蟹、虾等。2~3人份$18左右

MAP 折页地图② -A2/ 加拉班

类型	海鲜＆牛排
🍴	午餐 $9~、晚餐 $20~

🕐 11:00~14:00、18:00~22:00
休 无
CC ADJMV
☎ 233-1910
座 无
P 4 个车位

想吃龙虾请来这里

名品牛肉肋排

多利萝玛
Tony Roma's

这是一家广受好评的肋排烧烤餐厅。抹上自制酱汁，在火上反复翻烤的小牛后背肋排（完整的整条肋排）$32，肉质滑嫩多汁。食客手抓舌舔的吃相尽显多利萝玛式风格的粗犷。配菜菜单中的油炸洋葱 $8 也是必点菜品。此外，还有牛外脊与肋排的组合 $36 等。

类型	美国菜
预算	$20~
营	11:00~22:30
休	无
CC	A D J M V
☎	233-9193
服	无
P	15 个车位

图中是勾人食欲的小牛后背肋排与名特菜品油炸洋葱，左边的自制面包免费提供，非常好吃，切记避免过量食用

广受好评的肋排烧烤餐厅

在人声鼎沸中享用超大量意大利风味

卡布里乔莎
Capricciosa

这里人多热闹，菜品用 2~3 人份的大盘盛装，菜量超大。而对于人数少食量小者的需求也有相应准备：意大利面大盘 $20，普通 $11；比萨也有 10 英寸 $15 与 16 英寸 $22 两种规格。番茄酱使用的材料是从意大利空运过来的，值得一尝。

类型	意大利菜
预算	$15~
营	11:00~23:00（L.O.22:30）
休	无
CC	A D J M V
☎	233-9194
服	收费
P	15 个车位

靠前的是玛格丽特比萨 $15，后面是加入足量海鲜的番茄意大利面 $13。都是招牌菜

以"意大利菜是在喧嚣中享用的"为座右铭

用炭火烧烤的主菜十分美味

椰林餐厅
Coco Restaurant

炭火烤肉味道最香，因此这个餐厅专设了形同暖炉的炭火台。在上面烤制牛肉、龙虾以及海蟹等主打菜品。炭火烤制不仅味道好，烧烤现场的那种气氛也热烈超常。由于是用铁丝网烤，多余的脂肪脱落，因此味道更好且有益于健康。

类型	牛排 & 海鲜
预算	晚餐 $15~
营	17:00~22:00
休	无
CC	A D J M V
☎	233-2626/284-2200
服	有（仅限晚餐）
P	10 个车位

牛排套餐中包含米饭或者面包、沙拉以及汤品，8 盎司（约227g）$32，10 盎司（约283g）$36，12 盎司（约340g）$40

晚餐时段在灯火映照下的餐厅外景

家庭经营的面包房
巴黎可颂法式面包店
Paris Croissant

这是一家家庭面包房，玻璃橱内刚烤好的面包摆成一排。羊角面包黄油用得少，是较清淡的一种面包。羊角面包 $2.25 与三明治 $4.95 等味道有保证。除了面包之外，将炼乳冷冻后制成的台湾风味刨冰·冰激凌 $6.95~ 等甜品也十分丰富。店面前放有餐桌，也可在此食用。对游客来说十分方便。

这里的面包还批发给加油站与加拉班的便利店等

MAP 折页地图②-B1/加拉班

类型 糕点铺
面包与饮品 $3~
7:00~22:00（周日 10:00~）
休 无
CC J M V
☎ 233-9292
无
P 无

想稍微休息一下的时候，巴黎可颂法式面包店是非常方便的选择

菜量充足的居酒屋
秃头海怪
Umibouzu

是位于马里亚纳漫步大道的日本居酒屋。提供塞班当地捕获的新鲜海味。这里的顾客多为大食量的当地人与潜水玩家，菜量很足。菜单很丰富，可以看着黑板上写着的当日店家的推荐菜品，然后来上一杯！如果看黑板还拿不定主意，再翻阅菜谱也不迟，内容非常丰富，一定不会失望。

菜品丰富，生鱼片种类繁多，具体要看当天的渔获情况。图为鲣鱼与鬼头刀鱼

MAP 折页地图②-C1/加拉班

类型 日本料理
$15~
18:00~24:00
休 每月一次，不定期
CC D J M V
☎ 234-5529（店）/287-5509（预约）
无
P 无

餐厅在二层，有吧台、餐桌与榻榻米包间

如果想吃日本料理
椰子亭
Coconuts-Tei

塞班凯悦酒店近在咫尺，是营业了 26 年的老铺。当日打来的鱼除了做成生鱼片之外，还可以烤着或者炸着吃（→ p.113）。顾客也可以带自己钓的鱼来。此外，冷豆腐 $5 与清爽的姜渍黄瓜 $5 等单点菜品对想吃日本料理的顾客来说是很好的选择。想吃肉的顾客也可以选择牛排。餐厅从早上开始营业，对出门在外的游客来说是个可以依赖的去处。

肉量很足的烧牛肉块 $33（约 350g），适合 3~4 个人一起吃。日式调味颇受欢迎。右后为意式炒海鲜，售价 $22

MAP 折页地图②-A1/加拉班

类型 日本料理
午餐 $8~、晚餐 $10~
9:00~15:00（L.O.14:30）17:00~22:00（L.O.21:45）
休 无 CC D J M V
☎ 234-3923
有（仅限晚餐）
P 无

里间还设有榻榻米席位

很有人气的店铺
强尼酒吧烧烤
Jonny's Bar&Grill

位于加拉班的繁华街道，是一家经常会挤满当地食客的休闲酒吧。可以在室外席位上一边感受阵阵海风，一边品尝美酒，也可以在店内打台球或者玩飞镖游戏。可根据自身喜好体验各种享乐方式。菜品方面，墨西哥卷饼 $7.25 与墨西哥芝士玉米片 $8.50 等正宗的墨西哥料理很受欢迎。这些菜品均可搭配啤酒食用。这家店的自制咖喱塔可饭 $10.50 口味极佳，吃一次就会上瘾。

墨西哥软卷饼 $7.25（右后）、墨西哥芝士玉米片 $8.50（左）、咖喱塔可饭 $10.50（前）

MAP 折页地图② -A1/ 加拉班

类型 酒吧 & 烧烤

啤酒 $4~、鸡尾酒 $5.50~

15:30~ 次日 2:00
休 无
cc A D J M V
☎ 233-9019/287-9019
摄影 无
P 10个车位

辛辣刺激的菜品可搭配啤酒 $4.50~ 与鸡尾酒 $5.50~ 食用

享受正宗墨西哥料理与熏蒸菜品
吸烟餐厅洛克与塔可
Smoke Dining Bar Loco & Taco

餐厅于 2016 年 7 月开业，主要供应墨西哥料理。首先要品尝的是采用自制玉米粉圆饼与奶酪制作的墨西哥玉米薄卷饼 $3.15~。共有麻辣牛肉、鸡肉以及鱼肉等 7 种菜码。此外，经一小时炒制而成的墨西哥海鲜饭 $17.89 与自制的各种熏蒸菜品等均为下功夫的正宗墨西哥料理。午餐特供的牛尾汤 $12.50，吃一次就会上瘾。

在玉米粉圆饼中加入肉与蔬菜等菜码后烤制而成的卷饼 $14.50~（图中最下方）也很受欢迎

MAP 折页地图② -A1/ 加拉班

类型 墨西哥料理及其他

$10~

11:00~14:00、17:00~24:00
休 无
cc D J M V
☎ 233-5233
摄影
P 6个车位

度假氛围浓厚的餐厅

在加拉班轻松愉快地享用烤肉
首尔苑
Soul En

首尔苑是位于加拉班中心区域的一家韩国料理店，除了烤肉之外，还有很多其他美味的菜品。招牌排骨 $25 与五花肉 $18 都很受欢迎。韩国鱼肉松炖豆腐（嫩豆腐锅）$10 的汤汁渗入到嫩滑的豆腐当中，可谓绝品。越是暑天越能唤起食欲，其辛辣味堪称一绝。香酥焦脆、食材丰富的韩国薄饼 $15 也十分地道。店内通常会准备 5~6 种韩国拌菜免费向顾客供应。

韩国薄饼 $15（下）、韩式烤肉 $20（左后）、冷面 $12（右后）以及米酒 $20（上）等

MAP 折页地图② -A2/ 加拉班

类型 韩国料理

午餐 $8~、晚餐 $10~

10:00~22:00（午餐时间 11:30~13:30）
休 无
cc J M V
☎ 233-7776/1900
摄影 协调
P 10个车位

可以尽情享受韩式美味的餐厅

气氛轻松的休闲吧
沙滩咖啡 & 酒吧
Cafe & Bar SANDS

位于加拉班中心地区的一家休闲酒吧。从外面可以望到里面，所以非当地人的游客比较容易下决心进去。室内有台球与飞镖游戏设施，无论是一个人还是结伴同行，都可以很开心地享受美酒与游戏。

鸡尾酒种类丰富，也可按照顾客的要求制作，你不妨试试对调酒师提出一些要求，诸如要烈性的或者多加点新鲜水果等。热带彩虹$8~。

从街道上看得见酒吧内部，可以放心进去。里面有台球与投掷飞镖游戏等

MAP 折页地图② -B1/ 加拉班

类型 酒吧
鸡尾酒 $7~
营 17:00~次日 2:00 休 无
CC A D J M V
☎ 233-4136
网 无
P 5个车位（21:30以后可以使用）

很有人气的香蕉可拉达$8，也可添加些香蕉利口酒当作餐后饮料食来饮用。鸡尾酒请参照本书p.121中的详细说明

观光客也敢进去的酒吧
教父酒吧
Godfather's Bar

以U字形吧台为中心，圆形小桌散落四周，烟雾在钢琴声中轻飞曼舞。这简直就是所有休闲酒吧应该效仿的模范。气氛随和，令许多国际化观光客也沉浸其中。教父酒吧经常会挤满非常快乐的顾客。16:00~19:00为优惠时段，辣汁洋葱圈仅售$5，除此之外，还有很多其他特价菜，非常划算。每天21:00左右有乐队现场表演。

可以轻松愉快地进店体验的酒吧

MAP 折页地图② -A1/ 加拉班

类型 酒吧
啤酒 $3~
营 16:00~次日 0:30
休 无
CC A D J M V
☎ 235-2333
网 无
P 无

漂亮的外观惹人注目

这就是南国的沙滩酒吧
教父海滩之屋
Godfather's Beach House

来到度假名胜塞班，很多人都会有"望着大海来上一杯"的冲动。位于塞班悦泰度假村酒店前的沙滩上的教父海滩之屋正是这样一处理想场所。面对着大海落座，眼前是塞班湛蓝的大海与纯白的沙滩。远眺雄浑的落日，此时的一杯酒别有一番风情。啤酒$3~，鸡尾酒$7~。

酒吧不仅地理位置具有优势，而且用椰木修葺的房顶以及原木椅子等，也给人以深刻印象，仿佛这就是沙滩酒吧的最佳范本

MAP 折页地图② -C2/ 加拉班

类型 酒吧
啤酒 $3~
营 13:00~24:00
休 无
CC D J M V
☎ 234-6411（EX.1590）
网 无
P 使用酒店停车场

热带彩虹$7~。午间也可以悠闲自在地放松

在酸奶冰激凌上加自己喜欢的装点物

漩涡咖啡厅
Swirls

漩涡咖啡厅于 2015 年 4 月开业，是一家称重售卖酸奶冰激凌的咖啡厅。使用纸杯从酸奶机处接入任意重量的酸奶冰激凌，再选择 10 种以上的巧克力糖或饼干等作为装点。称重售卖，1 盎司支付 65 ¢ 的费用即可。味道当然不必多说，自己亲自制作的过程更是充满乐趣，开业以来，颇受以青少年为核心的顾客群体的欢迎。在这里可以品尝到塞班极为罕见的蒸馏咖啡 $3~。

制作过程非常愉快，以至于经常会有超量的情况出现！

MAP 折页地图② -A3/ 加拉班

类型 咖啡厅
饮品 $3~
营 11:00~21:00（周四～周六 ~22:00）
休 无
CC J M V
☎ 233-3696
网址 无
P 12 个车位

Swirl 意为漩涡

塞班唯一一家尼泊尔料理

珠峰厨房
Everest Kitchen

珠峰厨房于 2014 年 6 月开业，是塞班唯一一家尼泊尔料理餐厅。本书调查时，仅在午餐时段供应自助餐 $12。菜品包含咖喱鸡、热蔬菜菜肴、蒸鱼以及鹰嘴豆糊等。采用各种调味品与食材烹制而成的健康食品均可为味蕾带来强烈的满足感。餐后，推荐品尝有草莓与混合浆果两种选择的酸奶甜品 $6.50 与伞形花耳草茶 $2.50。

尼泊尔人拉坷施蜜烹制的菜品都十分健康

MAP 折页地图② -A3/ 加拉班

类型 尼泊尔料理
自助午餐 $12
营 11:00~14:00
休 周日
CC D J M V
☎ 233-2688/285-0218
网址 无
P 6 个车位

店内素净的日用品令人印象深刻

自制面包很受欢迎的咖啡厅

茶·咖啡·面包
Cha Cafe and Bakery

茶·咖啡·面包咖啡厅自制的面包与英格兰松饼很受欢迎。玻璃陈列柜中摆放着夹有色拉米香肠与切德干酪的月牙形面包 $4、肉桂面包卷 $3.50 以及色彩鲜艳的马卡龙 $1.75 等人气商品，令人眼花缭乱。饮品有绿茶 $3.50 与牛奶红茶（西米免费）$3.75 等。这家咖啡厅位于加拉班中心区域，购物间隙可前往小憩。

抹茶制冰冷饮 $5.75 令喜爱甜品的人爱不释手。除抹茶之外，茶·咖啡·面包还为顾客准备有榛子与摩卡咖啡等 8 种口味

MAP 折页地图② -A2/ 加拉班

类型 咖啡厅
饮品 $3.50~
营 7:00~22:00
休 无
CC J M V
☎ 233-2421
网址 无
P 15 个车位

茶·咖啡·面包位于加拉班中心区域，交通十分便捷

令人放心的城市食堂

波食堂
Nami Restaurant

波食堂作为可轻松享用午餐与晚餐的城市食堂而备受当地人的青睐。盖浇饭种类丰富，巴浪鱼盖浇饭 $12、牛肉盖浇饭 $10 以及叉烧肉盖浇饭 $10 等应有尽有。除此之外，慢火炖制的厨师特制咖喱牛肉 $10 也备受欢迎。

牛肉饼咖喱$12的辣度刚好，肉厚、实在

MAP 折页地图② -A2/ 加拉班

类型	创意菜
价	午餐 $10～、晚餐 $10～

🕐 11:00～14:00、17:00～21:30
休 每月第一周与第三周的周三
CC JMV
☎ 233-6264/287-4444
租车 无
P 10 个车位

有迁址的可能。详细情况请通过 Facebook 确认

在美国氛围下愉快地享用比萨

美国比萨烤肉
American Pizza & Grill

美国比萨烤肉餐厅内装饰有玛丽莲·梦露等的电影海报，桌布是红色的方格纹图案。在这家餐厅可以感受"古老的美国"，是十分难忘的体验。比萨可从普通饼与厚饼当中进行选择，共有夏威夷特产比萨 $15.95（小）与海鲜比萨 $16.95（小）等 11 个品种。此外，采用黑面包制作而成的特制三明治也不容错过。来到这家餐厅务必品尝一下使用瑞士干酪制作的正宗纽约熏牛肉。

图中从下到上依次是夏威夷特产比萨 $15.95、鸡肉盘 $13.95、纽约熏牛肉 $12.95 以及培根起司汉堡 $14.95

MAP 折页地图② -A2/ 加拉班

类型	美国菜
价	啤酒 $3～

🕐 8:30～22:00
休 无
CC JMV
☎ 233-1180/1181
租车 无
P 10 个车位

沉浸在美国氛围中

顶级铁板烧

禅（铁板烧）
Teppanyaki Zen ☎

这是 2016 年 7 月在加拉班开业的一家铁板烧餐厅。从此不光是在酒店，在街市也可以饱享正宗的铁板烧美食了。除了按照顾客的口味烹饪出的肉类菜品之外，还有当天清晨在塞班近海捕获的新鲜鱼类等，都是非常健康的食品。套餐售价 $59～。游客不妨在装修十分雅致的这家店内享受一下顶级的铁板烧美食。

顶级的牛里脊肉

MAP 折页地图② -A2/ 加拉班

类型	铁板烧
价	套餐 $59～

🕐 18:00～23:00（L.O.21:30）
休 无
CC ADJMV
☎ 233-0417
租车 有（免费）
P 3 个车位

店门口的油灯迎接各方游客的到来

有了各种面孔的人们，便有了热闹的理由
塞班格兰德瑞奥度假村附近
The Neighborhood of Grand Vrio Resort Saipan

以 DFS 环球免税店与周天哈发代购物中心为核心的区域，前来购物的游客摩肩接踵，热闹非凡。塞班格兰德瑞奥度假村内，从地道的日本料理到烧烤，再到休闲的自助餐等，有齐备的餐饮设施。

♪ 摇滚主题的人气餐厅

MAP 折页地图② -C4/DFS 环球免税店内

滚石餐厅
Hard Rock Cafe

将著名摇滚歌手们的收藏毫不吝啬地拿出来做装饰，滚石餐厅还因此有"摇滚博物馆"的外号。在这家餐厅可以饱享分量十足的美国料理。人气产品是古典汉堡包 $13.95~ 与鸡肉三明治 $16.95。还有儿童套餐 $8.95，可以放心带着孩子光顾（→ p.29）。

类型	美国菜
🍴	午餐 $12~、晚餐 $20~
⏰	10:30~22:30
休	无
CC	A J M V
☎	233-7625
👗	无
P	使用 DFS 环球免税店停车场

推荐菜品是软嫩的烧烤牛排骨 $31.95。滚石餐厅主要供应块大量足的美国风味料理

餐厅内有许多足以令摇滚粉丝们尖叫的收藏品

♪ 好酒好菜好精致

MAP 折页地图② -C3/ 塞班格兰德瑞奥度假村

海豚
Dolphin

餐厅位于塞班格兰德瑞奥度假村水晶塔展望台顶层。在这里可以一边远眺大海，一边享用美国与日本的美食。晚餐时间的火锅涮肉自助餐 $35 很受欢迎。此外，以日本料理为核心的菜品颇受好评，务必品尝一下手握寿司套餐 $22 与日本风味汉堡包牛排套餐 $13。

类型	日本料理 & 西餐
🍴	午餐 $12~、晚餐 $13~
⏰	11:30~14:00、17:30~21:00（L.O. 截止到闭停业 30 分钟）
休	无
CC	A D J M V
☎	234-6495
👗	无
P	使用酒店停车场

左 / 备受好评的日式菜品
右 / 在展望餐厅能欣赏到处麻以看到的美景。特别是落日的美满浪漫色彩

涵盖寿司与火锅等品类的正宗日本料理

向日葵餐厅
Himawari Restaurant

MAP 折页地图② -B3/ 加拉班金宝殿酒店

类别	日本料理
预算	$5~
	11:00~23:00
休	无
CC	A D J M V
☎	233-1530/1531/1533
	协商
P	5个车位

来到向日葵餐厅（→ p.173），可以在餐厅的吧台式座位落座，也可以在榻榻米式的包间内与亲朋好友举杯共饮。菜单除寿司与刺身之外，还有单品料理与汤锅料理等，品种丰富。珍贵的褐石斑鱼汤锅$23，3~4人围坐而食，价格便宜，请一定去尝个鲜。在向日葵商店购买的饮品可带入餐厅内饮用。

非常受欢迎的榻榻米式坐席

向日葵餐厅的特别菜品：寿司十款，配有手卷与煎蛋饼，售价$13（后）；黄油香蒜炒章鱼$7（右下）；夏威夷爽风味刺身盖饭$8，腌制风味，爽口不腻

饱享美味手抓虾

布巴・甘
Bubba Gump Shrimp Co.

MAP 折页地图② -B3/ 加拉班

类别	海鲜
预算	$11.95~、饮品 $4.95~
	11:00~21:00（L.O.）
休	无
CC	A D J M V
☎	233-8593
	无
P	45个车位（与塞班塞伦蒂酒店共用）

布巴・甘谨遵奥斯卡金像奖获奖电影《阿甘正传》所传达的观念，是一家正宗的海鲜餐厅。休闲的店内宛如电影场景的内部装饰显得十分别致。最受欢迎的菜品是啤酒蒸虾$17.95，蒜香与卡津两种口味可各占一半。这家餐厅还供应600g的特大份菜品。同时设置的商店内还出售创意商品。

店里充满了现代派的轻松气氛，而且十分可爱

人气No.1的啤酒蒸虾$17.95（中间）、用种十足的洋梨干果仁沙拉$15.95（上）以及椰子虾$19.95（右）是非常不错的下酒菜

体验啤酒花园的气氛

索尔缇兹餐厅
Salty's

MAP 折页地图② -B3/ 加拉班

类别	查莫罗风味菜、烧烤
预算	晚餐 $9~
	17:00~21:30（L.O.）
休	无　CC D J M V
☎	233-7258
	无
P	6个车位

经营查莫罗风味菜（→ p.112）与烧烤的餐厅 & 酒吧（→ p.25）。查莫洛风味菜以当地家常菜为主，使用了椰子与红芋头，清爽可口。十分下酒的蒜蓉虾售价$16。肉质紧弹的新鲜大虾与大蒜的香气使人食欲大增。采用秘传的作料汁烤制的烧烤套餐$37也分量十足，非常受欢迎。

有迁址的可能。详细情况请通过HP进行确认

www.saltys670.com

塞班岛啤酒酿造厂（→ p.16）为索尔缇兹餐厅供应精酿啤酒。左侧是诗瑞椰布隆多，右侧是哈发代 IPA

花 $1 品尝作为塞班名产的串烧！

茱莉串烧店
Jullie's

茱莉串烧店位于 DFS 环球免税店的背后，是一家只供打包带走的烤肉串铺子。鸡肉串与猪肉串都是一串 $1 的超低价格。烤全鸡一只 $8.95，半只 $4.75，价钱合适。肚子稍微有点饿的时候，可以在这里买一些打包回酒店就着啤酒吃，可以说是非常好的一家店。有时烤鸡会停止供应，因此最好提前预订。

这样一串分量十足的肉串仅售 $1

MAP 折页地图② -B4/ 加拉班

类型　串烧
　　　串烧 $1
　　　15:00～20:00
休　　无
CC　　不可使用
☎　　234-9226/9227
据点　无
P　　5 个车位

由绿色与黄色构成的店面外观十分惹人注目。开店时间有时会推迟

在这里可以品尝到蒸馏咖啡

哈发代熟食面包店
Hafa Adai Deli Bakery

哈发代熟食面包店位于周天哈发代购物中心内。这家面包店供应十余种地方菜品与米饭组成的套餐，依据所选菜品种类定价，一种菜 $5.50，两种菜 $6.75，三种菜 $8.15。

咖啡厅还供应司康饼 $1.15 与比萨 $1.45 等，可与店内的现冲咖啡搭配食用。在这家咖啡厅还可以品尝到正宗的蒸馏咖啡 $2.95。还有意式拿铁咖啡 $3.95 与加奶油块咖啡 $3.95 等，种类繁多。

便当、面包以及咖啡等应有尽有的便捷式咖啡厅

MAP 折页地图② -C3/ 加拉班

类型　咖啡厅
　　　咖啡 $2.95～
　　　6:30～20:00
休　　无
CC　　D J M V
☎　　234-6406
据点　无
P　　30 个车位

可以在店内食用，也可以打包带走

顶级中餐

御膳房
Majesty

地处加拉班的御膳房于 2013 年开业。鲍鱼、北京烤鸭以及燕窝等高档菜品应有尽有，是一家正宗的中国餐馆。这家餐厅的食材品质毋庸置疑，除此之外，还使用高品质的高汤与辣酱油等，可以让人真实地感受美食的鲜美。据工作人员介绍，侨居塞班的中国人多会在特别的日子与节日来这家餐厅用餐。店内备有包间，宽敞舒适的空间与素净的日用品处处彰显着豪华。

装点得十分美丽的四川风味辣酱炒虾 $26，千贝西兰花 $22

MAP 折页地图② -C4/ 加拉班

类型　中餐
　　　午餐 $10～、晚餐 $20～
　　　11:00～14:00、18:00～21:30
休　　无
CC　　M V
☎　　233-2088
P　　10 个车位

味道与环境均属上乘

个性派区域
加拉班周边
Around Garapan

距离加拉班繁华街道不远处，有一些独门独户的餐厅、隐居氛围浓厚的日式餐厅以及国际性餐厅等极具个性的小型餐厅。此外，还有时常挤满当地人且味美价廉的中餐厅、路边小饭店以及集聚放学回家的学生的咖啡厅，可以切身体验当地的地方口味。不妨前往这个远离喧嚣的个性区域去看一看。

 南国岛屿的隐居场所，享受无国界美食

747
Seven Four Seven

充满异国情调的 747 不拘泥于某种单调的菜系类型，菜品种类十分丰富。梭子蟹意面 $20 将螃蟹的鲜味完美地融入意面中，是非常受欢迎的一道美品。将凤尾鱼的鲜味发挥到极致的皮埃蒙特酱 $12 美味至极，向工作人员询问这种酱料的烹饪方法时，得到的答复却是"不示外人"。这家餐厅的每一道菜品都别具一格，令人回味无穷。

梭子蟹意面光是外形就令人备感豪爽。皮埃蒙特酱的酱汁可谓绝妙。此外，在 747 还可以品尝到牛肉风味春卷 $6.50 与椰子生鱼片 $4.50 等独具塞班特色的美食

MAP 折页地图② -B2／加拉班

类型	国际性美食
晚餐 $30~

⏰ 18:00~22:00（L.O.）
休 周四
CC A D J M V
☎ 233-0747/8880（营业时间外）
语 有
P 10 个车位

精精远离繁华街道的隐居风格

 轻松愉快地饱享正宗中餐

钻石中国餐厅
Diamond Chinese Restaurant

钻石中国餐厅拥有别具风情的外观，是市内一家十分舒适的中餐厅，味道正宗。饺子 12 个 $8，古老肉 $9，北京烤鸭每只 $40、半只 $20，价位合理，是当之无愧的"味美价廉"的中餐厅。菜量十足，团队一同前往分享各种中华美食，会有强烈的满足感。

MAP 折页地图② -C4／加拉班

类型	中餐
午餐 $4~、晚餐 $10~

⏰ 10:30~14:00、17:00~22:00
休 无
CC D J M V
☎ 234-8188
语 有（最少两人）
P 10 个车位

味美价廉的中餐厅

古老肉 $9、饺子 12 个 $8、北京烤鸭每只 $40（半只 $20）

对抗酷暑的大蒜料理

洞穴餐厅
Grotto Restaurant

MAP 折页地图② -C4/ 加拉班

洞穴餐厅采用大蒜烹制的菜品十分丰富。与大量的蒜泥以及黄油搭配食用的蒜蓉牛排 $25 是这家餐厅的招牌菜之一，分量十足，是一道可以增添体力的菜肴。当然，也可以要求不添加大蒜，不喜欢蒜味的顾客大可放心。这家店在甜食方面也用心良苦，吃饱之后来点甜食令人有强烈的满足感，甜食菜单每天更新，大受好评。

- 类型 创意菜
- 晚餐 $25~
- 17:00~22:00（L.O. 21:00）
- 休 周一
- CC DJMV
- ☎ 233-2298/287-3377
- P 6 个车位

图示为人气菜品。最下面的是蒜炒炸茄 $8，可以体验到令人意想不到的口感；左侧是甜辣虾 $15

洞穴餐厅采用水下摄影作品进行修饰。18:00~19:00 多是人多拥挤的用餐高峰期，最好提前预约

可以放心休息的餐厅

卡萨·乌拉西玛餐厅
Casa Urashima ☎

MAP 折页地图② -B5/ 加拉班

卡萨·乌拉西玛餐厅由民居改装而成。来到这家餐厅就像是在朋友家做客一般，浓厚的家庭氛围充满魅力。这家店的菜品细致且令人回味无穷，特别适合与葡萄酒搭配食用。菜品种类根据当天采购的食材而变化，令人不禁想要多去几次。除了泰国风味米纸卷 $10 与乌拉西玛风味牛肉手卷（查莫罗风味拍松牛肉）$10 等之外，各种自制甜食也很受欢迎。

- 类型 创意菜
- 晚餐 $40~
- 17:00~22:00（L.O.）
- 休 周日
- CC DJMV
- ☎ 287-3303（白天）/233-3303（17:00~）
- P 5 个车位

图示为晚餐套餐 $50（至少两人）。包括两个冷盘、凯撒沙拉、大海虾、肉眼牛排（图中未显示）、意大利面食类以及甜食。大海虾（单品 $50）是卡萨·乌拉西玛餐厅的招牌菜

充满南国风情的餐厅

备受当地人欢迎的家庭餐厅

J 餐厅
J's Restaurant

MAP p.8-A/ 加拉班

J 餐厅是时常挤满当地人的一家家庭餐厅，24 小时营业。这家餐厅菜品种类丰富，而且都是些实实在在的食物，例如，鸡蛋料理、鸡肉以及腊肠等（→p.117）。搭配费那蒂尼辣椒酱（→p.115）食用的炸鸡（两块）$8 可谓绝品。这种当地人平时经常吃的饭菜真的非常美味。

- 类型 家庭餐厅
- 荞麦面 $4~
- 24 小时
- 休 无
- CC ADJMV
- ☎ 235-8640
- 无
- P 20 个车位

炸鸡（下）的皮真的非常鲜脆。里面的肉鲜嫩多汁

J 餐厅虽然采用英文菜单，但建议你务必事前往品尝

在宛如世外桃源般的餐厅内悠闲地享用晚餐

大道餐厅
Avenue Restaurant ☎

类型 国际性美食

价格 套餐 $55~

时间 18:00~21:30
休 周日·周一
CC M V
☎ 233-5728
服饰 无
P 5 个车位

大道餐厅是一家家庭氛围浓厚的餐厅，来到这里，就像是被邀请到朋友家中做客一般。施展做菜手艺的是这家餐厅的老板。

大量使用在菜园里栽培的蔬菜、香草以及水果等烹饪的菜品有益于身体健康。冷盘与沙拉等与安格斯牛排组成的套餐售价为 $55。过敏反应与用餐喜好可以在预约时与老板沟通确认。烹制完成的菜品会一个一个地送到包间内，可以轻松舒畅地尽情品尝。最好提前一天预约。

大道餐厅有很多新鲜的蔬菜与水果以及非常值得品尝的套餐

本书调查时正在建设酒店，令人十分期待

备受当地人欢迎的冰激凌店

北斗七星
Big Dipper

类型 冰激凌店

价格 饮品 $1.50~、冰激凌 $1.99~

时间 13:00~21:00
休 无
CC 不可使用
☎ 无
P 5 个车位

北斗七星是拥有多年历史且备受当地人欢迎的一家冰激凌店。这家冰激凌店供应 16 种不同口味的冰激凌，是塞班冰激凌口味最多的一家店。此外，香飘四溢的自制华夫饼也非常受欢迎。冰激凌有圆锥形蛋卷与杯装两种类型，建议游客务必前往品尝。华夫饼单价 $2.50，两块 $3.99；圆锥形蛋卷与杯装冰激凌售价 $1.99，两个 $3.45。店内设有餐桌，可以在此食用。还有奶昔 $4.50、咖啡以及红茶 $1.50 等饮品。

清爽的菠萝冰激凌与色彩鲜艳的彩虹冰激凌

北斗七星位于加拉班郊外

美式薄饼体验

松饼屋餐厅
Ihop ☎

类型 美国菜

价格 $3~

时间 7:00~22:00
休 无
CC J M V
☎ 233-4467
服饰 无
P 8 个车位

松饼屋餐厅是美国的人气连锁餐厅，2016 年 7 月，塞班分店开业。热门商品有分量十足的华夫饼与薄饼。干果仁奶油华夫饼 $9.99 采用大量草莓与蓝莓进行装点，外形看上去十分可爱。草莓香蕉薄饼，四块售价 $9.49。再加 $5.99 还可以多给两块，不妨买来品尝一下。每人支付 $3.25 便可享受不限量的咖啡，"Never Empty Coffee Pot" 是令人非常欣喜的一项服务。

对于喜爱甜食的游客来说，松饼屋餐厅绝对不容错过。干果仁奶油华夫饼，售价$9.99

松饼屋餐厅现代派的内部装饰也非常受欢迎

少数精选的北部餐厅
塞班北部
Northern Saipan

塞班岛马里亚纳度假村 & 水疗中心
塞班清泉度假村俱乐部

塞班北部的餐厅，基本上都在酒店内部。与加拉班中心地带的餐厅相比，数量虽然不多，但是水准颇高，可以放心地前往用餐。除了咖啡厅、法国菜肴以及国际性美食之外，还有极具塞班特色的海滩烧烤、自助餐、牛排以及海鲜等，种类十分丰富。

🍴 饱享顶级上肋

MAP p.7-A/12-C/ 塞班清泉度假村俱乐部

凯文牛排 & 海鲜
Kevin's The Prime Rib & Seafood

2017 年 12 月，塞班清泉度假村俱乐部的主餐厅凯文牛排 & 海鲜重装开业。这家餐厅采用以红色为基础色调的古典内装，供应顶级的上肋与海鲜。在这里可以饱享顶级的晚餐。设有可容纳 4~8 人的包间，建议婚礼与生日等特别的日子前往用餐。

类型	肉类 & 海鲜
💰	套餐 $70~
🕐	18:00~22:00
休	无
CC	A D J M V
☎	322-1234
🈂	有
P	使用酒店停车场

凯文牛排 & 海鲜的上肋套餐售价 $70~。配有冷盘与沙拉等

凯文牛排 & 海鲜内有可供家庭与朋友聚餐的包间

🍴 令食客满意而归的午晚餐自助

MAP p.7-A/12-C/ 塞班清泉度假村俱乐部

科斯塔露台餐厅
Costa Terrace 📞

自助品种丰富、备受好评，是当地人经常光顾的一家餐厅。特别是每周都会更换主题的自助晚餐，价位适中，很受欢迎。例如，周二与周五的海鲜自助，单人费用为 $35（6~11 岁 $17）。18:00~21:00，新鲜的鳞介类、生鱼片、寿司以及甜食等不限量供应，啤酒与不含酒精的饮料也可以随便喝，可谓一场奢华的享受。周六是牛排 & 葡萄酒之夜，单人费用为 $35。

类型	无国界美食
💰	午餐 $22、晚餐 $35
🕐	7:00~10:00、11:00~14:00、18:00~21:00 休 无
CC	A D J M V
☎	322-1234
🈂	仅限特别自助餐
P	使用酒店停车场

在科斯塔露台餐厅饱享海鲜美食之夜

在科斯塔露台餐厅饱享充实的自助时间

伴随着海浪声饱享烧烤美食

MAP p.7-A/12-C / 塞班清泉度假村俱乐部

日落海滩烧烤
Sunset Beach BBQ

来到日落海滩烧烤餐厅，可以在海滩上一边欣赏晚霞与舞蹈表演一边饱享烧烤美食。这家餐厅准备的都是配有顶棚的餐桌，即便遇到下雨天，也可以放心地享用美食。工作人员为来店顾客提供食材烤制服务，可轻松舒畅地享受美好的用餐时光。

日落海滩烧烤的地理位置优越，令人不禁感叹"这才是度假地应该有的模样"，海鲜食品与肉类令人回味无穷。服务费 10%。

菜单中有包含大海虾 & 牛排在内的豪华混合烧烤套餐，售价 $80。图示为两人份。套餐内配有恺撒沙拉、金枪鱼盖饭、烤饭团子、椰子汁以及甜食

类型	烧烤
🍴	晚餐 $60~

🕐 18:00~
🈺 周二、周四~周六
💳 ADJMV
☎ 322-1234
🈶 有
Ⓟ 使用酒店停车场

日落海滩烧烤面向海滨设置的露天席位浪漫至极

好喝的咖啡与好吃的早餐

MAP p.7-A/12-C / 塞班清泉度假村俱乐部

水漾咖啡餐厅
Aqua Café

水漾咖啡餐厅是位于塞班清泉度假村俱乐部大厅内的一家咖啡店。这家咖啡店地道的咖啡口味在塞班实属罕见，俗话说"物以稀为贵"，其价值非同一般。三明治 $7.50~（配有咖啡）是采用新鲜蔬菜与蘸酱油与料酒制而成的鸡肉等食材制作而成的，十分美味。金枪鱼月牙形面包 $4 内含有充足的金枪鱼肉。这家店对于正要享用早餐或者肚子稍微有一点饿的人来说，可谓是非常合适。可以将食物打包带出店外食用。

图示中的熏三文鱼奶油乳酪三明治售价 $9，与月牙形面包是绝配

类型	快餐
☕	咖啡 $3.75~

🕐 7:00~23:00
🈺 无
💳 ADJMV
☎ 322-1234
🈶 无
Ⓟ 使用酒店停车场

水漾咖啡餐厅内令人毫无拘束的环境与内部装饰

塞班距离大海最近的酒吧

MAP p.7-A/12-C / 塞班清泉度假村俱乐部

米歇尔海滩酒吧
Michell's Beach Bar

2016 年 1 月，塞班清泉度假村俱乐部内拥有绝美景观的米歇尔海滩酒吧开业。在这里，坐在座位上就仿佛置身于海上一般。香蕉·军舰岛、ARC 诱惑等自制鸡尾酒售价均为 $10。采用塞班原产火龙果制作的传统鸡尾酒莫吉托售价 $12，是这家酒吧的招牌酒品。来到这家酒吧，白天可以眺望塞班岛的蓝色海洋，傍晚时分可以欣赏落日美景，到了晚上还可以看到梦幻般的酒店泳池。

从左至右依次是火龙果莫吉托、蓝莓莫吉托以及普通莫吉托，售价均为 $12

类型	酒吧
🍸	鸡尾酒 $10~

🕐 10:00~21:00
🈺 无
💳 ADJMV
☎ 322-1234
🈶 无
Ⓟ 使用酒店停车场

米歇尔海滩酒吧所处的位置拥有浓厚的度假氛围

塞班南部
Southern Saipan

晚霞美景的最佳观赏地非塞班南部莫属

塞班世界度假村酒店
塞班卡诺亚度假酒店
太平洋岛屿度假村

塞班南部以苏苏佩为中心，经常会挤满当地人。这里与加拉班不同，有很多看上去朴实无华的餐厅。老字号日式餐厅、泰国餐厅、越南餐厅以及有乐队演奏的酒吧等实力餐厅应有尽有。此外，塞班南部有很多可以眺望晚霞美景的餐厅与酒吧。在塞班逗留期间，不妨来这里体验一番在晚霞映照下的晚餐。

🌺 一边吃饭一边环视塞班美景

MAP p.8-C/ 苏苏佩

360 旋转餐厅
Revolving Restaurant 360

360 旋转餐厅一小时旋转一周，十分独特。来这家餐厅享用美食的同时，还可以 360° 眺望塞班的青山绿水。如果想一边眺望美景一边喝上一杯，那么推荐非常受欢迎的田螺等搭配开胃酒（餐前酒）一同食用。另外，这家店的汉堡包也是绝对不容错过的美食。如果想好好地吃上一顿，牛排等充实的肉类菜品将会是一个不错的选择。

虾与肉眼牛排$70（下）、360 汉堡 & 大海虾$50（上）分别配有汤品、沙拉、冰激凌以及饮品

类型 国际性美食

🍴 午餐 $15~、晚餐 $30~

🕐 11:00~14:00、17:00~21:00
休 周六的午餐与周日
CC J M V
☎ 234-3600/285-0360
📶 有
P 使用瑞鲁大厦停车场

360° 的观景视野十分有趣

🌺 当地家庭的集合地

MAP p.8-C/ 苏苏佩

温柔小溪餐厅
Gentle Brook Restaurant

温柔小溪餐厅位于苏苏佩，是备受当地人欢迎的一家餐厅。这家餐厅供应经过严格挑选的食材制作而成的高品质菜肴，价格十分合理。这家店的环境轻松。宽敞的店内为孩子们准备有玩具与绘本，适合全家人一起来享用的美食。当然，这里还供应儿童套餐（→ p.29）。

安格斯牛腰肉排，10 盎司（约 280g）售价$25

类型 国际性美食

🍴 $10~

🕐 11:30~14:00、17:30~21:30
休 无 CC D J M V
☎ 234-2233
📶 仅限晚餐
P 使用瑞鲁大厦停车场

温柔小溪餐厅的规模很大，可同时容纳 100 人在此用餐，店内有绘本与布偶等，可以带着孩子一同前往

地理位置很好的海滩酒吧

欧雷阿伊海滩酒吧＆烧烤
Oleai Beach Bar & Grill

MAP p.8-B/ 欧雷阿伊

类型 酒吧

预算 饮品 $3~、晚餐 $8.50~

营 11:00~23:00（周日 ~22:00）
休 无　CC DJMV
☎ 234-0228
预约 有
P 30 个车位

2013 年开业的欧雷阿伊海滩酒吧＆烧烤位于海滨旁，地理位置绝佳。这家酒吧虽然创建时间尚短，但听说过该店名的读者应该不在少数。这家店所在位置曾经是备受当地人喜爱的一家酒吧，现在的经营主因该店倒闭而备感可惜，所以在同一建筑内开设了这家同名酒吧。以珍惜历史作为经营理念，菜单方面也都是一些充满新意的作品。口味独特的牛排（→ p.119）与汉堡包等备受欢迎。

使欧雷阿伊海滩酒吧＆烧烤气氛高涨且待客十分热情友好的工作人员

欧雷阿伊海滩酒吧＆烧烤特别适合一边眺望晚霞一边品酒。打折供应饮料等的时间是 17:00~19:00

长居塞班的日本料理爱好者的绿洲

芋屋
Imoya

MAP p.8-B / 苏苏佩

类型 日本料理

预算 $10~

营 11:00~14:00、18:00~22:00
休 周日
CC DJMV
☎ 235-7077
预约 协商
P 5~6 个车位

"布拉斯"在塞班有所谓日式餐饮开拓者的地位与影响力。芋屋是一家位于苏苏佩的居酒屋，其老板原是布拉斯餐厅的主厨。烤鸡与豆腐料理等居酒屋专属菜品十分丰富。此外，还要注意白板上写的菜单。例如新鲜生鱼片 $9.50 等，多采用当日捕获的新鲜海产制作而成。

店内经常播放一些歌曲。有散席与包间

烤鸡肉串每串 $2.50~、天妇罗虾 $10。还有烤鱼套餐 $9.50~与乌冬面 $6~ 等

老牌面包咖啡店新鲜出炉的热面包

谭玛丽吉塔咖啡厅
Tan Marikita's Café

MAP p.11-A / 丹丹

类型 咖啡厅

预算 咖啡 $1.95~

营 6:00~18:00（周日 ~15:00）
休 无
CC AJMV
☎ 234-1726~9
预约 无
P 20 个车位

这家咖啡厅是由机场附近的老牌面包房哈曼摩登面包房开设经营的。时常挤满当地顾客的店内，一排排摆放整齐的热面包引人注目，可以点一杯咖啡 $1.95 搭配面包享用，咖啡可以无限续杯。这里的早餐有汉堡包 $6.60 与三明治 $2~ 等，还有售价 $7.60~ 的特别套餐。除了上述之外，谭玛丽吉塔咖啡厅还供应"荞麦面"（→ p.117），具体请详询店内工作人员。

前往机场途中可以到店品尝咖啡

点心有艾克雷亚 $1.45~。店内还出售饼干等食品，适合当作旅游纪念品馈赠亲友

丰富多彩的料理令人大饱口福

岛上咖啡厅
Isla Café

MAP p.8-C/10-A / 塞班卡诺亚度假酒店

类型 **各国料理**

自助餐 $22~

岛上咖啡厅是位于塞班卡诺亚度假酒店内的一家自助餐厅。自助午餐 $24，这里为到店顾客供应天妇罗、寿司以及炒饭。可以大口大口吃的新出炉墨西哥玉米薄卷饼也非常受欢迎。甜食种类丰富，颇受好评。早餐自助的费用为成人 $22，11岁以下 $14。所有时间段的自助餐，3岁以下均可免费入场。

🕐 7:00~10:00、11:00~14:00、18:00~22:00 休 无
CC A D J M V
☎ 234-6601 婴 无
P 使用酒店停车场

可以现场观看厨师烹饪过程的墨西哥玉米薄卷饼专区。热气腾腾的墨西哥玉米薄卷饼令人垂涎三尺。此外，甜食种类也十分丰富

给人以清爽感觉的店内环境。除室内坐席外，还有室外露天席位

南国度假地的王道晚餐

赤足海滩酒吧 & 烧烤
Barefoot Beach Bar & BBQ ☎

MAP p.8-C/10-A / 塞班卡诺亚度假酒店

类型 **烧烤**

🍴 $39、4~11岁（儿童套餐）$27

在沙滩上开设的赤足海滩酒吧 & 烧烤地理位置绝佳，来到这家餐厅，可以在最棒的地点饱享烧烤的乐趣。既然到了度假胜地，就一定要有一次这样的晚餐体验。非常值得品尝的是含肉眼牛排、鸡肉、腊肠以及巴浪鱼翅等在内的套餐，单人份售价 $39（4~11岁售价 $27）。饮品需要另行付费，这家餐厅设有酒吧间，只要支付 $21，鲜啤酒、鸡尾酒以及软饮料在1小时30分钟之内不限量供应。

🕐 18:00~21:00
休 无
CC A D J M V
☎ 234-6601
婴 有（收费）
P 使用酒店停车场

左 / $39的套餐，包含肉眼牛排、鸡肉、腊肠、巴浪鱼翅、带头虾、烤玉米以及饭团子。此外，店内还有供顾客自助选取的沙拉吧　右 / 特别适合全家一同前往用餐

赤足品尝热带鸡尾酒

赤足酒吧
Bare Foot

MAP p.8-C/10-A / 塞班卡诺亚度假酒店

类型 **酒吧**

🍸 鸡尾酒 $6~

赤足酒吧位于沙滩木质甲板上，是一家环境十分出众的沙滩酒吧。正如其名，来到这家酒吧令人不禁想要光着脚享受美味的饮品。螺丝刀等标准规格鸡尾酒的售价为 $6，chichi 与椰林飘香等热带饮品售价为 $7。如果恰逢比较好的天气，可以一边欣赏傍晚美丽的晚霞，一边品尝美酒。

🕐 9:00~22:00
休 无
CC A D J M V
☎ 234-6601
婴 无
P 使用酒店停车场

左 / 这么棒的地理位置，在塞班也实属罕见
右 / 美丽的热带饮品在白沙的映衬下十分耀眼

在夕阳的陪伴下饱享浪漫的晚餐

海边烧烤
Seaside Grill

海边烧烤是位于太平洋岛屿度假村近海侧的一家餐厅。店内环境十分素净，除了室内坐席之外，还可以选择落座在开放空间内设置的露天席位，在海风的吹拂下饱享美丽的晚霞风光。这家餐厅绝对会为顾客营造出最具南国度假风情的晚餐时间。菜品方面，推荐品尝在塞班当地捕获的新鲜鱼类与大海虾等海鲜。部分餐券可以使用。需要预约。

可同时品尝牛排与大海虾的海陆大餐，售价 $45（半份）。搭配柠檬黄油食用的大海虾美味至极

MAP p.10-B / 太平洋岛屿度假村

类型	环太平洋美食
预算	晚餐 $30~

🕐 18:00~21:30
休 无
CC ADJMV
☎ 234-7976
暖 无
P 使用酒店停车场

在晚霞映照下的露天席位完美地诠释了浪漫一词

通过美食为筋疲力尽的身体补充能量

厨房
The Galley

厨房餐厅紧邻太平洋岛屿度假村的水上公园，供应休闲食品。除了三明治 $10~ 之外，还有拉面与咖喱饭等，菜品种类十分丰富。由夏威夷风味与唐杜里鸡等五种口味共同组成的比萨（L 号售价 $18）是备受欢迎的菜品之一。如果正在准备外出携带的便当，可以在这家餐厅点专供野餐的外卖。部分餐券可以使用。

这里以汉堡包及比萨等休闲食品为主

MAP p.10-B / 太平洋岛屿度假村

类型	快餐
预算	$10~

🕐 6:00~23:00
休 无
CC ADJMV
☎ 234-7976
暖 无
P 使用酒店停车场

洒满阳光的咖啡厅式餐厅

通过自助餐的形式饱享世界各国美食

麦哲伦
Magellan

麦哲伦是太平洋岛屿度假村的主餐厅。早餐、午餐以及晚餐均以自助形式供应世界各国料理。

自助取餐区陈列的各种菜品每天都会更换，以保证顾客在酒店住宿期间不会产生厌倦情绪。甜食区陈列有 10 种以上色彩鲜艳的蛋糕与奶油冻，正餐吃得再撑，也要继续品尝甜品，会有幸福满足的感觉。

早餐、午餐以及晚餐的餐费分别为 $23、$27、$37。周日早午餐费用为 $31，儿童半价。软饮料、午晚餐中的啤酒与葡萄酒均包含在上述餐费当中。部分餐券可以使用。

充实的自助餐取餐区

MAP p.10-B / 太平洋岛屿度假村

类型	国际性美食
预算	早餐 $23、午餐 $27、晚餐 $37

🕐 7:00~10:00、11:30~14:00（周日 11:00~）、18:00~21:00
休 无
CC ADJMV
☎ 234-7976
暖 无
P 使用酒店停车场

大人与孩子均可享用的自助餐

海滨旁的铁板烧
艾拉
Isla ☎

MAP p.10-B / 太平洋岛屿度假村

类型 铁板烧
套餐 $60~

营 17:30~21:30
休 无
cc D J M V
☎ 234-7976
晚 无
P 使用酒店停车场

"Isla"在查莫罗语中意为"岛屿"

　　艾拉是 2014 年在太平洋岛屿度假村开设的一家铁板烧餐厅。在这家餐厅可以一边透过窗户欣赏海滨与晚霞的美景，一边享用厨师烹饪出的高品质牛排与海鲜。虽然塞班有很多铁板烧餐厅，但能够有如此优越的地理位置实属难得。包含冷盘、牛排、海鲜以及米饭等在内的套餐售价为 $60~。

这里高品质的肉类与海鲜应有尽有

自行烤制、乐在其中
沙滩烧烤
Beach BBQ ☎

MAP p.10-B / 太平洋岛屿度假村

类型 烧烤
成人套餐 $50、儿童套餐 $25

营 18:00~19:30、20:00~21:30
休 无
cc D J M V
☎ 234-7976
晚 无
P 使用酒店停车场

烧烤用建筑也颇具南国风情

　　沙滩烧烤位于太平洋岛屿度假村的海滨区，采用顾客自行烤制的形式。成人费用为 $50，包含排骨、猪排、虾、蛤蜊、鸡肉、大海虾以及玉米。儿童费用为 $25，包含儿童牛排、腊肠、虾以及玉米。这家餐厅免费为顾客提供沙拉、米饭、面包以及甜食等。18:00 与 20:00 开餐。

在晚霞的陪伴下烤制美食，用餐气氛自然高涨。非常棒的烧烤体验

塞班唯一一家越南料理店
越南饭店
Truong's

MAP p.8-C/10-A / 苏苏佩

类型 越南菜
午餐 $10~、晚餐 $10~

营 11:00~21:30（L.O.）
休 无
cc A D J M V
☎ 235-8050
晚 无
P 10 个车位

提供无线网络

　　越南饭店位于塞班世界度假村酒店旁，是塞班屈指可数的实力派越南料理店。这家餐厅的炸春卷 $11 很受欢迎。春卷里面包有沙拉蔬菜、豆芽、粉丝以及香草，是具有越南风味特色的一道菜品。春卷皮与豆芽菜的口感相得益彰，吃起来格外美味。越南米纸卷售价为 $7。除了越南风味菜品之外，这里还有采用安格斯牛肉作为食材的 NY 牛排与牛腰肉排等其他非常受欢迎的菜品。

越南饭店特制炸春卷，售价 $11。喜爱炸春卷的游客一定不能错过这道美食

眺望大海、品尝地道的韩国美食
名家
Myung ga

类型	韩国料理
💰	午餐 $28、晚餐 $35~
🕐	11:30~14:00、18:00~21:00
休	无
CC	AJMV
☎	234-5907
服	有
P	使用酒店停车场

名家位于塞班世界度假村酒店内，是塞班酒店附属餐厅中唯一一家韩国料理店。自助午餐$28，准备有约20种菜品供顾客选择。晚餐首先会有6道配菜上桌，用餐形式极具韩国特色。其他菜品需要单点，可以品尝带骨牛肉$20等烤肉与海鲜蔬菜薄饼$12等地道的韩国风味菜品。

可以品尝到带骨牛肉与石锅拌饭等韩国料理中的常规单品

时尚的店内装饰使得这家店看上去像是一家咖啡厅

🗺 p.8-C / 塞班世界度假村酒店

饱享充分发挥食材特点的绝妙套餐菜品
塔帕丘
Tapochau ☎

🗺 p.8-C / 塞班世界度假村酒店

类型	国际性美食
💰	晚餐 $40~
🕐	18:00~21:00
休	无
CC	AJMV
☎	234-5907
服	有
P	使用酒店停车场

塔帕丘位于塞班世界度假村酒店的二层，与窗外水上公园的喧嚣相比，这家餐厅的环境更闲适恬静。

这家店只供应套餐。以采用高档牛肉烤制而成的滑爽柔嫩的牛排作为主菜，与冷盘、汤品以及甜食搭配组成套餐，售价$40~，可谓味美价廉。因为只供应套餐，因此这里经常会承办一些聚餐或者宴会，当然，也面向散客开放。

到了夏天，夕阳恰好会从餐厅窗户一侧落下，来到这里可以在晚霞的陪伴下饱享充满罗曼蒂克情调的晚餐。

海鲜与牛排，无论选择哪一种都将会是令人满足感爆棚的一餐。衣着方面没有严格规定，但禁止穿着拖鞋入内

🗺 p.8-C / 苏苏佩

一道菜便可吃个饱！
大长今
Dae Jang Kum

类型	韩国料理
💰	午餐 $8~、晚餐 $8~
🕐	10:30~14:30、16:30~22:00
休	无
CC	MV
☎	234-9595
服	无
P	20 个车位

位于苏苏佩的大长今是一家韩国家庭料理店。在这家餐厅可以品尝到由一名韩国母亲亲手烹制的地道的韩国美食。当然，带骨牛肉、上等牛脊以及牛舌等烤肉（售价均为$25）应有尽有。即便只点一道菜，也会上好几种餐前小菜，光这些就足以饱腹。

午餐便当$8很受欢迎。有排骨与韩式烤肉等6个种类，而且分量十足。图示为上等牛脊肉$25与马格利米酒$15。搭配店家采用水果与洋白菜制作的自制佐料汁食用

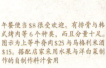 

由家庭经营的开放式咖啡厅

简陋小屋
Shack

简陋小屋位于苏苏佩市中心北部1公里左右，是欧雷阿伊一家绿荫环绕的咖啡厅。这家咖啡厅的老板9年前从夏威夷回国，亲自确定了一套健康的菜品清单。主要供应的果酱煎饼就多达十余种，此外，还有自制的甜食与烤薄饼等。由老板的母亲亲自烹制的Mom's Chili $5 等"妈妈的味道"也很受欢迎。如果恰逢好天气，推荐选择室外露天席位。

类型	咖啡厅
果酱煎饼 $4.50~、饮品 $2~	
🕐	8:00~14:00、17:00~21:00
🚫	周日
CC	M V
☎	235-7422
📶	无
P	10个车位

"Shack" 意为小屋

简陋小屋供应各种有益于健康的甜品。图示中的健康草莓奶酪蛋糕售价为$5。此外，还有阿萨伊$6等

寿司自助颇受欢迎

双鹰
Double Eagle

双鹰位于塞班凯瑞海滨高尔夫度假村内，是一家可以看见大海的海景餐厅。这家餐厅供应日餐与中餐，以周日早午餐 $35（4~11岁 $17.50）为主。除生鱼片与寿司之外，巴浪鱼、肉类菜品以及甜食等应有尽有。发泡性葡萄酒不限量供应，餐饮内容可谓豪华。需要提前预约也是可以理解的。

类型	日餐·中餐
寿司 $15~	
🕐	6:00~10:00、11:30~14:00、17:30~22:00
🚫	无
CC	A D J M V
☎	234-7000
📶	有（收费）
P	30个车位

寿司师傅现场为顾客捏寿司

供应发泡性葡萄酒的周日早午餐颇受欢迎

在晚霞的陪伴下小酌一杯

鱼骨
Naked Fish

鱼骨位于苏苏佩的海滨大道，是备受当地人欢迎的一家酒吧。来到这家酒吧，可以选择在店内伴随欢快的音乐畅饮，也可以入座海风吹拂下的露天席位。菜品主要采用在当地捕捞的鱼类作为原材料。芝麻油拌生鱼片 $9 与将鱼肉切成一口吃下的肉丁后油炸而成的蒜香鱼（时价）是不容错过的招牌菜。

类型	酒吧
啤酒 $4~	
🕐	17:30~22:00（周四·周五 ~24:00、周六 18:00~23:00）
🚫	周日、感恩节、圣诞节及1/1
CC	D J M V
☎	235-3474
📶	无
P	50个车位

蒜香鱼是可搭配啤酒食用的下酒菜

周三~周五的19:30起有现场演奏表演

餐厅&酒吧 ❦ 塞班南部

挑战查莫罗料理

波卡波卡
BOKA BOKA

波卡波卡地处欧雷阿伊，是一家主营塞班传统料理——查莫罗料理（→ p.112）的专营店。查莫罗料理中极具代表性的风味手卷内的馅料是将鸡肉与牛肉等切成小丁后加入柑橘类果汁与红姜拌制而成的。这家餐厅的招牌菜油炸调味鱼 $18 是将引水鱼（隆头鱼）整条炸制后烹制而成的。采用姜黄根粉末等制成的独特酱汁十分美味。

图示下侧是油炸调味鱼$18、上侧是鸡肉手卷$12

MAP p.8-B / 欧雷阿伊

类型	查莫罗料理
💰	$10~
🕐	11:00～13:30、17:30～20:30
休	不定期
CC	不可使用
☎	235-2652
🈺	无
P	10 个车位

珍贵的查莫罗料理专营店

方便的家庭餐厅

雪莉餐厅
Shirley's

雪莉餐厅是一家家庭餐厅，在塞班共开设有 2 家店。这家餐厅供应地方风味早餐（→ p.117）、查莫罗料理、三明治、咖喱饭以及烤薄饼等各种各样的菜品，种类十分丰富。光是备受当地人喜爱的炒饭就有小虾炒饭 $9.75 与蒜香炒饭 $9.75 等 12 个种类。如果不知道吃些什么或者同行者意见出现分歧的情况下，这家店将会是非常方便的一个去处。

早餐菜品之一——烤鲯鳅鱼套餐 $10.95（右）。类似于晒干的鱼、贝类

MAP p.10-A / 苏苏佩

类型	家庭餐厅
💰	早餐套餐 $7.75~
🕐	6:00～22:00
休	无
CC	A J M V
☎	235-5379
🈺	无
P	5 个车位

图示为苏苏佩店。加拉班店是 24 小时营业

由外国人经营的面包店

波士顿面包店
Bostonian Bakery

波士顿面包店于 1955 年创办，备受当地人的喜爱。香蕉蛋糕 $1.40~ 是这家面包店的特色单品，经常会出现销售一空的现象。加拉班的 ABC 商店（→ p.174）与我爱塞班（→ p.165）也经销这家店的美味面包。

趁热食用

MAP p.8-B / 圣何塞

类型	面包店
💰	$1.50~
🕐	6:00～16:00
休	周日
CC	不可使用
☎	235-4310
🈺	无
P	10 个车位

这个看上去十分可爱的人偶是波士顿面包店的标志

前往机场途中稍事休息

杜果六咖啡厅
Mango Six Cafe

MAP p.11-A/ 丹丹

杜果六咖啡是韩国人气居高不下的健康咖啡专营品牌，在全球共开设有约 400 家店，本书中介绍的是塞班一号店。采用有机杜果制成的冷冻饮品与薄煎饼是当地年轻人所追捧的单品。宽敞的店内颇具开放感，柔和的自然光线照射进来，是非常惬意的休憩空间。酸甜口味的草莓杜果奶油冰沙 $5.75 可消解塞班的炎热酷暑。免费 Wi-Fi 也十分完善。

推荐品尝草莓杜果奶油沙冰 $5.75，散发清淡甜味的杜果与草莓的酸味可谓绝配

类型	咖啡厅
饮品 $5.75~	

- 7:30~21:00（周五 ~22:00、周六 8:00~22:00、周日 8:00~）
- 休 无 CC ADMV
- ☎ 234-0707
- 网址 无
- P 34 个车位

虽然宽敞的店内也十分舒适，但绿茵中的露天席位更具魅力

美国实力派面包店初次登陆塞班

丰收面包公司
Great Harvest Bread Co.

MAP p.10-A/ 查兰卡诺亚

丰收面包公司诞生于蒙大拿州，在全美范围内开设有众多分店，这家地道的美式面包店于 2017 年 8 月登陆塞班。店内弥漫着浓郁的面包香气，所有单品均采用小麦作为原材料，经专用设备磨碎后在 48 小时之内烤制完成。100% 纯小麦手工面包吃起来有淡淡的甜味，喜爱面包的食客对这家店有很高的评价。三明治 $5.50~ 与司康饼 $3.50~ 也拥有很高的人气。与马里亚纳咖啡 $3.00~ 可谓绝配。

从上到下依次为野山莓杜果司康饼 $3.50、干果仁乳酪司康饼 $3.50、贝基椰子面包 $2.75 以及磨砂糖曲奇 $1.95

类型	咖啡厅
面包 $4~、饮品 $3~	

- 6:30~19:30
- 休 无
- CC DJMV
- ☎ 234-2733
- 网址 无
- P 13 个车位

丰收面包公司还设有露台席位，可以在这里度过悠闲自在的时光

海景增添南国情调

塞班冲浪俱乐部
Surf Club Saipan

MAP p.10-A/ 查兰卡诺亚

手持热带鸡尾酒与果汁，倾听大海的声音。塞班冲浪俱乐部就是这样一家沙滩餐厅，实现了人们对美好时光的向往。这家餐厅位于查兰卡诺亚沙滩前，可身着泳衣落座室外露天席位。在海滨区游玩后可直接来到这里就餐。这里风味手卷、金枪鱼生鱼片、沙拉等当地地方料理以及泰式炒河粉、汉堡包等世界各国料理应有尽有，且分量十足。17:30~18:30 的晚霞时间也是一大看点。

瑞士冲浪汉堡 $13.50 采用无添加的安格斯牛肉，在瑞士干酪中加入了洋蘑菇与葱头等，很有分量

类型	国际性美食
$7~、饮品 $3~	

- 7:00~21:30（L.O.）
- 休 无
- CC ADJMV
- ☎ 235-1122
- 网址 无
- P 9 个车位

除了室内坐席之外，还设有露台席位与情侣座

餐厅&酒吧 🍴 塞班南部

当地的"母亲的味道"
特里小吃店
Terry Snack Bar

MAP p.10-A / 查兰卡诺亚

类型 快餐
费用 $1~

特里小吃店创立于1973年，位于查兰卡诺亚小学背面，长时间以来备受当地人的喜爱。玻璃陈列柜中摆满了南美肉馅卷饼、油炸豆腐寿司、午餐肉饭团以及油炸面圈等自制快餐。午餐时间，大人们通常会点包含两道自选菜品在内的便当$5.50，傍晚时，孩子们会来到这家餐厅购买点心。味道当然不言而喻，光是看看外观就令人蠢蠢欲动。喝上一杯仅售$1的热汤，是一件多么幸福的事情。

营业 6:30~16:30
休 周六、周日
CC 不可使用
电话 234-6684
网址 无
P 6个车位

南美肉馅卷饼$1、番木瓜派$1，还有油炸南瓜等

特里小吃店于1999年翻盖后焕然一新

塞班南部的休闲咖啡厅
加巴·乔咖啡厅
Java Joe's

MAP p.11-A / 丹丹

类型 咖啡厅
费用 $3~

加巴·乔咖啡厅位于塞班南部的丹丹地区。在这家咖啡厅可以品尝到摩卡奇诺咖啡$4.50、水果冰沙$4.75以及奶昔$4.50等种类繁多的饮品。司康饼与英格兰松饼等种类也十分丰富，肚子饿的时候可以购买品尝。蓝莓硬面包圈$2.75与英格兰香蕉果仁松饼$3.25等均按照美国尺寸供应，非常值得一试。店内提供免费Wi-Fi，顾客以当地居民为主，非常热闹。

营业 7:00~22:00
休 无
CC A D J M V
电话 287-9023/235-5098
网址 无
P 4个车位

蓝莓硬面包圈$3.50（下）、山核桃坚果卷$3.25（左上）

在宽敞舒适的店内悠闲自在地休息

可最大限度乐享塞班的"马里亚纳休息室"

2017年4月，位于海滨大道沿线的"马里亚纳休息室"开门迎客。在抵达塞班当天与回国当天，游客可以在这里打发办理酒店入住或者登机手续之前的一段时间。可以在素净的室内上网或者按摩，还可以在躺椅坐席上小睡一会儿。当然，也可以在淋浴室内洗澡提神，因此特别适合在离开塞班前在海滨游玩或者观光的活动派。这里还设有儿童室。费用为成人$28，2~11岁$14（限时12小时，每延长1小时需要追加支付$1），含机场接送（单程）服务。24小时营业。
MAP p.8-A 电话 237-8300

左上／"马里亚纳休息室"位于海滨大道沿线，加拉班与茶苏佩正中间 左下／采用高品质家具布置，可以舒坦坦地休息 右／这里还设有按摩室

不仅仅是许愿娃娃哦!

探寻 7 种幸运!

在马里亚纳群岛上,"幸运"并不仅限于许愿娃娃哦!
据当地人讲,共有 7 种幸运,下面就给大家一一作出介绍。

in Mariana

1 许愿娃娃

许愿娃娃非常有人气。在加拉班的周天
购物中心等商场的售价为 $10 左右。想
祈求力量的时候,就将两个娃娃的手腕
系在身体前。想要得到财富的时候,就
将两个娃娃的手腕系在身体后面。想要
得到美丽爱情的话,就把两个娃娃的脚
交叉系在一起。

左·右/爱情与财富都想
要吗?最好还是别太贪心
啦……
上/可爱的许愿娃娃手机链

2 三只翠鸟

在北马里亚纳经常能够见到翠鸟。如果
见到三只鸟并排在一起,就会有好运降
临! 长嘴巴与蓝羽毛是翠鸟的特征所在。

如果看到鸟儿们并排着,那就好好地驻足凝视一番吧

3 蛤蚧的叫声

壁虎手机链可以
招来财运

所谓蛤蚧,其实就是壁虎。在北马里亚纳,经常会看到壁虎趴
在家中的墙壁上。如果看到了壁虎,就静静地等待它发出叫声
吧。据说听到壁虎叫声预示着招财。

壁虎是非常老实的动物,
切勿发出太大的动静

4 蝗虫落在肩上

蝗虫落在肩上预示着好事将至! 这是天宁岛
的传说。虽然经常能够见到蝗虫,但是让它
落在肩上是非常难的。

定睛一看,原来
是双重彩虹

蝗虫啊,请你停下来!

5 双重彩虹

在塞班经常能够看到暴雨后的彩虹。七色彩虹本身就很漂
亮,如果出现双重彩虹,那将是何等美丽的奇景啊! 同时,
还预示着幸运降临。如果看到双重彩虹,真的是一件非常幸
福的事情。

6 绿闪

当太阳落入海平线的一瞬间偶尔会出现绿光。
这种梦幻般的绿光又被称作"绿闪"。绿闪的
出现取决于云彩与空气状态,实属罕见,据
说如果见到
了这种非常
稀奇的绿光,
幸福便会降
临。

很想眺望日
落时的大海

7 榕树

查莫罗族认为榕树的古树中住着"神灵"。所
谓的"神灵",意为古人的灵魂。如果见到这
样的榕树,就将手放在树干上静静地祈祷吧。

天宁岛拉索
种植遗址附
近的榕树

152

SHOPPING

塞班岛上出售南国服饰的商店与供应丰富的美国进口商品的精品店等极具个性的店铺应有尽有。创意T恤、泳装以及儿童服饰专营店也不容错过。在大型超市中也许还会得到意外的收获。总之，尽情享受度假购物的乐趣吧！

购物贴士

塞班用的几乎都是美国的尺寸标识。在购物时要注意。购买时可参考右表，通过试穿选择适合自己的尺寸。

美中尺寸对应表

国际	XS	S	M	L	XL	XXL
中国（cm）	155	160	165	170	175	180
美国码	4	6	8	10	12	14

※ 实际尺寸因不同厂家或者风格而略有不同。表内所列数据仅供参考

所有店铺均为免税店

塞班是自由贸易港（自由港），没有进口关税。也就是说，大街上的商店与铺子无论挂不挂免税招牌，其实都是"免税店"。不过，切记不要过量购物，否则回国时必须在机场向海关交税。请仔细阅读本页中的免税范围！

营业时间与定期休息日

即便店铺对外宣称全年无休，大多数也会在每年11月第四周的感恩节与圣诞节等基督教的节日闭店公休，这一点需要游客多加注意。各店铺的营业时间与休息日可参照本书店铺向导中的具体说明。此外，还需要注意法律规定酒精类商品的销售会在每天22:00截止。

我们在"我爱塞班"恭候你的光临

不要错过当地商店

建议游客前往并非专门面向观光客开放的店铺去逛一逛。在当地商店也许会得到意外的收获，进一步了解并体验当地人的生活状态也不乏是一件趣事。

光是看一看都令人十分愉悦的大型超市（→p173）

免税范围

烟、酒以及香水的免税数量是有规定的。超出免税范围的部分需要征收赋税。

中国海关对入境旅客携带物品的规定

一般来说居民旅客在境外获取的自用物品，只要不超过5000人民币，海关就予以免税放行。境内的免税店（如日上免税店）购物额3000元。如果没有在境内免税店购物，所有东西都是购自境外，那么免税额不是8000元，而是5000元。两部分免税额不能合计一起计算。对于超出5000元人民币的物品，经海关审核确属自用的，海关仅对超出部分征税，对不可分割的单件物品则是全额征税。

如果被海关查获，以下物品都需要按照不同的比例补交税款：

15%：食品饮料、金银制品、家具、书刊、教育影视类资料等；

30%：纺织品、皮革制品、鞋包、钟表、钻石首饰、洗护保养品、医疗、厨卫、文具等；

60%：高档烟酒、高档手表、贵重首饰、化妆品、高尔夫球具等。

此外，还有20种不予免税商品：电视机、摄像机、录像机、放像机、音响设备、空调器、电冰箱、洗衣机、照相机、复印机、程控电话交换机、微型计算机及外设、电话机、无限寻呼系统、传真机、电子计算器、打字机及文字处理机、家具、灯具、餐料。

Supermarket
教你怎么逛超市

观光旅游，往往因时间短促而想不起来去超市。但是，其实逛逛超市，可能会碰到非常适合作为礼品的小玩意儿，或者可以买到适合在酒店房间内慢慢品味的酒、水果以及零食。接下来我们就到超市去逛一逛吧！

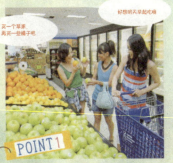

好想明天早起吃嘛

买一个苹果，再买一些橘子吧

POINT 1
水果称重售卖。
单个起售，价格按照重量进行计算。购买者只需挑选好所需数量的水果后拿到收银台即可

POINT 2
调味品种类丰富且价位适中
一般来说，辣椒类商品种类十分丰富。此外，价格也便宜。重量不重，可以作为礼品

有很多没有见过的啤酒

POINT 3
酒类商品的销售截止到22:00
法律中有明确规定，务必多加注意

离想一醉方休

POINT 4
令人震惊的美国尺寸！
食品类包装尺寸大且分量十足，令人震惊。对于短期旅行的游客来说，可能不会接触到该类商品，但就算只是看一看也会令人十分愉悦

小甜饼干的外包装真大呀

像水桶一样的外包装看上去好可爱呀

烤全鸡

POINT 5
面包与熟食也不容错过
大型超市中通常会设有熟食区，同时还会出售面包，感兴趣的游客可前往了解

POINT 6
在收款台一一取出所选物品
结账时不能直接将购物筐放在收银台上，通常需要自行拿出商品

摄影：周天哈发代购物中心

156

品类齐全，塞班首屈一指

周天哈发代
购物中心（→ p.173）

度假服装、旅游纪念品、食品、罐头以及酒类……
宽敞的店内有序地陈列着各种商品，看上去十分壮观。周天哈发代购物中心位于加拉班的中心区域，是当地居民与观光游客经常光顾的一家店。这家超市被誉为塞班第一大超市。

设有熟食区与咖啡厅

称重出售的果仁类商品有如此多的种类

令人眼花缭乱的商品哪怕只是看一看都会备感愉悦

塞班特产辣椒也特别适合当作旅游纪念品。沙司$4.95、辣椒酱$15/4瓶

从左至右依次为米饼$4.49、海盐薯片$3.45以及红薯片$4.49

从左至右依次为黑胡椒$7.35、混合胡椒$8.35以及意大利混合调料$6.59

方便的沙司与调味汁等按照菜品进行分类并采用小袋包装的形式出售。使人想要轻松愉快地进行各种尝试。售价从左至右依次为59￠、69￠、75￠

可以使孩子高兴起来的印着迪士尼等动画人物的邦迪创可贴

除了标准规格之外，还有照烧等风味的午餐肉。不妨在家尝试制作"斯帕姆午餐肉饭团"（→ p.116）。单价$2.79

番石榴与番木瓜等甜味的烈性酒是颇具南国特色的旅游纪念品。单价$4.95

在英国颇受欢迎的"STRONG BOW"苹果酒。瓶子外形可爱，吸引顾客购买。左$2.29、中·右的单价均为$2.99

伍斯特郡英国辣椒酱的元祖"LEA & PERRINS"为$4.99（10盎司）、$3.19（5盎司）

采用自浇领烦恼上所绘着塔加禄作为商品标签，令人印象深刻。塞班混合咖啡豆单价$8.95

周天购物中心（→ p.174）

周天购物中心位于观光游客较少的苏苏佩，虽然店内设有部分旅游纪念商品专区，但整体来说还是以生活杂货类商品为主要供应内容。日用织品、游戏用品、玩具以及厨房用品等商品的种类丰富多彩。也许你可以在这里发现有特色的旅游纪念品！

与加拉班相比，这里的观光游客相对较少

根据用途与顾客群体分门别类的书籍卡片类商品，内容相当丰富

通过陈列有生活杂货类商品的货架可以了解当地的地方生活

可以轻松拔出软木塞的酒瓶开启工具，色彩十分鲜艳，单价$13.99

包装得十分漂亮的擦布，由五种颜色搭配组成的套装售价为$10.99，非常划算

设计非常雅致的烤箱手套。不妨买来送给喜爱烹饪的朋友。左$18.99，右$8.59

杧果干非常适合当作旅游纪念品馈赠亲友。还有采用十分珍奇的绿杧果制成的杧果干！蓝色袋装售价$1.99，其他单价均为$2.45

硅胶材质的防烫套垫，看上去十分可爱，并且相当好用。单价$2.49

在周天购物中心还可以买到在塞班酿造的精酿啤酒（→ p.16）。单价$3.99

硅胶材质的意粉勺。使用起来十分方便。单价$5.39

各种花色的纸巾，令人不禁想要将所有花型都收入囊中。大$3.49、小$2.99

配有流行花色的纸盘。纸盘（大）$5.29，（小）$3.29，纸片$2.99

橡皮钩嘴等婴儿用品的价位也比较适中。左$4.89、右$10.49

生气勃勃的仓库型超市

周天仓储式超市 （→p.174）

供应约 2000 个商品品类的折扣店。电化制品与工具等大型商品、酒类与食品等应有尽有。商品大多以箱装或者盒装的形式出售，你也许可以在这里发现适合当作旅游纪念品的商品哦！

服装、日用品、食品以及饮品等，商品储备颇为壮观

可以买到合适的旅游纪念品

仓库型的折扣店

果仁类也有很多价位适中的包装。腰果 907g 售价 $24.99

可以在酒店客房内享用的各种口味的杯装方便面。左侧是辣白菜口味 89￠，右侧是辛辣口味 $1.25

塞班的特产芋头饼干是绝对不容错过的美食。60 个装售价 $7.85

100% 天然海盐，850g 售价 $6.99，非常划算

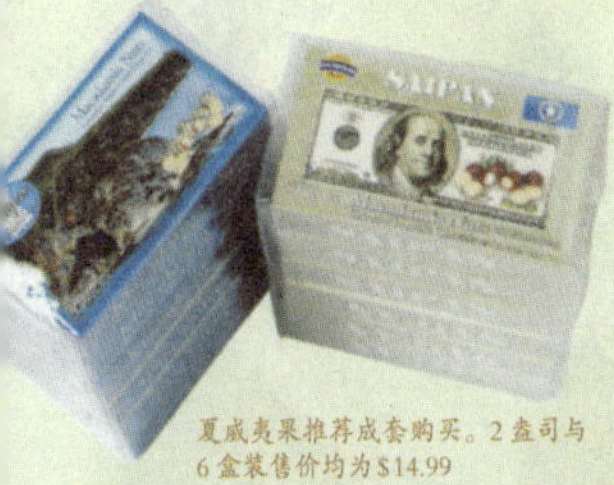

夏威夷果推荐成套购买。2 盎司与 6 盒装售价均为 $14.99

阿迪达斯运动低帮袜，六双装售价 $19.99。令人有整套购买的欲望

采用塞班出产的诺丽果、番木瓜以及椰子制成的香皂。六块装售价 $22.49，适合当作旅游纪念品

烹饪用调料的种类看上去十分丰富。干罗勒叶、大蒜以及红皮洋葱的单价均为 $8.99

S&B 咖喱粉也以美国尺寸供应，400g 售价 $14.99

请品尝热汤

熟食 & 面包类商品也十分充实！

超级市场中设置的熟食区是绝对不容错过的一个看点。早餐与午餐不妨前往品尝一番！下面我们将介绍周天哈发代购物中心内的哈发代熟食面包店（→ p.136）与向日葵商店（→ p.173）的熟食区。哈发代熟食面包店→ D、向日葵商店→ H

能够喝上一碗热汤是一件多么幸福的事情。此外，这里还供应猪肉味噌汤、略带酸口的鸡蛋汤以及海鲜汤。标准碗单价均为$1.60（H）

加入鳄梨与裙带菜的生拌章鱼 $3.99（H）

芝麻油香味十分浓郁的生拌金枪鱼 $2.99（H）

上）陈列有现烤面包与烤鸡的哈发代熟食面包店。左上）特别要向喜爱日餐的游客推荐的向日葵商店。便当与寿司的种类十分丰富。下）苏苏佩的周天购物中心（→ p.174）内也设有熟食区，摆满了葵格兰饼以及司康饼等，涵盖类型十分广泛

加入鳄梨并撒有盐渍鲑鱼子的金枪鱼卷 $3.99（H）

加入洋白菜与胡萝卜的壶葜罗沙拉 $2.99（D）

美味的土豆块。重点是点缀在上面的黑橄榄。土豆沙拉 $4.75（D）

苦瓜沙拉 $2.99，对于菜量摄入不足的旅途来说是一个非常好的选择（D）

由三种菜与米饭组成的盒饭 $8.15。图示盒饭包含鸡肉、炒面以及米饭。菜品可以自由搭配（D）

咖喱味的腊肠面包 $1.50 与比萨饼 $1.20 等，非常美味（H）

水果 $1.50。如果早晨想吃些水果，轻轻松松地就可以在这里买到（H）

三种菜品，售价 $8.15。炸鸡、地菜以及烤猪肉。塞班的母亲的味道！（D）

可以买来烤鸡在房间内当作晚餐享用。售价 $9.95（D）

从化妆品到旅游纪念品，各种商品应有尽有

Shopping

ABC 商店大搜罗

ABC 商店（→p.174）起源于美国夏威夷州，之后又进军关岛与塞班岛市场，是颇受欢迎的连锁便利店。这家商店供应化妆品、衣服、点心以及调味料等，游客可以在这里选购旅游纪念品！

ABC 商店的自主品牌"夏日恋曲"的指甲油。指甲油内加入了鲜花，非常可爱

原创T恤有成人装与儿童装，设计种类十分广泛

MAGIC KISS 的唇彩内加入了颇受欢迎的真芦荟制品，6只装的价位非常合适

夏日恋曲品牌推出的塞班原创装饰品。特别适合买来当作旅游纪念品

采用塞班岛出产的诺丽果与面包树果实制成的小甜饼干，是非常有益于健康的美食

塔巴斯科巧克力是一种非常令人吃惊的糖果。在塞班，只有在 ABC 商店能够买到直条形的塔巴斯科巧克力

马里亚纳海沟的深度堪称世界之最，采用该区域海底的海水制成的自然盐内，所包含的矿物质十分丰富

以鸡蛋花为主题的发绳十分可爱，可以用来搭配度假服装

椰子片是非常健康的点心，外包装上的插图也十分可爱

鲜艳的本模属植物图案的锅垫颇具南国风情。绿色的镶边针脚看上去也十分清爽

采用可爱的乌龟作为设计主题的磁铁。上面镶嵌的水晶美丽至极

O·P·I是人气颇高的美甲产品品牌。强烈推荐姜花、蔓越莓以及薰衣草等味道的手部&身体乳液

海滩鞋形状的磁铁。鲜艳的水晶石与太阳花图案相互辉映

购物 教你怎么逛超市\ABC 商店大搜罗

161

T Galleria Saipan by DFS
塞班 DFS 环球免税店

MAP 折页地图②-B3/ 加拉班

丰富的商品品类刺激消费

　　来到塞班 DFS 环球免税店可以饱享世界级奢侈品牌等高品质购物的乐趣。店内由洋溢着豪华感的奢侈品牌区、以手表为主要供应内容的时尚 & 手表区、出售化妆品与香水的美妆区以及礼品区组成。下面就针对各个区域与塞班 DFS 环球免税店的细致服务进行介绍。

Luxury Brand　　　奢侈品牌

奢侈品牌区汇集了世界闻名的顶级品牌精品店。古驰、普拉达、罗意威、爱马仕、香奈儿、宝格丽、卡地亚、菲拉格慕、蒂芙尼以及路易·威登等品牌应有尽有。各精品店供应经典款与最新款商品，分别由各自的专属工作人员为顾客提供服务。在塞班，很多品牌都只有在这里才能买到，而且还有不少店铺可能会有极具价值的黄金物品，务必不要错过。

出售名牌货的店铺鳞次栉比

能够勾起美好回忆的礼品非卡地亚莫属

轻便且充满现代感的包包品种繁多

名牌手表不论男女款，品种均非常丰富

Fashion & Watch
时尚 & 手表

水晶首饰品牌施华洛世奇

　　时尚 & 手表区汇集了衣服、包包以及装饰品等各种时尚单品。特别是手表专区绝对不容错过。这里汇集了泰格豪雅、积家、卡地亚、伯爵以及欧米伽等一流品牌。

　　包类则有古驰、巴宝莉以及马克·雅克布等，在各自独立的专柜销售。特别要注意有些商品是塞班 DFS 环球免税店与品牌厂家共同推出的，仅限在当地出售。而时装方面，拉夫·劳伦与巴宝莉的经典款式非常充实。

Beauty 美妆

　　美妆区内名牌化妆品与香水纷纷登场，女性对美的追求在这里得到了完美满足。在化妆品专柜，从护肤品到化妆品，四周全是名牌。

　　美妆区绝对是女性游客不容错过的一个区域。

上／创建于旧金山的贝玲妃
下／广受追捧的人气标志

Gift 礼品

选购特产礼品可去高级礼品专区。这里的传统糕点类充实丰富。塞班 DFS 环球免税店的自创品牌与塞班热带商场的巧克力、饼干都是在塞班之外看不到的东西。此外，马里亚纳咖啡也算是塞班名产，其中"早茶混合咖啡"与"塞班日落"本身就是日常生活画面的一部分，不妨作为一种选择予以考虑。

也有许多塞班吉祥物"我是塞班！"的主题商品，除了布偶玩具等之外，还有特别适合度假场景的服装。

滚石餐厅（→ p.134）入驻礼品区二层，购物期间感到身体疲倦时可以来到这里小憩。

上 / 葡萄酒、威士忌以及巧克力等丰富的商品有序地陈列在卖场内
下 / 高迪瓦的原装巧克力

服务向导

塞班 DFS 环球免税店各销售现场每天顾客络绎不绝，为了让顾客开开心心地来、高高兴兴地走，这里为顾客提供了非常完善的各种服务。

❶ 免费接送班车
各主要酒店与塞班 DFS 环球免税店之间有免费接送班车运营。班车有南北两条线路，每隔一小时一趟车（→ p.251，详细运行时间请在酒店查询）。

❷ 出租车免费接送服务
从主要酒店前往塞班 DFS 环球免税店，可享受免费的出租车接送服务。详细情况可参照本书 p.246 塞班交通信息内出租车信息中的说明。

❸ 货物送到入住酒店
16:00 之前购买的商品，可当日送到顾客入住的酒店。这对购物后想先吃饭再回酒店的顾客来说非常方便。

❹ 以周到细致的服务为宗旨
塞班 DFS 环球免税店为贯彻周到细致的服务宗旨开展了以下购物项目。
①免费出借轮椅与婴儿车。如果还有其他困难，可轻松前往宾客部请求协助。
②店内部分卫生间设有供婴儿换尿布的

平台与其他细致周到的设备，以方便举家出行的顾客。
③为残障人士考虑，店内设置了高低不同的饮水处，以方便儿童与坐轮椅的人士。同时店内还设有轮椅专用的卫生间。

❺ 售后服务完备充实
商品质量保证措施齐全，购物回国后一旦发现问题，只要提供购物收据，可以换货、修理或者退货。优惠活动期间的商品与减价等商品以退款方式处理。

❻ 白金服务俱乐部
根据购物积累的点数，可享受各种服务。例如，可享用最新高级商品的试用、受邀参加各种活动以及使用俱乐部专用休息厅等各种服务。

🕐 10:30~22:30　🈂 无　💳 ADJMV
☎ 233-6602　🅿 180 个车位
备注：塞班机场内也有店铺

164

我爱塞班

I ♥ SAIPAN

MAP 折页地图②-B3/加拉班　🕘9:00~23:00
　休 无休　CC A D J M V　☎ 233-3535
　P 35 个车位

最适合全家一起购物

　　我爱塞班是位于加拉班中心区域的一家规模较大的购物网点。度假服装、儿童服饰、装饰品、适合用作旅游纪念品的点心、酒类以及杂货等，宽敞的店内各种商品品类应有尽有。

　　店内还有咖啡厅，累了可以在这里休息、用餐，还可以欣赏舞蹈表演与乐队演奏。非常方便一家人集体购物。

自制的贝壳巧克力。进行表面涂层加工处理的巧克力十分鲜艳，真的与贝壳十分相像。单价$6.95

左/美国夏威夷州的老字号品牌"托里李察"的夏威夷衬衫十分丰富。这是专为成人准备的度假时尚单品。$66
右/儿童的夏威夷衬衫与度假装也非常充实。$21.95

我爱塞班的自制精酿啤酒。罐装设计方便饮用。单价$1.95

我爱塞班的原创马克杯。不光滑的质感与杯底变细的设计颇具现代风格。单价$4.95

既可用于烹饪也可用于美容的椰子油是颇受欢迎的人气商品。价格由左至右依次为$19.95、11.95、17.95

银嵌有土耳其石与蛋白石等的项链，非常漂亮。单价$23.95

极具塞班风情的手工装饰品，采用海豚作为设计主题。单价$5.95

配有木质封面的笔记本。采用椰子进行装订，显得十分朴素。单价$4.95

购物以外的乐趣

逛"我爱塞班"的乐趣不只是购物。店内还有各种各样充实的活动。黄昏后有当地舞蹈队地道的舞蹈表演与吉他演奏。这些活动让容易厌倦购物的孩子很兴奋。此外，店内还设有旅行社的咨询台，游客可以在这里预约与咨询。

这个购物网点从早到晚有许多玩法。

我爱塞班位于海滨大道旁，是加拉班中心区域最好的位置。从傍晚开始，野外舞台便会挤满前来欣赏表演的顾客。在塞班逗留期间务必前往体验

舞蹈表演

入口处的美人鱼木像与熊熊布偶热烈欢迎到店的顾客

服装类商品也十分充实，店内看上去就像玩具箱一样，十分热闹

野外舞台还有当地年轻人表演舞蹈与吉他演奏

购物间歇 稍事休息

NENKANO NATIBU~ 内恩卡诺·纳提布 ~

位于"我爱塞班"内的"NENKANO NATIBU"是一家可以品尝到比萨饼与汉堡包等美食的快餐店。分量十足的塔加汉堡包售价 $4.50，自制肉酱与厚厚的西红柿、黄瓜以及吃起来很清脆的莴苣可谓最佳匹配。比萨饼每张 $4.99，单片售价 $1.25，价位适中，颇受欢迎。椰子片共有 4 个种类，其中重点推荐"海岛式"与配有塞班风味辛辣腊肠的"素食主义者"。

左/购物间歇可前往品尝美食的餐厅。除了店内提供佳之所，还设有室外席位
右/塔加汉堡包 $4.50，冰果套 $4

来一件南国的服装怎么样？

精品 & 休闲服

Boutique & Casual Wear

品牌服装、休闲服装、直接引入的美国服装、自由度假胜地才有的太阳装以及泳装……加拉班的街区内星星点点散落着无数个性鲜明的服装店。去塞班衣物少带些，到了当地再买！旅游也会因此又增加一份乐趣。在免税的岛屿塞班，既可以瞄准高级品牌，也可以随意买些休闲的服装。

🍀 原创泳衣丰富多彩

本地精品
Loco Boutique

本地精品是总部设在夏威夷的女性服装店。塞班店主要经营泳装，数量多达 2000 件以上。所有泳装都是店家自行设计。泳衣、泳裤、半身裙以及连衣裙等可以随意组合，真让人高兴。不要囿于常规，就像我们平时穿衣服很讲究搭配是一个道理，可以选择不同花色的上衣与泳裤等，饱享泳衣搭配的乐趣。在前往海滨区之前，务必来到这家店看一看。

可以提前浏览本地精品的官方网站

🗺 折页地图② -C3/ 加拉班

每次上新都令人不禁关注

🕙 10:00~22:00　休 无
CC A J M V　☎ 233-5581
P 20 个车位
URL www.locoboutique.com

🍀 当地颇受欢迎的商店

670 坚石商店
670 Rock Steady Shop

670 坚石商店主要供应 T 恤，原创设计颇受欢迎。8 名专职设计师陆续创作出的作品大多具有浓厚的地方色彩，例如，他们会采用塔加石与查莫罗传说中的动物作为设计主题（→ p.30、31）。珍贵的塞班原创服装售价 $22~。

670 坚石商店每周都会有新设计与罕见的手工商品上架。种类丰富的帽子售价 $40~

🗺 p.8-A/ 塔罗斯

塔加石门牌是 670 坚石商店的标志

🕙 周一～周五 9:00~18:00、周六 11:00~18:00、周日 11:00~17:00
休 无
CC D J M V
☎ 233-2677
P 15 个左右

爱漂亮的女孩跃跃欲试!

女孩悄悄话
Girl Talk

女孩悄悄话是面向青少年女孩开设的一家精品服装店。这家店供应外出用的礼裙、针织衫、泳装以及个性的包包等,都是些爱漂亮的女孩子最关注的单品。充满现代感的色彩搭配与别出心裁的设计令人心生向往。此外,这里还有珍奇的凯蒂猫周边商品,喜爱凯蒂猫的游客切勿错过。休闲且颇有品位的连衣裙等也是不容错过的单品。

在女孩悄悄话也许会有意外的收获

MAP 折页地图② -B2/ 加拉班

如果想要购买女孩子的衣服,务必来这里看一看

🕐 11:00~19:00、周日 11:00~17:00
🚫 1/1、复活节、感恩节、12/25
CC A J M V
☎ 233-8050
🅿 3 个车位

具有青春活力的成年人必逛的商店

彩虹
Iridescent

MAP 折页地图② -C3/ 加拉班

彩虹是周天哈发代购物中心内的一家精品店。这家店供应 Pretty Good、Lush 以及 Mai Tai 等美国本土休闲品牌,这些品牌主要以具有青春活力的成年人为主要客户群体。商品品类涵盖衣服、拖鞋、泳衣以及装饰品等,对着装稍有困扰时不妨来这里逛一逛。衣服类商品售价在 $20~40。

不拘泥于某单一品类,丰富的商品正是彩虹的特征所在。在度假地想要收入囊中的所有品类都可以在这家店找到

彩虹 2~3 个月进一次货。休闲装是主要供应内容

🕐 13:00~21:00
🚫 无
CC D J M V
☎ 233-6886
🅿 使用周天哈发代购物中心停车场

当地的青少年时常光顾

边境线
Boarder Line

MAP 折页地图② -C3/ 加拉班

边境线汇集了 Elements、奥尼尔以及 DC 等品牌,滑板等街头运动的关联商品应有尽有。店内除了衣服之外,还陈列有包包、太阳镜以及鞋。面向儿童供应的商品品类也十分丰富,不容错过。VANS 的 T 恤等与南国岛屿堪称绝配的设计数不胜数,即便不能成为专业滑板手,也不禁想要入手一件。

边境线位于周天哈发代购物中心内

VANS 风衣 $56 与轻便的胶底运动鞋 $69 等

🕐 10:00~22:00 🚫 无
CC A J M V ☎ 233-7588
🅿 使用周天哈发代购物中心停车场

找到最中意的那一款吧
专卖店
Specializing Shop

专卖店大多都是些设计精良且对功能性有较高要求的商品。塞班的专卖店种类丰富，涵盖珠宝饰物、手表、装饰品、体育用品以及儿童用品等。"原来还有这样的啊！"逛着逛着你也许会发出这样的感叹，简直就是意外惊喜。你可以在这些专卖店中寻找值得一生拥有的产品，还可以买一些独特的旅游纪念品。

供应有价值黄金物品的手表专卖店
卡罗内手表中心
Caronel Watch Center

卡罗内手表中心是密克罗尼西亚唯一一家老字号手表店。这家店除了劳力士与 Tudor 等颇受欢迎的高档品牌之外，还引进了罗丽丝·拉库宝亚与 Oris。安普里奥·阿玛尼、GC 以及 GUESS 等休闲品牌也十分充实。品类丰富的 G-Shock 也不容错过。不妨来到这里精心挑选一块中意的手表。

卡罗内手表中心对于喜欢手表的游客来说简直就是天堂

MAP 折页地图② -C3/ 加拉班

塞班 DFS 环球免税店前面的大楼一层便是卡罗内手表中心

- 🕐 10:00~22:00
- 休 无
- CC ADJMV
- ☎ 233-4422
- P 10 个车位

天然杂货应有尽有
莫尼卡家具
Monika's Furniture

莫尼卡家具供应由经营主莫尼卡收购的印度尼西亚产家具与杂货。店内环境颇具南国风情，对于不便购买家具的游客来说，建议选购价位适中且外形朴素的杂货与装饰品。例如，采用贝壳制作的戒指 $4、木质筷子 $3 以及筷子筒 $6 等。虽然这家店所供应的商品并非塞班制造，但却都十分适合当作南国的旅游纪念品。

莫尼卡家具大都是采用自然素材制作的家具与杂货

MAP p.8-B/ 加拉班

大减价活动绝对不容错过

- 🕐 10:00~18:00（周六 ~19:00、周日 12:00~17:00）
- 休 无
- CC ADJMV
- ☎ 233-4402
- P 4 个车位

汲取太阳能的香皂
马里亚纳海
Mariana Ocean

MAP 折页地图② -B3/ 塞班 DFS 环球免税店内

马里亚纳海汇集有采用马里亚纳群岛自然素材制造而成的化妆品与身体护理用品。招牌商品香皂的效果与设计十分丰富，选择起来也颇有乐趣。塞班 DFS 环球免税店还独家引进了激光刻印技术，只需支付 $2 便可享受这项服务。顾客选择喜欢的设计并加入文字，一块自制的原创香皂就算是完成了。加拉班店（→ **MAP** 折页地图② -B2）的香皂种类更为丰富。

刻印服务仅需 10 分钟便可完成

除了香皂之外，保湿效果超群的护唇膏 $7 也颇受欢迎

🕐 10:30~22:30
休 无
CC A D J M V
☎ 233-6602
P 使用塞班 DFS 环球停车场

商品齐全，塞班首屈一指的高尔夫商店
职业球手商店
The Proshop

MAP 折页地图① / 卡古芒

职业球手商店位于劳劳湾高尔夫度假村内，与改装后的球杆之家同时开业。这家店商品种类齐全，是高尔夫爱好者的必去之处。

现在度假地仍在扩大开发，而高尔夫度假村将会是这一地区的中心

有专为南国度假地准备的网眼球鞋等，适用于夏季的商品门类齐全

🕐 6:30~18:30
休 无
CC A J M V
☎ 236-8888
P 使用高尔夫度假村停车场

讨孩子欢心的文具用品繁多
国家办公用品
National Office Supply

MAP p.8-A/ 圣何塞北部、海滨大道沿线

国家办公用品位于圣何塞北侧、海滨大道沿线，是拥有数千种商品的大型文具用品商店。这家店不光经营笔墨纸张等普通文具，还有圣诞节与情人节等应时的节日用商品。同时，店内还陈列有蜡笔与签字笔等很讨孩子们喜欢的商品品类。

国家办公用品有实用的文具，还有儿童专用物品

国家办公用品位于海滨大道沿线，设有醒目的标志

🕐 周一～周六 8:30~18:00
休 周日、1/1、12/25
CC A D J M V
☎ 234-3197
P 31 个车位

购物
专卖店

在南国岛屿接触西洋货
西大荒
Wild West

MAP 折页地图② -A2/ 加拉班

极具西方特色的外观惹人注目

西大荒是位于加拉班的一家乡村 & 西洋货商店。店内陈列有从美国西部收购来的商品。特别是以刺绣闻名的纳瓦霍族的加里李维斯制作的手镯与戒指颇受欢迎。这家店所有的商品都是单款单件，如果碰到称心的物品千万不要错过。此外，宽边高呢帽 $20~ 与采用藤枝和羽毛制成的工艺品 $3.50~ 种类也十分丰富。

粗犷的小物件十分充实

🕐 16:30~22:00
休 周四
CC D J M V
☎ 233-1912
P 6 个车位

品牌童鞋也照样便宜
运动足
The Athlete's Foot

MAP 折页地图② -C3、p.8-C/ 加拉班、苏苏佩

运动足是周天哈发代购物中心内的一家运动鞋专卖店。耐克、锐步、阿迪达斯以及新百伦等运动品牌商品不容错过。

运动足汇集了颇受欢迎的人气品牌的最新款式。售价从上到下依次为 $132.99、$114.99、$289.99

童鞋与颇受欢迎的卡骆驰也十分丰富

🕐 10:00~22:00（苏苏佩店 8:00~22:00）
休 无 CC A J M V
☎ 234-1236（苏苏佩店 ☎ 234-6446）
P 使用购物中心停车场

来这里寻找你之所爱
平价鞋店
Payless ShoeSource

MAP p.8-B/ 圣何塞

平价鞋店还供应可爱的童鞋、袜子以及鞋带等小物件。此外，也经营云中漫步与冠莱等品牌

平价鞋店是专营鞋子的大型折扣商店，在夏威夷与关岛也开设有分店。店内皮鞋、胶底鞋以及拖鞋等各种鞋类按照尺寸大小依次排列，整齐有序，便于顾客寻找自己想要的款式与尺码，也便于换鞋试穿。这家店不定期举行促销活动，第二双半价的优惠活动在当地深受好评。

平价鞋店的沙滩拖鞋与球鞋价位均为 $10 起，种类繁多

🕐 10:00~21:00（周日 ~20:00）
休 12/25
CC A D J M V
☎ 235-4031
P 35 个车位

🌸 家庭旅行者必逛的商店
棒棒糖
🌼 Lollipops

MAP 折页地图②-C5/ 加拉班

除了童装之外，玩具种类也十分丰富

　　棒棒糖是供应儿童服装与玩具的专卖店，带孩子出来玩的游客一定要过来看看。店内陈列有 0~10 岁的儿童服装、玩具以及图画书等。图画书内设置的小机关总能给孩子们带来惊喜。这家店也经营迪士尼人物形象关联商品，种类丰富，粉丝们千万不要错过。

🕐 9:00~21:00、周日 10:00~18:00
🚫 1/1、复活节、感恩节、12/25
💳 A J M V
☎ 234-8040
🅿 10 个车位

棒棒糖的店面外观也十分可爱

🌸 北马里亚纳的书籍与 DVD 应有尽有
美国纪念公园商店
🌼 American Memorial Park Shop

MAP 折页地图②-B2/ 加拉班

有关北马里亚纳自然与历史的书籍应有尽有

　　美国纪念公园（→ p.97）商店位于美国纪念公园的游客服务中心内。这家店除了美军原创 T 恤、帽子以及关联商品之外，还出售可以深入了解北马里亚纳历史、自然以及风土知识的书籍与 DVD。想要进一步了解塞班或者研究历史的游客不妨来这里逛一逛。

🕐 9:00~17:00
🚫 1/1、感恩节、12/25
💳 A J M V
☎ 234-7207
🅿 20 个车位

商品充实

🌸 自行车爱好者不容错过
娱乐基地
🌼 Fun Base

MAP 折页地图②-B4/ 加拉班

木质外观看上去很酷

　　娱乐基地是塞班唯一一家自行车专卖店。店内陈列有人气品牌 TREK 的公路自行车 $470~ 等。这家店有 5 辆专用于出租的自行车，这对于游客来说应该是可遇不可求的好事。6 小时 $25、一天 $35、三天 $50。店家免费为自行车租赁者提供安全帽，因此务必戴好后再骑行塞班。此外，背包、T 恤以及包包等品质极佳的配套用品应有尽有。

🕐 10:30~18:00
🚫 无
💳 D J M V
☎ 233-5151
🅿 4 个车位

公路自行车爱好者不容错过

找到最中意的那一款吧

超市 & 礼品店
Supermarket & Giftshop

雅致的购物中心虽然很好，但是看一看当地人们下班途中顺便购物的超市也别有一番乐趣。在超市可以了解当地风气，有时也许还会有意外的收获。这里的旅游纪念品价位更加适中。此外，还可以通过当地的蔬菜、水果以及点心等了解当地人的饮食习惯。

 食品种类丰富

向日葵商店
Himawari Store

MAP 折页地图②-B3/ 金宝殿酒店

　　向日葵商店位于金宝殿酒店（→ p.190）的一层。超市内有面包房，面包的种类丰富，也有寿司与便当（→ p.160）。面包房还专门设置了可供店内食用的空间。此外，这家店的自制糖果也很受欢迎。

食品种类丰富

二层以上是金宝殿酒店

🕐 6:00～23:00　休 无
CC A D J M V
☎ 233-1530/1531/1533　P 50 个车位

 塞班规模最大的大型购物中心

周天哈发代购物中心
Joeten Hafa Adai Shopping Center

MAP 折页地图②-C3/ 加拉班

　　周天哈发代购物中心位于加拉班中心区域，这是塞班岛上唯一一家大型购物中心。旅游纪念品、服装、日用杂货、生鲜食品以及酒饮类商品整齐地陈列在宽敞的店内，除了当地人之外，还有众多游客前来光顾。这家店还设有供应新鲜出炉的面包与烤鸡等令人垂涎三尺的美食的区域（→ p.160）。

　　在塞班逗留期间，应该会有机会前往。

加拉班颇具象征性的购物中心

价位适中的旅游纪念品十分丰富

🕐 8:00～23:00
休 无
CC A D J M V
☎ 234-7596
P 50 个车位

深入当地居民生活的购物中心

周天购物中心
Joeten Shopping Center

MAP p.8-C/ 苏苏佩

周天购物中心是塞班最大的连锁超市。与同系列的周天哈发代购物中心（→p.173）相比，这家购物中心更加深入当地居民生活。苏苏佩店内各式服装齐全，文具与生活用品也十分充实，洋溢着强烈的生活感。厨房用品丰富且独特，应该可以买到你所中意的商品（→p.158）。

周天购物中心有很多礼品商品，外来游客也值得一逛

服装等商品非常齐全

🕐 8:00~22:00、周日 9:00~21:00
🚫 无
💳 A J M V
☎ 234-6446
🅿 150 个车位

以当地人的身份大规模采购

周天仓储式超市
Joeten Superstore

MAP p.8-B/ 圣何塞

周天仓储式超市是一家大规模折扣超市。从冷冻食品到电器产品，商品种类竟多达 2000 余种！规模如此巨大的店铺，非常值得观光游客前来参观。这里基本上以本地人作为主要客户群体，大批量或整箱出售店内商品，但是，也供应服装、玩具以及巧克力等可以作为礼品的好东西（→p.159）。

可以参加购物之旅（→p.83）前往周天仓储式超市

周天仓储式超市的商品十分丰富，哪怕只是一看都会觉得乐趣无穷！同时还会让人们有一种想要批量采购的冲动

🕐 10:00~20:00（周六 9:00~）、周日 9:00~18:00
🚫 无
💳 J M V（※ 使用时需要出示护照或者护照复印件）
☎ 234-2678
🅿 250 个车位

从采购早餐到购买旅游纪念品

ABC 商店
ABC Stores

MAP 折页地图②-C1、C3/ 加拉班

ABC 商店是起源于美国夏威夷州的便利店。巧克力等常规旅游纪念品通常会以三个装或者五个装的套组形式供应，价位比单个买进要划算得多。有关 ABC 商店还可参照本书中 p.161 "ABC 商店大搜罗"特辑。

702 号店坐落在海滨大道沿线

加拉班共有两家 ABC 商店，坐落在帕宣诺·德·马里亚纳的是 701 号店，位于海滨大道沿线的是 702 号店。化妆品与原创 T 恤也颇受欢迎

🕐 8:00~23:30
🚫 无
💳 A D J M V
☎ 233-8921（701 号店）/☎ 233-8926（702 号店）
🅿 701 号店无车位、702 号店有 8 个车位

充实的度假服装与旅行必需品

卜提吉
BOUTIKI

MAP p.10-B/ 太平洋岛屿俱乐部

卜提吉是太平洋岛屿俱乐部（→p.184）内的一家礼品店。在这家店可以买到 ROXY、Billabong 以及奥尼尔等人气品牌的度假服装。此外，除了原椰油与诺丽果香皂 $5 之外，这里还供应 P.I.C. 原创人物"西吉"的关联商品。啤酒与防晒用品等旅行必需品应有尽有，游客可以放心到店选购。

卜提吉的商品品类几乎涵盖了所有的度假必需品

卜提吉还出售 P.I.C. 吉祥物西吉的布偶

🕐 8:00~23:00
🚫 无
💳 A J M V
☎ 234-7976
🅿 使用酒店停车场

购买当地肉类与鱼类的好去处

加拉班公共市场
Garapan Public Market

MAP 折页地图② -C5/ 加拉班

加拉班公共市场供应塞班岛猪肉、天宁岛牛肉以及在近海打捞的鱼类，是一家仅限供应当地出产货品的超市。新鲜程度不言而喻，同时，堪称完美的商品外包装上标有价格，方便游客购买。这家超市有很多平时见不到的鱼类，还有整只出售的章鱼！来到这里光是看看都会备感愉悦，如果你所入住的酒店配有厨房，那么务必买来食材亲自烹饪一番。

有各种部位的牛肉供顾客选购

加拉班公共市场还供应海盐等商品

🕐 8:00~18:00（周六 9:00~）
🚫 周日
💳 D J M V
☎ 233-6328
🅿 6 个车位

太平洋神木

椰子树在查莫罗语中的发音为"尼吉奥库"，意为"生命之根"。正如其名，对于岛民来说，椰子树是不可或缺的重要资源。

首先，椰子果实内侧的壳可用作柴火、餐具以及烹饪用具的原材料。成熟的椰子内壳遇火会烧得很旺，因此在煮沸液体时会出现惊人的效果。此外，外壳与内壳均被用作工艺品的素材。

果肉与果汁被广泛应用于饮料、食物、食品添加物、饲料、药品以及燃料等领域。椰奶是塞班传统料理查莫罗菜品中不可或缺的一个重要存在。

此外，取出椰子汁后剩下的白色部分经过熬制可形成椰油，通常会用作按摩精油与食用油。还有采用从椰子花心中提取的液体酿造的椰子酒。

椰子树的用处可谓数不胜数。太平洋神木不愧是南国岛屿的"生命之根"。

岛上随处可见的椰子树有很多种用途

走遍全球系列已出版丛书
涵盖世界70个国家和地区

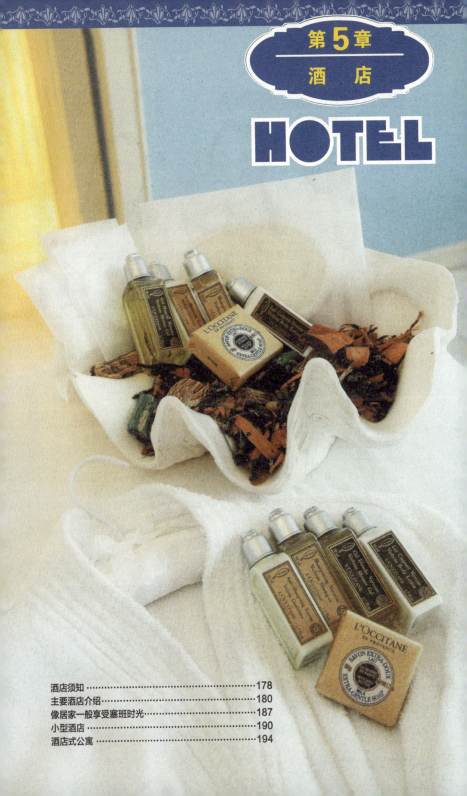

第 **5** 章
酒　店

HOTEL

酒店须知

Hotel Orientation

首先
要办理酒店入住手续

无论酒店内的设施多么一流、多么高级，如果不会充分利用，那么旅行的乐趣也将为之减半。这里简单介绍一下怎样使用酒店设施以及一些最基本的基础知识。

摄影：塞班凯悦酒店（→ p.180）

首先办理入住

在大堂办理入住手续后便可前往客房。行李多时，请酒店服务生将大件行李等运至房间会相对更加便利。委托服务生将行李运至房间，一般一件行李需要付给服务生 $1 左右的小费。

到达客房

首先确认房门锁。一般酒店的房门是自动锁。出门时切勿将房卡遗忘在客房内。外出时，请随身携带好房卡。

客房内放有正面是"请勿打扰（Don't disturb）"、背面是"请打扫（Clean up please）"等字样的卡片。必要时可选择相应的内容并挂在走廊侧的门扶手上。

淋浴

为防止地板浸水，使用淋浴时务必将帘子放在浴缸内。来到水资源相对匮乏的塞班，希望游客能够在节约用水方面予以配合。主要酒店内备有标注着是否需要更换床单与毛巾的卡片。如果只需要铺床，一定要将意愿清晰地传达给工作人员。

室内设备

冰箱内的啤酒与软饮料均为收费项目，近年来，很多酒店都不会在客房冰箱内准备饮品，住客可自行购买并放入客房冰箱内进行储藏。

电话的使用方法与叫醒服务的预约方法均可在客房向导中进行了解。市内电话大都需要先拨 9 或者 0。使用客房电话需要支付一定的手续费。

贵重物品的管理

客房内大都备有保险箱，贵重物品可放入内部保存。使用方法标注在保险箱箱体上。

游泳池 & 海滨

几乎所有的酒店均建有游泳池，海滨酒店大多可直接从泳池区通往海滨。酒店提供海滩睡椅与遮阳伞，住客可悠闲自在地度过美好时光。此外，游泳池边与海滨均准备有供住客租用的毛巾（几乎均为免费使用）。请勿将室内毛巾带出客房。

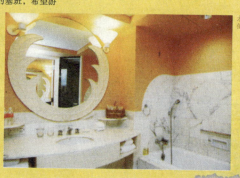

客房内分别设有淋浴间与浴缸，使用起来十分方便

在游泳池轻闲自在地度过美好时光

互联网

主要酒店可使用 Wi-Fi。连接酒店 Wi-Fi 大都需要密码，住客可向工作人员进行咨询。此外，酒店大堂内设置有公用电脑，住客可免费或者在支付一定费用后使用。关于各酒店的网络环境，可参照本书主要酒店介绍中的"酒店设施与服务"。

雅致且舒适的酒店用品也是非常不错的旅游纪念品

无障碍设施

近年来，特别设置残障室的酒店逐渐增多。为了方便使用轮椅的住客，酒店特地加宽客房门并且将开关等设置在更低的位置。此外，部分酒店还准备有能够提示火灾报警与来客的电灯等，这些均为根据住客要求为患有听觉障碍的住客准备的配套设施，如果需要，可在预订酒店时进行确认。

其他

1. 洗好的衣服，可使用浴室内的绳子与衣架在客房内晾干。把洗好的衣服晾到阳台上是违反当地规定的。

2. 酒店内，除了客房内部之外均为公共场所。即便只是去隔壁串门，也不得身着睡衣、赤脚或者穿有肩带的衬裙出门。

3. 不得身着泳衣在酒店建筑内游荡。务必披上外套并穿好拖鞋。

4. 酒店的客房服务员每天会为住客铺床并更换客房用品。早晨离开客房时，需要在边桌上放 $1 左右的小费。

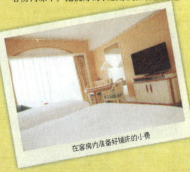

在客房内准备好铺床的小费

不得将洗好的衣服晾晒在阳台上

179

在世界级酒店享受顶级住宿体验

塞班凯悦酒店
Hyatt Regency Saipan

房间数 321
☎ 234-1234
FAX 234-7745
费 （2018 年）双人房间 $220~、摄政俱乐部 $325~、加床 $50~
CC A D J M V

左上／在酒店中悠闲自在地度过美好的度假时光
左下／以自然矿物颜料为基调的客房
上／摄政俱乐部的套房。边缘客房的周边全景令人十分期待
下／在摄政俱乐部的专用休息室内享用完美早餐

　　爽朗的海风吹过塞班凯悦酒店的大堂，对面色彩艳丽的南国鲜花争奇斗艳。穿过酒店庭园便是铺满白沙的麦克海滩。这里宛如艺术作品一般的空间全部都是为住客能够拥有一个舒适的住宿环境而精心准备的。宽敞舒适的塞班凯悦酒店是一家能够将单纯的酒店住宿升华为享受的度假型酒店。

　　如果想饱享塞班凯悦酒店特有的服务，可以选择前往摄政俱乐部体验。在面向酒店住宿客人开放的摄政俱乐部专用休息室内，早晨有新鲜出炉的面包、水果以及热气腾腾的鸡蛋料理，傍晚则为客人准备了涵盖沙拉、奶酪以及生火腿等美食在内的自助餐。在这里一边眺望夕阳美景一边品尝啤酒与葡萄酒，是非常幸福的时刻。矿泉疗养地与健身中心也免费开放，承诺为广大顾客提供最优质的服务。

●酒店设施与服务

办理入住 & 退房手续	15:00&12:00	旅游服务台	9:00~17:30
游泳池	2 个	租车服务台	×
游泳专用毛巾	在游泳池旁租用（免费）	投币式洗衣机	×
		洗衣服务	○
网球场	7:00~20:00	冰块服务	各楼层均设有制冰机
停车场	免费	客房服务	7:00~23:00
代客停车服务	×	禁烟客房	82 间
行李寄存	○	残障人士客房	8 间
机场接送	收费（需要预约）	家庭项目	5 岁以下儿童可免费同睡 ※
店铺	DJ's Corner（面包房）24 小时营业		
海上运动	海风海洋体育俱乐部，详情可咨询旅游服务台		
网络环境	所有客房、大堂休息厅以及吉利咖啡 & 露台周边（免费）		
其他	健身中心、水疗养生（→ p.89）以及少儿活动（→ p.33）		

※ 每年 7~9 月，11 岁以下儿童免费

●餐厅 & 酒吧

乔万尼意大利餐厅	意大利菜	→ p.122
快乐咖啡 & 露台餐厅	自助餐	→ p.122
铁板烧	铁板烧	→ p.123
都	日本料理	→ p.123
飞溅池畔酒吧	酒吧	→ p.123
队长海滩酒吧	酒吧	→ p.124
日落海滩烧烤	烧烤	→ p.124

●客房内设备

客房面积 ※	36.75m²
彩色电视机	○
有线电影（收费）	○
收音机（带时钟）	○
电冰箱	○
迷你吧台	○
室内保险柜	免费
其他	拖鞋、CD 唱机（商务套房）以及浴衣（豪华客房、摄政俱乐部等）

※ 标准间

●浴室内设备

吹风机	○
浴缸	○
手握式淋浴喷头	○
香皂	○
洗发液	○
护发素	○
牙刷、牙膏	○
其他	保湿霜、泡沫剂、浴帽以及剃须刀

在闲适幽静的山庄式度假酒店享受舒适的度假生活　　MAP p.7-A、p.12-C/ 圣罗切

塞班清泉度假村俱乐部
Aqua Resort Club Saipan

房间数 91
☎ 322-1234
FAX 322-1220
费（2018 年）双人豪华花园观景房 $330~、豪华面海房 $430~、套房 $700~
CC A D J M V

　　塞班清泉度假村俱乐部是塞班北部的一家度假酒店，8 栋双层别墅散布在绿茵繁茂的宽广土地上。穿过通透性极佳的酒店大堂后马上映入眼帘的是百花争艳、莺啼鸟啭的庭院与泳池对面一望无际的蓝色大海。这家酒店的地理位置绝佳，是当之无愧的度假村。黄昏时的晚霞与夜晚霓虹闪烁的游泳池均为无与伦比的梦幻美景。

　　客房被自然色调笼罩着，高高的天花板与宽阔的空间尽显轻松闲适的气氛。细致的服务、工作人员灿烂的笑容以及热情周到的待客态度使旅行生活更加生辉。这一切都让游客感觉到即使只待在酒店里也会是一种享受。

左上 / 客房被包围在自然的氛围中
左下 / 在游泳池边安静地休闲
右上 / 站在入口处向正前方眺望，便可以看到大海
右中 / 眼前就是美丽的海滩
右下 / 别墅建在百花争艳、莺啼鸟啭的庭院内

● 酒店设施与服务

办理入住 & 退房手续	15:00 & 12:00	旅游服务台	位于客服部 8:30~16:30
游泳池	2 个	租车服务台	由客服部安排
游泳专用毛巾	在游泳池旁租用（免费）	投币式洗衣机	○
		洗衣服务	○
网球场	×	冰块服务	由酒吧提供
停车场	免费	客房服务	10:00~21:00
代客停车服务	○	禁烟客房	○
行李寄存	○	残障人士客房	4 间
机场接送	收费（需要预约）	家庭项目	×
店铺	礼品商店·水漾咖啡餐厅（7:00~23:00）		
海上运动	"海上运动商店"出租海上运动用品等（收费）		
网络环境	所有客房（部分客房信号不好）、大堂、游泳池旁以及餐厅（免费）		
其他	宴会厅、淋浴室、水疗养生（→p.89）以及健身 & 桑拿等		

● 餐厅 & 酒吧

科斯塔露台餐厅	国际性美食	→p.140
凯文牛排 & 海鲜	肉类 & 海鲜	→p.140
比诺酒吧	大堂吧	16:00~23:00
米歇尔泳池酒吧	池畔酒吧	10:00~21:00
日落海滩烧烤	烧烤	→p.141
水漾咖啡餐厅	快餐	→p.141
米歇尔海滩酒吧	海滩酒吧	→p.141

● 客房内设备

客房面积 ※	38~45m²
彩色电视机	○
有线电影（收费）	×
收音机（带时钟）	○
电冰箱	○
迷你吧台	○
室内保险柜	免费
其他	锅具套装、拖鞋

※ 除套房以外的所有客房

● 浴室内设备

吹风机	○
浴缸	○
手握式淋浴喷头	○
香皂	○
洗发液	○
护发素	○
牙刷、牙膏	○
其他	浴衣、棉签、棉球以及润肤露

提供顶级体验的豪华度假村

肯辛顿酒店
Kensington Hotel

房间数 313
☎ 322-3311
FAX 322-1220
费（2018 年）豪华客房 $420~、皇家豪华客房 $440~、超豪华客房 $520~
CC A D J M V

人烟稀少、波平浪稳且令人备感舒适的宝宝海滩；海平线与游泳池水面完美融合的无边际游泳池；在高雅的空间内饱享各国美食……肯辛顿酒店是塞班首家全包型酒店，度假生活中所必需的所有要素均包含在住宿费当中。

客房设计取决于房间类型与等级，配有特别定制的高档被褥、欧舒丹与爱马仕等的沐浴用品。一日三餐，可免费在自助餐、日餐、中餐以及 BBQ 当中选择。如果入住比超豪华房更加高档的顶级客房，那么在无边际游泳池中悠闲自在地品尝鸡尾酒也是一个不错的选择。忘记日常，在这里充分体验最幸福的塞班时光吧。

左上／宝宝海滩全景
左下／简单套房采用别具风格的深灰色作为基础色调
上／面向海滨建造的游泳池。19:30~21:30 有夜间泳池表演
下／只有度假地才有的礼貌服务与待客态度

● 酒店设施与服务

办理入住 & 退房手续	15:00 & 12:00	旅游服务台	24 小时服务
游泳池	2 个	租车服务台	8:00~12:00、13:00~17:00（赫兹国际租车）
游泳专用毛巾	在游泳池旁租借（免费）	投币式洗衣机	○（收费）
		洗衣服务	○（收费）
网球场	×	冰块服务	○（仅限南侧）
停车场	免费	客房服务	○
代客停车服务	×	禁烟客房	所有客房均为禁烟客房
行李寄存	○	残障人士客房	8 间
机场接送	收费（需要预约）	家庭项目	有充满活动力的家庭计划
店铺	我爱塞班		
海上运动	"活动港湾"出租海上体育运动用品等（免费）		
网络环境	所有客房、大堂、游泳池旁以及餐厅（免费）		
其他	儿童营、出售服装与装饰品的商店以及秀场长廊等		

● 餐厅 & 酒吧

ROLIA	国际自助餐厅	6:30~10:00、11:30~14:00、18:00~21:30
East Moon	中餐（自助午餐）	11:30~14:00、18:00~21:30
名匠	日餐	11:30~14:00（周三·周日除外）、18:00~22:00
Ocean Grill	烧烤	19:00~21:30（周二是定期休息日）
OHAS	咖啡厅 & 酒吧	10:00~24:00
Splash Bar	池畔酒吧	13:00~18:00
INFINITY BAR	池畔酒吧	14:00~17:00、19:00~22:00

● 客房内设备

客房面积 ※	36.4m²
彩色电视机	○
有线电影（收费）	○
收音机（带时钟）	○
电冰箱	○
迷你吧台	○
室内保险柜	免费
其他	拖鞋、浴衣、海滨游泳袋、电烧水壶、意大利浓缩咖啡机（仅限套房）

※ 除套房以外的所有客房

● 浴室内设备

吹风机	○
浴缸	○
手提式淋浴喷头	○
香皂	○
洗发液	○
护发素	○
牙刷、牙膏	○

HOTEL ● ● ●

地理位置绝佳，由三栋楼组成的大型酒店　MAP 折页地图②-C3/加拉班

格兰德瑞奥塞班度假村
Grandvrio Resort Saipan

房间数 426
☎ 234-6495
FAX 237-2529
费 （2018年）双人房间 $170~450、套房 $450~850、加床 $40~50
CC A D J M V

　　格兰德瑞奥塞班度假村坐落在加拉班的中心区域，是一家购物与餐饮均十分方便的大型酒店。这家酒店的客房均为海景房，如果入住距离海滨最近的水晶塔，则可以更近地感受塞班的大海。
※ 原哈发代海滨酒店

视野与便利性毋庸置疑

● 酒店设施与服务

办理入住 & 退房手续	15:00&12:00（塔加塔13:00）	旅游服务台	9:00~17:00
游泳池	3个	租车服务台	9:00~17:00（Intera）
		投币式洗衣机	7:00~21:00（收费）
游泳专用毛巾	在接待厅租用（免费）	洗衣服务	
网球场	×	冰块服务	每栋楼均有部分楼层设有制水机
停车场	免费	客房服务	×
代客停车服务	×	禁烟客房	○（部分）
行李寄存	○	残障人士客房	9间（塔加塔内）
机场接送	收费（需要预约）	家庭项目	×
店铺	便利商店		
海上运动	滑翔伞、香蕉船以及水上摩托等（收费→p.57）		
网络环境	部分客房、大堂、艾丽咖啡厅（餐厅）以及游泳池旁（免费）		
其他	水疗养生（→p.92）、教堂以及宴会厅等		

● 餐厅 & 酒吧

海豚	日餐 & 西餐	→ p.134
艾丽咖啡厅	咖啡厅	10:00~18:00
星光烧烤	烧烤	18:00~21:00
热带产物	自助餐	7:00~10:00、周三~周五 11:30~14:00（周日 11:00~14:00）、周二·周三·周五~周日 17:30~21:00 ※ 点餐截至闭餐前30分钟

● 客房内设备

客房面积 ※	26~104m²
彩色电视机	○
有线电影（收费）	×
收音机（带时钟）	×
电冰箱	○
迷你吧台	×
室内保险柜	○（免费）
其他	烧水壶与拖鞋

※26m² 是指主翼楼的标准间，104m² 是指塔加塔的套房

● 浴室内设备

吹风机	○
浴缸	○
手提式淋浴喷头	○
香皂	○
洗发液	○
护发素	○
牙刷、牙膏	○
其他	浴衣（塔加塔内比高级房更高档的客房类型）

海滨游乐与购物缺一不可！加拉班的大型度假酒店　MAP 折页地图②-C2/加拉班

塞班悦泰度假酒店
Fiesta Resort & Spa Saipan

房间数 416
☎ 234-6412
FAX 234-7064
费 （2018年）标准间 $300~、商务客房 $450~、套房 $500~、加床 $45~
CC A D J M V

　　塞班悦泰度假村酒店紧邻白沙海滨与加拉班的繁华街道。明亮的木纹装饰与清爽的建筑结构使客房备感舒适。餐厅与晚餐秀的品质颇受好评。

豪华的商务客房

● 酒店设施与服务

办理入住 & 退房手续	15:00&12:00	旅游服务台	9:00~12:00、13:00~17:00
游泳池	3个	租车服务台	8:30~16:30
		投币式洗衣机	○
游泳专用毛巾	租用（免费）	洗衣服务	○
网球场	7:00~20:00	冰块服务	馆内设有制水机
停车场	免费	客房服务	○
代客停车服务	×	禁烟客房	336间
行李寄存	○	残障人士客房	3间
机场接送	收费（需要预约）	家庭项目	×
店铺	礼品店		
海上运动	酒店前的海滨区有经营者经营各种海上运动项目（收费）		
网络环境	所有客房、一层大堂区与各餐厅、宴会厅内（免费）、南馆还可以使用有线网络		
其他	行政酒廊、温泉水疗、健身房、海洋触觉以及晚餐秀（→p.88）		

● 餐厅 & 酒吧

世界咖啡厅	国际性自助餐	→ p.124
舞（铁板烧）	铁板烧	→ p.125
房间酒吧	酒吧	→ p.125
海滨酒吧	沙滩酒吧	13:00~22:00

● 客房内设备

客房面积 ※	32m²~
彩色电视机	○
有线电影（收费）	○
收音机（带时钟）	×
电冰箱	○
迷你吧台	○（部分客房）
室内保险柜	○（免费）
其他	烧水壶、拖鞋以及熨斗套装

※ 标准间

● 浴室内设备

吹风机	○
浴缸	○（主翼楼 ×）
手提式淋浴喷头	○
香皂	○
洗发液	○
护发素	○
牙刷、牙膏	○
其他	护理套装

🌸活动力极强！集住宿和游乐于一体的综合设施

太平洋岛屿俱乐部
Pacific Islands Club (P.I.C.)

🅼🅰🅿 p.10-B/ 圣安东尼奥

房间数 308
☎ 234-7976
FAX 234-6592
费 （2018 年）双人房间 $171~、套房 $365~、加床费用需要确认
CC A D J M V
URL www.picresorts.com

太平洋岛屿俱乐部（→ p.62）是集水上公园、海滨 & 野外活动设施于一体的俱乐部度假村。惊爆点、帆板运动、网球等数不胜数的游乐设施以及由训练有素的指导员与吉祥物"西吉"带领孩子们

玩耍的儿童俱乐部（→ p.33）等殷勤好客的服务颇受家庭集体出游游客的欢迎。

酒店设施采用细致的设计，将木质质感发挥到极致的亚洲风情客房使人的心情沉静安详。客房有木质地板与瓷砖两种类型。

此外，以婴儿随行的家庭游客为主要对象的"小宝房间"（→ p.33）内准备有婴儿浴盆与婴儿车等。可直接从窗户通往游泳池的设计令人欣喜。

左上／备受家庭集体出游游客喜爱的度假设施
左下／凉爽的建筑结构使客房备感舒适
上／布满游乐设施的水上公园
中／将床铺降低的小宝房间
下／小宝房间可直接从窗户通往泳池区

● 酒店设施与服务

办理入住 & 退房手续	15:00&12:00	旅游服务台	8:00~17:00
游泳池	6 个	租车服务台	8:00~17:00（丰田）
游泳专用毛巾	在服务台租用（免费）	投币式洗衣机	可 24 小时使用
		洗衣服务	○
网球场	8:00~20:00	冰块服务	各层均设有制冰机
停车场	免费	客房服务	7:00~23:00
代客停车服务	×	禁烟客房	所有客房均为禁烟客房
行李寄存	○	残障人士客房	7 间
机场接送	咨询总服务台	家庭项目	11 岁以下儿童可免费同睡
店铺	卜提吉		
海上运动	可以租用通气管装置与独木舟等（免费）		
网络环境	大堂（免费）。商务中心内有电脑（30 分钟 $5）		
其他	水上公园、宴会厅以及儿童俱乐部（→ p.33）等		

● 餐厅 & 酒吧

麦哲伦	国际性美食	→ p.145
海边烧烤	环太平洋美食	→ p.145
厨房	快餐	→ p.145
艾拉	铁板烧	→ p.146
沙滩烧烤	烧烤	→ p.146
V 酒吧	酒吧	10:00~23:30

● 客房内设备

客房面积 ※	35m²~
彩色电视机	○
有线电影（收费）	○
收音机（带时钟）	部分客房
电冰箱	○
迷你吧台	部分客房
室内保险柜	免费
其他	拖鞋与咖啡壶
※ 标准间	

● 浴室内设备

吹风机	○
浴缸	○ ※
手握式淋浴喷头	○
香皂	○
洗发液	○
护发素	○
牙刷、牙膏	○
其他	浴衣 ※ 部分残障人士客房内没有浴缸

🎸 所有客房均为海景房的度假酒店

塞班珊瑚海洋高尔夫度假村
Saipan Coral Ocean Golf Resort

MAP p.10-C/ 塞班南部

房间数 80
☎ 234-7000
FAX 234-7048
费（2018年）高级海景房 $125~、豪华海景房 $145~、加床 $35 ※需要另行支付税金。税金为各费用的 15%
CC A D J M V
网 www.cogresort.com（只提供韩语服务）

塞班珊瑚海洋高尔夫度假村是塞班当地极具代表性的高尔夫度假酒店，2014 年经全面翻新之后脱胎换骨，舒适度又进一步得到了提升。这家酒店的游泳池与椰子树另一侧的大海宛如一体，细节设计无微不至。所有客房均为海景房，天晴时可以眺望天宁岛。真彩色室内装修与建筑结构所营造出的安定空间令非高尔夫玩家也充满向往。

可以眺望大海的游泳池

●酒店设施与服务

办理入住 & 退房手续	15:00&12:00	旅游服务台	×
游泳池		租车服务台	×
游泳专用毛巾	在总服务台租用（免费）	投币式洗衣机	○
		洗衣服务	○
网球场	×	冰块服务	○（餐厅）
停车场	免费	客房服务	×
代客停车服务	○	禁烟客房	所有客房均为禁烟客房
行李寄存	○	残障人士客房	4 间
机场接送	单程 $7、往返 $10	家庭项目	×
店铺	高尔夫球专卖店		
网络环境	所有客房、餐厅、游泳池以及更衣室（免费）		

●餐厅 & 酒吧

双鹰	日餐·中餐	→ p.148

●客房内设备

客房面积 ※	29.3m²
彩色电视机	○
有线电影（收费）	×
收音机（带时钟）	×
电冰箱	○
迷你吧台	×
室内保险柜	○
※ 标准间	

●浴室内设备

吹风机	○
浴缸	○
手握式淋浴喷头	○
香皂	○
洗发液	○
护发素	○
牙刷、牙膏	○

🎸 建有水上公园的度假地一体型酒店

塞班世界度假村酒店
Saipan World Resort

MAP p.8-C/ 苏苏佩

房间数 265
☎ 234-5900
FAX 234-5909
费（2018年）双人间 $390、三人间 $445、套房 $590、加床 $60
CC A J M V

塞班世界度假村酒店拥有塞班最大的水上公园"波浪森林"（→ p.64）。在酒店房客可免费游玩各种游乐设施，是非常适合家庭集体出游的度假地一体型酒店。

豪华客房

●酒店设施与服务

办理入住 & 退房手续	15:00&12:00	旅游服务台	无
游泳池	7 个	投币式洗衣机	○
游泳专用毛巾	在海滨住宅租用（免费）	洗衣服务	○
网球场	7:00~21:00	冰块服务	各层均设有制冰机
停车场	免费	室内保险柜	9:00~22:30
代客停车服务	×	禁烟客房	
行李寄存	×	残障人士客房	○
机场接送	收费（需要预约）	家庭项目	○
店铺	礼品店		
海上运动	可以租用通气管装置与因纽特艇等（住宿房客免费）		
网络环境	大堂（免费）		
其他	少儿校园（→ p.33）与水疗等		

●餐厅 & 酒吧

万国自助餐厅	自助餐	7:00~10:00、11:30~13:30、18:00~21:00
名家	韩国料理	→ p.147
塔帕丘	国际性美食	→ p.147
落日花园	烧烤	晚餐秀专用海滩餐厅

●客房内设备

客房面积 ※	32m²
彩色电视机	○
有线电影（收费）	×
收音机（带时钟）	○
电冰箱	○
迷你吧台	×
室内保险柜	免费
其他	拖鞋
※ 标准间	

●浴室内设备

吹风机	○
浴缸	○
手握式淋浴喷头	○
香皂	○
洗发液	○
护发素	○
牙刷、牙膏	○
其他	剃须刀

令人乐不思蜀的成人度假酒店
查兰卡诺亚海滩
Chalan Kanoa Beach Hotel

查兰卡诺亚海滩酒店远离闹市的喧嚣，是一家安静的成人度假酒店。这家酒店所有的客房都面向中庭，游泳池与南国植物抚慰人心。可直接身着泳装从客房前往酒店紧邻的美丽沙滩。

查兰卡诺亚海滩酒店共设有28间客房，是一家高雅的小型酒店

房间数	28
☎	234-7829
FAX	234-6534

（2018年）园林客房 $100~、套房（海景）$120~、加床 $30

CC M V

※ 可通过 ckbhotel@gmail.com 预约

●酒店设施与服务

办理入住＆退房手续	15:00 & 12:00	旅游服务台	×
游泳池	1个	租车服务台	×
		投币式洗衣机	24小时（收费）
游泳专用毛巾	○	洗衣服务	×
网球场	×	冰块服务	×
停车场	免费	客房服务	×
代客停车服务	×	禁烟客房	所有客房均为禁烟客房（可以在阳台吸烟）
机场接送	单程3人以内$25	家庭项目	○
店铺	潜水店塞班S2俱乐部（→p.73）		
网络环境	所有客房与大堂（免费）		

●客房内设备

客房面积 ※	58m²
彩色电视机	○
有线电影（收费）	×
收音机（带时钟）	×
电冰箱	○
迷你吧台	×
室内保险柜	×（贵重物品可寄存在总服务台）
其他	厨房

※ 套房

●浴室内设备

吹风机	○
浴缸	○
手握式淋浴喷头	×
香皂	○
洗发液	×
护发素	×
牙刷、牙膏	×

多姿多彩的房间设计
塞班卡诺亚度假酒店
Kanoa Resort Saipan

塞班卡诺亚度假酒店拥有全海景客房、海风穿堂而过的休息厅以及椰子屋顶海滨酒吧。游客可在如此绝佳的地理位置上饱享名副其实的南国岛屿度假村。2016年12月，这家酒店主翼楼的所有客房均已翻新。酒店前的海滨透明度高，可以看到很多鱼。

苏苏佩的沙滩就在眼前

房间数	224
☎	234-6601
FAX	234-8007

（2018年）主翼楼标准间 $200~、塔楼豪华客房 $270~、加床 $35~45

CC A D J M V

●酒店设施与服务

办理入住＆退房手续	15:00 & 12:00	旅游服务台	9:00~17:00
游泳池	2个（设有水道）	租车服务台	8:00~17:00（赫兹）
游泳专用毛巾	在游泳池旁租用（免费）	投币式洗衣机	○
		洗衣服务	○
网球场	○	冰块服务	总服务台
停车场	免费	客房服务	×
代客停车服务	×	禁烟客房	○
行李寄存	×	残障人士客房	×
机场接送	收费·需要预约	家庭项目	×
店铺	小卖店、免税店		
海上运动	可免费租用通气管装置与救生衣。海滨开设有航海器材商店		
网络环境	主侧所有客房、休息室区、各餐厅（免费）、翡翠塔所有客房均可使用有线LAN		
其他	CLUB（以赌博为主的娱乐场所）、健身房、小卖店以及礼品店		

●餐厅＆酒吧

岛上咖啡厅	各国料理	→p.144
赤足海滩酒吧＆烧烤	烧烤	→p.144
赤足酒吧	酒吧	→p.144

●客房内设备

客房面积 ※	28m²
彩色电视机	○
有线电影（收费）	×
收音机（带时钟）	×
电冰箱	○
迷你吧台	×
室内保险柜	○（免费）
其他	厨房

※ 标准间

●浴室内设备

吹风机	○
浴缸	○
手握式淋浴喷头	×
香皂	○
洗发液	○
护发素	○
牙刷、牙膏	×

像居家一般享受
塞班时光

大型度假酒店虽然各方面的条件都十分优越，但是入住小型酒店与房间内配有厨房的休闲公寓却更能切身体会生活的乐趣。在超市购物后亲自下厨烹饪美食、散步以及自行车骑行……如果能够在塞班逗留的时间稍长一些，那么就可以更好地享受当地氛围！

※ 摄影: 宝瓶宫海滩酒店 (→ p.194) 与全宝殿酒店 (→ p.190)

Vol.1 选择酒店

配有厨房会非常方便！

要点 1

部分酒店会预先将餐具与烹饪用品摆放在房间内，而还有一部分酒店会根据顾客的要求将所需物品租赁给使用者。详情可向酒店咨询

首先了解一下如何选择酒店。如果是配有厨房的房间，那么将会格外地富有乐趣。即便不亲自下厨，也可以烧开水或者加热外卖食物等，非常方便。厨房分为两种，一种是配有料理台与烤箱的大厨房，另外一种则为简单的简易厨房（迷你厨房）。如果没有自己做饭的计划，简易厨房足以满足你的需求。

此外，如果除了卧室之外还有起居室，那么房间内的晚餐绝对会是非常愉快的一次聚会。

全宝殿酒店提供餐具及炊用品免费租借服务（H）

非常有用的大冰箱（H）

还备有微波炉（H）

宝瓶宫海滩酒店内完善的大厨房

如果是配有起居室的房间将会更加富有乐趣（A）

热气腾腾的烤鸡令人十分期待！

要点 2

如果需要在房间内做饭，最好自行携带少量可能会用到的调味料

如果有烤箱，烹饪乐趣将会更加高涨（A）

Vol.2 灵活运用酒店设施与服务!

要点
3

小型酒店的魅力在于可与工作人员近距离接触,如果有什么感到为难的事情,可以尝试着与他们商量

虽然没有大型酒店那样的设施,但是小型酒店内却有很多独特的装备与极富创意的服务。游客务必充分发挥小型酒店的优势,饱享酒店生活!
下面就来介绍一下金宝殿酒店的相关情况。

HIMAWARI

配合默契的金宝殿酒店的工作人员,可以随时与他们进行沟通

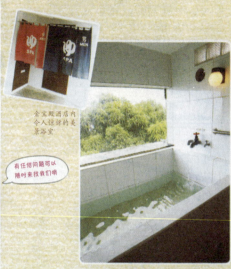

金宝殿酒店内令人惊讶的美景浴室

有任何问题可以随时来找我们哦

要不要尝试自行车骑行!

令人欣喜的自行车租赁服务。酒店住客 $8/ 天

金宝殿酒店内开设有餐厅(→ p.135)
与超市(→ p.173)。可以前往一层餐美处享用在超市购买的便当与面包等

在塞班体验短期留学!

金宝殿酒店开办有英语会话课堂。来自美国的尼基先生是一位极富幽默感的英语老师。游客不妨在塞班挑战一下为期1~2周的"短期留学"。金宝殿酒店的客房配有厨房,一层的超市商品品类也十分充实,即便是长期居住也无须担心。上午上课,下午在市街练习英语口语,还可以不时前往海滨……充实的塞班留学期待你的参与。费用与课程计划可直接向金宝殿酒店咨询,也可以拨打 ☎ 323-1111 咨询 P.D.I.。

Vol 3 在客房里聚餐

旅行期间不妨拿出一个晚上的时间在客房里聚餐。无须担心晚归，舒舒坦坦地享用一顿美食，体验与餐厅截然不同的用餐乐趣。也许会聊到一些小秘密哦！（摄影：宝瓶宫海滩酒店）

在晚霞的映照下举杯共饮吧！

如果是海景房，一定不要错过晚霞美景。也可以向酒店工作人员确认具体的时间。准备好晚餐后，如果能够在晚霞的映照下干杯畅饮就更加完美了。

让我们一起来许愿吧！

今天能看到绿闪（→ p.152）吗？

在当地市场（→ p.114）与大型超市（→ p.156）采购食材后，大家一起做饭！还可以在熟食区（→ p.160）买一些美食

暂时将美食抛在脑后，尽情地观赏晚霞美景

Vol 4 其他要点

投币洗衣机

对于长期居住的游客来说，酒店内如果配有投币洗衣机会更加方便。大体上每次需要花费 $1.25 左右。投币式洗衣机仅限使用 25 ¢ 的硬币，请提前做好准备。

南国特有的椰子酒 & 甜味凤梨酒

保险箱

保险箱大多会备置在客房内。如果没有保险箱，则需要将贵重物品存放在总服务台，详细情况需要进行确认。

网络

塞班几乎所有的酒店都有 Wi-Fi 网络。大多需要向工作人员询问密码后才能使用。

酒

在北马里亚纳，法律明确规定 22:00 后不得销售酒精类商品。由于有时间限制，爱喝酒的游客不妨在规定的时间内多采购一些。

饮用水

塞班的自来水不得直接饮用。首先要确认厨房内是否备有饮用水。

由外国人经营的酒店

金宝殿酒店
Himawari Hotel

金宝殿酒店地理位置优越，从塞班 DFS 环球免税店出发，徒步 5 分钟左右便可抵达。客房的面积宽敞，即便放入两张双人床也绰绰有余。除此之外，还有更加宽敞的豪华套房与应顾客要求而准备的小型单人房，房间设计丰富是这家酒店的特征所在。部分客房内配有迷你厨房，适合长期居住的游客。

实用且舒适的客房

如果没有自己做饭的计划，可以在一层的熟食区（→p.160）购买便当、菜肴以及面包等，还可以前往餐厅（→p.135）以十分合适的价格品尝令人流连忘返的美食。灵活运用金宝殿酒店内独特的设施与服务，一定可以饱享与众不同的酒店生活。

配有厨房，非常方便

2017 年改装后的餐厅

房间数 51
☎ 233-1530/1531
FAX 233-1532
费 （2018 年）小型单人间 $48~、标准间 $55~、高级房 $65~、豪华房 $75~、加床 $15
CC D J M V
URL himawari-saipan.com

●酒店设施与服务

办理入住 & 退房手续	15:00 & 12:00	旅游服务台	×
游泳池	×	租车服务台	×
游泳专用毛巾	×	投币式洗衣机	可 24 小时使用
网球场	×	洗衣服务	×
停车场	×	冰块服务	客房内配有冰箱
代客停车服务	×	客房服务	×
行李寄存	×	禁烟客房	39（所有客房均为禁烟客房）
机场接送	单程 $15（连续入住两天以上免费）	残障人士客房	×
		家庭项目	×
店铺	糕点铺、向日葵商店（→p.173）		
网络环境	所有客房（免费）		

●餐厅 & 酒吧

向日葵餐厅	日餐	→p.135

●客房内设备

客房面积 ※	30m²~
彩色电视机	○
有线电影（收费）	×
收音机（带时钟）	×
电冰箱	○
迷你吧台	×
室内保险柜	○（免费）
其他	部分客房配有迷你厨房

※ 标准间

●浴室内设备

吹风机	○
浴缸	○（小型单人间除外）
手握式淋浴喷头	○
香皂	○
洗发液	○
护发素	○
牙刷、牙膏	○

塞班樱花

塞班全年都有五颜六色的鲜花争奇斗艳。其中，"凤凰木"略显特别。凤凰木花色为热情的橘色。这与其他的花有些不同，当时的人们应该是由于怀念故乡才格外欣赏这种花吧。

凤凰木的最佳赏花时间为 6 月中旬至 7 月上旬。到了这个时节，当地会举办凤凰木节，届时会有集会与庆祝活动。这才是塞班名副其实的赏花季节。

小学校园内盛开的凤凰木。时值九月，虽然已经过了花期，但还是可以看到不少盛开的花朵。

加拉班中心区域的小型酒店

MAP 折页地图② -B3/ 加拉班

塞班塞伦蒂酒店
Serenti Hotel Saipan

房间数	47
☎	233-5201
FAX	233-5203
周	（2018 年）标准间（两张单人床或者一张双人床）$130（含税）
CC	ADJMV
URL	serentisaipan.com

2016 年开业的塞班塞伦蒂酒店坐落在加拉班中心区域，正对着我爱塞班（→p.165）。除了有便于购物与餐饮的优越位置之外，这家酒店的大床房与双床房两种房型费用均为 $130(含税)，价位适中。楼顶是铺设有草坪与木质甲板的美丽庭园。虽然地处市区，但却拥有令人心情平静的绝美空间，居住起来应该比较舒适。

一层是人气餐厅布巴·甘（→p.135）

屋顶花园备有遮阳伞与椅子

●酒店设施与服务

办理入住 & 退房手续	15:00 & 12:00	旅游服务台	○
游泳池	×	租车服务台	赫兹汽车租赁公司
		投币式洗衣机	×
游泳专用毛巾	×	洗衣服务	○
网球场	×	冰块服务	○（配有制冰机）
停车场	免费	客房服务	×
代客停车服务	×	禁烟客房	所有客房均为禁烟客房
行李寄存	×	残障人士客房	×
机场接送	×	家庭项目	×
店铺	×		
网络环境	所有客房、休息厅（免费）		

●客房内设备

客房面积	30m²
彩色电视机	○
有线电影（收费）	×
收音机（带时钟）	×
电冰箱	○
迷你吧台	○
室内保险柜	×（贵重物品可以寄存在总服务台）
其他	咖啡

●浴室内设备

吹风机	○
浴缸	×
手握式淋浴喷头	○
香皂	○
洗发液	○
护发素	○
牙刷、牙膏	○

现代派室内装修

MAP 折页地图② -B4/ 加拉班

世纪酒店
Century Hotel

房间数	33
☎	233-1425
FAX	233-1424
周	（2018 年）标准间 $105~
CC	ADJMV
URL	centuryhotel-spn.com

可爱的室内装修、楼梯上装饰着绘画作品等，世纪酒店是一家非常雅致的小型酒店。酒店一层是 24 小时营业的雪莉餐厅（→p.149），非常方便。这家酒店与塞班悦泰度假村酒店（→p.183）同属一家公司，因此可以免费使用该酒店的游泳池。

上／虽然是标准间，但也宽敞舒适
右／休息厅内的椅子与沙发也十分雅致

●酒店设施与服务

办理入住 & 退房手续	15:00&12:00	旅游服务台	×
游泳池	× （使用塞班悦泰度假村酒店的游泳池）	租车服务台	由总服务台代办
		投币式洗衣机	×（位于酒店附近）
游泳专用毛巾	×	洗衣服务	○
网球场	×	冰块服务	○
停车场	免费	客房服务	×
代客停车服务	×	禁烟客房	所有客房均为禁烟客房（可以在阳台吸烟）
行李寄存	×	残障人士客房	×
机场接送	单程每人 $12	家庭项目	×
餐厅	雪莉餐厅（→p.149）		
网络环境	所有客房、休息厅（免费）		

●客房内设备

客房面积	24.5m²~
彩色电视机	○
有线电影（收费）	×
收音机（带时钟）	×
电冰箱	○
迷你吧台	×
室内保险柜	○
其他	矿泉水 2 瓶

●浴室内设备

吹风机	○（在总服务台租用）
浴缸	○
手握式淋浴喷头	○
香皂	○
洗发液	○
护发素	○
牙刷、牙膏	○

配有休闲健身中心的
小型酒店

地理位置优越的
小型酒店

购物派与
活动派均可入住

花蜜 Spa 酒店

Hanamitsu Hotel & Spa

MAP 折页地图②-C1/ 加拉班

充满南国风情的客房使度假氛围更加浓厚

位于加拉班中心区域的花蜜 SPA 酒店配有地道的休闲健身中心，是一家新型的小型酒店。这家酒店的客房采用高档感十足的亚洲风情设计。除了方便购物与饮食之外，还可以体验地道的度假氛围。

●酒店设施与服务

办理入住 & 退房	14:00 & 12:00
游泳池	×
游泳池专用毛巾	×
网球场	×
停车场	免费
代客停车服务	×
行李寄存	×
机场接送	两人单程 $30、往返 $50
旅游服务台	×
租车服务台	×
投币式洗衣机	×
洗衣服务	○
冰块服务	○
客房服务	×
禁烟客房	所有客房均为禁烟客房
残障人士客房	×
家庭项目	×
网络环境	所有客房与休息厅（免费）

●客房内设备

客房面积 ※	30m²~
彩色电视机	○
有线电影（收费）	×
收音机（带时钟）	×
电冰箱	○
迷你吧台	×
室内保险柜	○（免费）
※ 标准间	

●浴室内设备

吹风机	○
浴缸	×
手握式淋浴喷头	○
香皂	○
洗发液	○
护发素	○
牙刷、牙膏	○

客房数 22　☎ 233-1818
费（2018 年）双人房（一张双人床）$90~、双人房（两张单人床）$100~、家庭房 $110~　CC D J M V
URL www.saipanhanamitsu.com

夏威夷酒店

Hawaii Hotel

MAP 折页地图②-B2/ 加拉班

外观也是美国夏威夷州的建筑风格

夏威夷酒店坐落在加拉班的中心区域，与旁边的大华饭店（→p.126）同属一个经营主，是一家小型酒店。这家酒店的客房干净且舒适。建议积极的活动派与重视便利性的游客选择入住。

●酒店设施与服务

办理入住 & 退房	15:00 & 12:00
游泳池	×
游泳池专用毛巾	×
网球场	×
停车场	×
代客停车服务	×
行李寄存	×
机场接送	×
旅游服务台	×
租车服务台	×
投币式洗衣机	×
洗衣服务	○
冰块服务	○
客房服务	×
禁烟客房	所有客房均为禁烟客房
残障人士客房	×
家庭项目	×
店铺	×
海上运动	×
网络环境	免费

●客房内设备

客房面积 ※	18m²~
彩色电视机	×
有线电影（收费）	×
收音机（带时钟）	×
电冰箱	×
迷你吧台	×
室内保险柜	×（可寄存在总服务台）
※ 标准间	

●浴室内设备

吹风机	○
浴缸	×
手握式淋浴喷头	×
香皂	○
洗发液	○
护发素	×
牙刷、牙膏	○

客房数 16　☎ 233-5259
FAX 233-5259　费（2018 年）标准间 $90
CC 不可使用

首都大酒店

Capital Hotel

MAP 折页地图②-B3/ 加拉班

南欧风格的酒店外观。徒步 5 分钟便可抵达塞班 DFS 环球免税店

首都大酒店的客房采用花格织物进行装饰，布满绿植的中庭与直达天花板的大堂等，使这家酒店充满温馨。酒店提供免费早餐服务，洗衣房与公用厨房也十分完善。

●酒店设施与服务

办理入住 & 退房	14:00&12:00
游泳池	×
游泳池专用毛巾	×
网球场	×
停车场	免费
代客停车服务	×
行李寄存	×
机场接送	单程 2 人 $25（每增加 1 人需追加支付 $10）
旅游服务台	×
租车服务台	○（向总服务台咨询）
投币式洗衣机	可 24 小时使用
洗衣服务	可商洽
冰块服务	×
客房服务	×
禁烟客房	26（所有客房均为禁烟客房）
残障人士客房	×
家庭项目	×
店铺	×
海上运动	×
网络环境	所有客房（免费）

●客房内设备

客房面积 ※	13m²~
彩色电视机	○
有线电影（收费）	×
收音机（带时钟）	×
电冰箱	×
迷你吧台	×
室内保险柜	○（免费）
※ 标准间	

●浴室内设备

吹风机	○
浴缸	×
手握式淋浴喷头	○
香皂	○
洗发液	○
护发素	○
牙刷、牙膏	○

客房数 26　☎ 233-6888　FAX 233-6889
费（2018 年）标准间 $85~、套房 $115
※ 含税　CC D J M V

长期停留者的好去处

夏日假日酒店
Summer Holiday Hotel
MAP 折页地图②-C5/加拉班

宽敞舒适的普通双人间 $57.50

夏日假日酒店虽然地处方便的闹市，环境却幽静闲适，这正是它的魅力所在。室内设施完善，所有客房都配有厨房。投币式洗衣机24小时可使用。

● 酒店设施与服务

办理入住 & 退房	14:00&12:00
游泳池	×
游泳池专用毛巾	×
网球场	×
停车场	免费
代客停车服务	×
行李寄存	×
机场接送	收费（1位$20、2位$25、3位$30）
旅游服务台	×
租车服务台	×
投币式洗衣机	可24小时使用
洗衣服务	×
冰块服务	×
客房服务	×
禁烟客房	所有客房均为禁烟客房
残障人士客房	×
家庭项目	×
网络环境	大堂可无线上网（免费）

● 客房内设备

客房面积 ※	27.05m²~
彩色电视机	○
有线电影（收费）	×
收音机（带时钟）	×
电冰箱	○
迷你吧台	×
室内保险柜	×（贵重物品请在总服务台寄存）

※ 单人房

● 浴室内设备

吹风机	○
浴缸	△
手握式淋浴喷头	×
香皂	○
洗发液	○
护发素	○
牙刷、牙膏	○

房间数 26　☎ 234-3182~3184
FAX 234-3077
费 （2018年）普通间（单人、双人）
$57.50~、加床 $11.50
CC A D J M V　URL sholiday.com

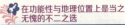
在功能性与地理位置上是当之无愧的不二之选

塞班海景酒店
Saipan Ocean View Hotel
MAP 折页地图②-C4/加拉班

一层还开设有餐厅

塞班海景酒店位于加拉班的中心区域，无论是前往海滨还是购物都十分方便。而且，这家酒店的客房空间也非常宽敞，标准间可达30m²，内部装修漂亮且相当舒适。

● 酒店设施与服务

办理入住 & 退房	15:00&12:00
游泳池	○
游泳池专用毛巾	在总服务台租用（免费）
网球场	×
停车场	免费
代客停车服务	×
行李寄存	×
机场接送	每人$12（2人以上）
旅游服务台	×
租车服务台	×（总服务台受理租车业务）
投币式洗衣机	×
洗衣服务	×
冰块服务	○
客房服务	×
禁烟客房	所有客房均为禁烟客房
残障人士客房	×
家庭项目	×
网络环境	所有客房

● 客房内设备

客房面积 ※	30m²~
彩色电视机	○
有线电影（收费）	×
收音机（带时钟）	×
电冰箱	○
迷你吧台	×
室内保险柜	免费（若客房内未准备保险柜，可将物品寄存在总服务台）

※ 标准间

● 浴室内设备

吹风机	在总服务台租用
浴缸	○
手握式淋浴喷头	×
香皂	○
洗发液	○
护发素	×
牙刷、牙膏	×

房间数 92　☎ 234-8900　FAX 234-9428
费 （2018年）标准间 $126、加床 $40
CC D J M V

受公司职员欢迎的好去处

塞班假日度假村
Holiday Saipan Resort
MAP 折页地图②-B3/加拉班

方便的地理位置、安静的环境

塞班假日度假村坐落在塞班DFS环球免税店的背面，安静的环境与海滨大道沿线的喧嚣形成鲜明的对比。这家酒店方便且素净的居住环境令人心生向往。

● 酒店设施与服务

办理入住 & 退房	14:00&12:00
游泳池	9:00~17:00
游泳池专用毛巾	○
网球场	×
停车场	免费
代客停车服务	×
行李寄存	○
机场接送	2~3人，接客$30、送客$25
旅游服务台	×
租车服务台	×
投币式洗衣机	×
洗衣服务	○（$7，需要提出要求）
冰块服务	○
客房服务	×
禁烟客房	所有客房均为禁烟客房
残障人士客房	×
家庭项目	×
网络环境	所有客房、休息厅（免费）

● 客房内设备

客房面积 ※	26.8 m²~
彩色电视机	○
有线电影（收费）	×
收音机（带时钟）	○
电冰箱	○
迷你吧台	×
室内保险柜	×（贵重物品请在总服务台寄存）
其他	总服务台旁设有保险柜室

※ 标准间

● 浴室内设备

吹风机	○
浴缸	○
手握式淋浴喷头	○
香皂	○
洗发液	○
护发素	○
牙刷、牙膏	在总服务台领取

房间数 28　☎ 233-3337　FAX 233-3331
费 （2018年）豪华套房 $105、超级豪华房 $125
CC D J M V
URL www.holidaysaipan.com

在配有厨房且十分舒适的休闲公寓内饱享生活的乐趣

MAP p.10-A/ 查兰卡诺亚

宝瓶宫海滩酒店
Aquarius Beach Tower

房间数 64
☎ 235-6025
FAX 235-6098
费用（2018 年）两室一厅 $138~、三室一厅 $198.38~、四室一厅 $238.05~
C A D J M V
E-mail reservation@aquariushotel.saipan.com

宝瓶宫海滩酒店前是安静的海滨，高 12 层的建筑内均为配有厨房的休闲套房。如果是海景房，可以在阳台上体验超群的开放感。采用藤质家具与色彩清爽的织物进行装饰的起居室以及卧室非常舒适。这家酒店宽敞的客房空间最适合举家出行或者团队出行的游客。

所有客房内均配有大厨房、餐具以及烹饪用品等，供房客免费使用。此外，室内还备有洗衣机与烘干机，对于长期居住的游客来说十分方便。

不妨在客房内做饭聚餐（→p.189），享受与其他酒店截然不同的住宿乐趣。

左/宽敞的起居室对于举家出行的游客来说非常方便
右/房间内配有厨房的休闲海景公寓
下/清爽的织物助长度假氛围

左/来到阳台上，映入眼帘的便是一望无际的大海
右/客房内还备有微波炉与烤箱

■酒店设施与服务

办理入住 & 退房手续	15:00&12:00	旅游服务台	×
游泳池	×	租车服务台	由总服务台代办
游泳专用毛巾	×	投币式洗衣机	客房内配有洗衣房※
网球场	×	洗衣服务	×
停车场	免费	冰块服务	使用客房冰箱的冷冻装置
代客停车服务	×	客房服务	×
行李寄存	×	禁烟客房	需要咨询
机场接送	○（收费、通过邮件预约）	残障人士客房	○（2 间）
		家庭项目	×
网络环境		所有客房、休息厅（免费）	

※ 免费

●客房内设备

客房面积 ※	约 88m²~
彩色电视机	○
有线电影（收费）	×
收音机（带时钟）	○
电冰箱	○
迷你吧台	×
室内保险柜	○
其他	厨房、洗衣机、烘干机

※ 标准间

●浴室内设备

吹风机	○
浴缸	○
手握式淋浴喷头	×
香皂	○
洗发液	○
护发素	○
牙刷、牙膏	○（在总服务台领取，免费）
其他	化妆水

Rota
罗塔岛全图

景点、城市地标
海滩
高尔夫球场
餐厅
商店
潜水服务
休闲健身中心
酒店
其他设施

万岁崖
As Matmos Cliff

菲娜·阿托库斯岬

莫冲拿铁石村
Mochong Latte Stone Village

运动海滩
Mochong Beach

私人领地

菲娜岬

深水源
Swimming Hole

私人领地

塔哥石场
Taga Stone Quarry

罗塔机场
Rota Airport

傻瓜嘎嘎岬

鸟类保护区
Bird Sanctuary

罗塔度假村&乡村俱乐部
Rota Resort & Country Club

提基提基
帕奇菲卡
罗塔蓝酒吧
自然精品

西纳帕罗·西夫韦

阿拉关湾
Alaguan Bay

蓼蓼头海滩
Teteto Beach

海娜岬

高射炮
Antiaircraft Gun

退伍军人海滩
Veterans Beach

和平纪念碑
Memorial Monument of Peace

萨巴纳山
Mt.Sabana

玛丽罗岬

塞利该岬

鄂霍克瀑布
Okgok Water Falls

阿飞福尼亚岬

啄果河

代查莫罗洞穴博物馆
Ancient Chamoru
Cave Museum

苏珊拉夫湾
Sosanlagh Bay

松松展望台

旧日军炮台遗址
Old Japanese Cannon

罗塔松岛
Rota Matsushima

婆娘岬
Poniya Point

松松村
Song Song Village

东港
East Harbor

苏珊哈尼湾
Sosanjaya Bay

西港
West Harbor

参照p.198地图

塞班岛
Saipan Island

天宁岛
Tinian Island

奥盖吉岛
Aguijan Island

罗塔岛
Rota Island

太平山
Mt.Taipingot

0   3km

哈鲁农岬

-------- 是指道路状况不好的地
方，需要四驱车之处较多，因此
不推荐租车旅行。

0   30km

196

前往罗塔岛的交通工具

Transportation

罗塔岛国际机场内的广场简世人展示了查莫罗文化

　　罗塔岛与塞班岛相比，拥有更为丰富的自然资源与环境，是一座至今依然保留有浓厚的查莫罗族传统文化的朴素岛屿。在没有人的寂静海滨午睡，抑或是在可以眺望大海的高尔夫球场打球，来到罗塔岛可以休闲自在地饱享南国岛屿的假日时光。

空　路

　　塞班岛或者关岛有飞往罗塔岛的航班。从塞班出发，罗塔度假村＆乡村俱乐部的包机Arctic Circle Air 非常方便。该包机采用限乘10人的小型飞机，旅客可在最新的机体中享受约30分钟的平稳飞行。即便不是该酒店的房客，也可以搭乘，详细情况可向酒店进行咨询。
塞班岛 ☎ 288-8877、罗塔岛 ☎ 532-1162
E-mail travelmarianas@gmail.com

马里亚纳航空公司的飞机机体

　　此外，马里亚纳航空公司每天有 3 次航班从塞班岛飞往罗塔岛。由于航行时刻表经常会发生变动，因此最好通过官网主页进行确认。网站内容只有英文一种语种选择，首先点击画面上方的 "Flight Schedules"，再点击 "Passenger Schedules" 便可看到最新时刻表。
☎ 433-9992/9996/9998
URL www.starmarianasair.com
　　关岛也有马里亚纳航空公司与美国联合航空公司的定期航班飞往罗塔岛。

Arctic Circle Air 具有稳定感的飞机机身

罗塔岛国际机场

罗塔岛简介

Rota Orientation

罗塔岛坐落在塞班岛西南侧约 136 公里处，搭乘飞机 30 分钟左右便可抵达。这座岛屿几乎正好位于塞班岛与关岛的中间位置。岛上人口约 3500 人，面积约 85 平方公里。高透明度的大海与丰富的自然是这里的最大魅力。邂逅质朴、开朗且略显腼腆的岛上居民，会进一步加深旅途中的美好回忆。

罗罗夫海滩上安静的波浪滚滚而来

历 史

罗塔岛自 16 世纪被麦哲伦发现以来，在 19 世纪末的美西战争爆发前长期受西班牙统治。南洋兴发的制糖工厂与磷矿石挖掘工厂的建造为罗塔岛历史划出了一个新时代。第二次世界大战后的命运与其他北马里亚纳群岛相同，但是，与塞班岛、天宁岛相比，这座岛屿因战争而出现的创伤较小。现如今，这里是北马里亚纳群岛自治联邦区的一员。当地以畜牧与农业作为主要产业，近年来由观光旅游业带来的经济增长也逐渐得到了重视。

"招手"活动的广告牌，由此便可看出罗塔岛是非常友好的一座岛屿

太平山因其外形又被称为"婚礼蛋糕山"

图依库斯贝利海滩

西港

千本椰子林
Senbon-Yashi

制糖工厂遗址
Suger Factory Remain

发电站

罗塔如缤潜水中心

太平山
Mt.Taipingot

市长办公室

体育馆

罗塔高中

松松村
SONG SONG VILLAGE

0　　　　　200m

罗塔岛概况

　　罗塔岛在战争中几乎未曾遭到轰炸，因此岛上的原生态森林基本均得以保留。以岛屿中央的细腰为界，东部均为平坦的平原，而西部则因萨巴纳山（→ p.203）与太平山等而起伏不平。特别是海拔 496 米的萨巴纳山经常会出现热带地区特有的疾风骤雨，因而蓄藏有丰富的地下水。罗塔人自信地认为"罗塔岛的水非常的甜美"。即使在水质优良的马里亚纳群岛，罗塔岛的水质也是首屈一指的，岛上的自来水可以直接饮用，非常好喝。

　　据说罗塔岛的海水透明度高达 70 米左右，深受潜水客喜爱。此外，这里还有古老的原始森林、名胜古迹以及洞窟等景点。建有高尔夫球场（→ p.208）的罗塔度假村 & 乡村俱乐部（→ p.213）是罗塔岛上唯一一家地道的度假酒店。

去往罗塔岛的交通

　　关岛有马里亚纳航空公司与美国联合航空公司的航班飞往罗塔岛。

交通与道路状况

　　罗塔岛上没有出租车与公交车等公共交通设施，因此游客需租车自驾游或者参加旅游团进行观光。罗塔机场设有岛民租车（☎ 532-0901、www.islanderrentacar.com）与百捷乐租车两家租车公司的柜台。岛民租车的费用为每小时 $10~。

　　连接机场与松松村的滨海路限速 45 英里 / 小时（约 72 公里），车流量小，可饱享舒适的驾车乐趣。不过，岛上有很多未经铺修的道路，因此，建议游客先报名参加旅游团（→ p.200）进行观光，第二天起再租车自驾游。

　　友好的罗塔岛居民在驾驶汽车会车时经常向对方打手势致谢。适应当地驾驶习惯之后，不妨也像当地人一样打手势回礼。

位于机场内的岛民租车公司的柜台

苏珊拉夫湾

罗塔机场方向

巴黎餐厅&酒廊

迪亚斯咖啡

安斯便利店

松松展望台方向

圆屋（集会所）

洗衣房

公园

关岛银行

东京苑

东加洞窟
Tonga Cave

ACE硬件

旧金山德博卡教堂

学校

珊瑚花园酒店
Coral Garden Hotel Annex

乔&松滋

消防局

旅游局

警察局

幸运商店

男孩酒吧烧烤

邮局

医院

水族礼品店

华伦天奴酒店
Valentino Hotel

珊瑚花园度假村
Coral Garden Hotel

蒂安娜咖啡厅

湾景酒店
Hotel Bay View

学校

东港

苏珊哈尼湾

杰克饭店

蓝色棕榈
手掌礼品店

婆娘岬方向

酒店与逗留计划

罗塔岛规模较小，游客可参加选择性旅游项目或者租车自驾观光，一天几乎就可以巡游岛内所有景点。不过，最好能够在这座岛屿上住上 1~2 天。希望你能够拿出一天的时间，忘掉一切，全身心地感受大海、天空、沙滩以及海风等这座岛屿上超群的自然景观。酒店与小型酒店可参考 p.213~酒店介绍。

热情欢迎游客的罗塔度假村（→p213）的工作人员

正在向我们打招呼的当地居民

总说明	
签证	根据关岛—北马里亚纳群岛免签协议，逗留时间在 45 天之内且持有回程机票，则可享受免签政策。必须携带护照。回国日期要在护照有效期内且留有一定的富余时间。
入境手续	中国公民必须在网上填写 I-736 电子表格，并将表格打印签字，在入境时将纸质版表格出示给海关官员。
货币与货币兑换	使用美元。银行营业时间为周一～周四的 10:30~15:00 与周五 18:00 前。
小费	酒店的枕头小费为 $1 左右。酒吧与餐厅无须支付小费。
邮政	可委托酒店总服务台代为投递。
国际电话	可在酒店拨打。如果是对方付费，使用酒店或者机场的公用电话比较方便。

选择性旅游项目

如果想高效地巡游罗塔岛上的名胜古迹，参加选择性旅游项目是最让人放心的。下面就来介绍由罗塔度假村 & 乡村俱乐部举办的一些旅游项目。

罗塔度假村 & 乡村俱乐部（→p.213）

■南岛旅游

尽情享受酒店主餐厅"帕奇菲卡"（→p.209）的午餐吧。
所需时间：约 4 小时
费 $65、儿童（6~11 岁）$45（含午餐）

■北岛之旅

在"帕奇菲卡"享用午餐后，巡游深水潭、万岁崖以及塔哥石场等位于罗塔岛北部的名胜古迹。
所需时间：约 3 小时
费 $50、儿童（6~11 岁）$30（含午餐）

■鸟类保护区

在高 50 米的断崖上观赏生活有约 20 种野鸟的"鸟类圣域"。在这里可以看到搭在树上的鸟巢与鸟类飞舞的姿态等令人深受感动的鸟类生态。
所需时间：约 1 小时 30 分钟
费 $35、儿童（6~11 岁）$25※7:00~ 与 17:00~ 各发一团

当地咨询 ☎ 532-1155
📠 www.rotaresortgolf.com

左 / 千本椰子林（→p.203）右 / 深水潭（→p.204）是一座天然游泳池

罗塔岛景点

Rota

Sightseeing

罗塔岛约有 3500 名常住人口，这些岛民几乎全部居住在位于岛屿西南部的松松村。松松村由查莫罗族在西班牙统治时代建成，是罗塔岛的核心村落。村内的南洋樱花与市楎属植物争奇斗艳，学校、邮局、法院、市政府以及警察局等设施齐全，极其安静。道路上人烟稀少，可以悠闲自在地漫步乡间。

罗塔岛西北部散布有隐藏古代谜团的塔哥石场（→p.204），可感受粗野自然的万岁崖（→p.204）以及鸟类保护区等十分有意思的景点。

罗塔岛西海岸至北部散布着设置有树荫长椅的塔塔乔海滩公园（不适合游泳）、多用于 CM 拍摄的爹爹头海滩（→p.202）以及塔图噶海滨等特别适合日光浴与浮潜的海滨。

鸟类保护区

Bird Sanctuary

 MAP p.196-A

罗塔岛东北部的 Funya 岬因生活有各种海鸟而闻名，因此又被称作鸟类保护区。

站在可眺望辽阔水平线的海角上，深深的森林便会展现在眼前。无数的海鸟在树木上作巢，时而随风飞翔的样子完美地诠释了优美二字。据说可以从正上方俯瞰海鸟鸟巢的地理位置对专家来说是十分珍贵的。

右上／优美的海鸟翱翔在天空
上／鸟类保护区才是海鸟的乐园
右／鸟类保护区准备了楼梯与观景台，普通游客也可以轻松愉快地观赏鸟类

罗塔松岛
Rota Matsushima MAP p.196-C

在罗塔岛西海岸的松松村入口附近可以看到散布在海面上的众多小岛。外海的深蓝色与浅滩的淡蓝色形成鲜明的对比，漂浮在海面上的岛屿更是美不胜收。有一个时期这里曾修建成松岛公园（僻纳塘公园），园内还设有烧烤设施等，但是，近年来因台风的影响而遭到破坏且尚未得到修复。

稍显不可思议的风景

爹爹头海滩
MAP p.196-B
Teteto Beach

罗塔岛能够游泳的海滨数量少之又少，爹爹头海滩便是其中一个非常珍贵的平浅滩。这座海滩正好位于罗塔机场与松松村正中间的位置，被誉为罗塔岛最美白沙滩。

爹爹头海滩是一座浅滩且波平浪稳，即便是携带孩子一同出行的游客也可以放心地在这里享受海水浴与浮潜的乐趣。到了周末，还可以看到当地居民举家前往这里烧烤与戏水的身影。

如此透明度与白沙可谓罗塔岛的名胜

松松展望台
MAP p.196-C
Songsong Outlook

站在松松展望台上可将蓝色大海与松松村的美景尽收眼底。展望台上的十字架祈祷着松松村的和平。面向大海，正对面的太平山是绝对不容错过的景观。太平山因其独特的外形又被当地人称作婚礼蛋糕山。

展望台上的观景视野。正对面是婚礼蛋糕山。你觉得像吗？

旧金山德博卡教堂
MAP p.199
San Francisco de Borja Church

旧金山德博卡教堂是松松村规模最大的教堂，白色与地衣绿色的设计在周边绿植的映照下熠熠生辉。仔细观察悬挂在教堂钟楼上的时钟便可发现这其实是由大炮的火药筒改造而成的。据说是由于第二次世界大战中出现了缺铁的问题才使用火药筒来代替的。可以一边缅怀当时的辛苦，一边眺望教堂的美景。

和平景象中的战争遗产

罗塔岛 ✿ 罗塔岛景点

制糖工厂遗址
Sugar Factory Remain
MAP p.198

据说当时在罗塔岛修建的制糖工厂颇为兴盛。采用红色砖瓦建造的工厂现如今已腐朽不堪，令人深感时光的流逝。工厂前展示有用于甘蔗运输的德国产蒸汽机车，即便不是铁路爱好者，应该也会很感兴趣。

蒸汽机车保留至今

千本椰子林
Senbon-Yashi
MAP p.198

千本椰子林是罗塔岛的名胜之一，从松松村出发，经5分钟左右的车程便可抵达。太平洋战争后，美国政府在当地种植了1000棵椰子树。由于受台风影响，当时的椰子树未能完好地保存下来且大约减少了一半的数量，尽管如此，等间距排列的椰子林依然十分壮观。千本椰子林旁的图伊库斯贝利海滩，是非常好的散步线路。

蓝天映照下的椰子树

安静的图伊库斯贝利海滩

旧日军炮台遗址
Old Japanese Cannon
MAP p.196-C

炮台位于松松村向南去婆娘岬的途中。大炮长7米，6英尺15.24厘米口径，冲着苏珊哈尼湾的方向，炮身完整地保留了下来。当年罗塔岛没有太多战事，据说这门大炮只打过一回。这里是看太平山最好的地方，逆光中山的轮廓非常美丽。

萨巴纳山
Mt.Sabana
MAP p.196-B

萨巴纳山位于罗塔岛西南部，是海拔约496米的台地。紫色野生兰花争奇斗艳，高原特有的清爽凉风阵阵袭来。道路状况恶劣，只有四轮驱动车才可通行。可以驾驶吉普车兜风，体验远征旅行的快感。不过，初次在这里驾车游玩，也许会迷路。最好还是参加旅店的选择性旅游项目前往观光。

萨巴纳山山顶附近有为太平洋战争中在罗塔岛上牺牲的阵亡者建造的纪念碑。

罗塔炮台遗址

建在萨巴纳山山顶上的纪念碑

深水潭
MAP p.196-A
Swimming Hole

可供游泳的深水潭是由海浪拍打岩礁形成的天然游泳池。周围全是岩石，唯独这个游泳池的底部是松软的沙地，而且不断涌出清水。大自然的魔力实在是不可思议。不过，由于深水潭底部的横洞与外洋连接，波浪汹涌时要格外小心。应避免单独行动，参加酒店组织的旅游团比较安全。

深水潭是名副其实的天然游泳池

婆娘岬
MAP p.196-C
Poniya Point

婆娘岬是罗塔岛最南端的海岬。这里是岩钓名地，曾经有人钓到45公斤重的海王雕。下车后还需要步行5分钟才能抵达岩礁突端，所以最好不要穿拖鞋前往。

岩礁的突端嶙峋陡峻，令人印象深刻

万岁崖
MAP p.196-A
As Matmos Cliff

万岁崖是罗塔岛东端最美的景点。太平洋的激浪拍打着10~20米高的悬崖绝壁，奇景蔚为大观。站在崖顶，溅起的水花打湿身体，痛快至极。在崖顶上也能清楚地看到海中鱼群戏游。

在汹涌的波浪中可见游鱼的身影

塔哥石场
MAP p.196-A
Taga Stone Quarry

塔哥石场是位于罗塔机场东侧的古代查莫罗族遗址。塔加石由珊瑚化石等脆弱的石灰岩打造而成，方形石柱的顶端载有一块半圆形的石头。在关岛、塞班岛以及天宁岛均可看到塔加石，而罗塔岛的塔哥石场则是打造塔加石的场所。

非常有趣的是，在塔哥石场看到的塔加石与天宁岛塔加遗址的石头大小是一样的。传说天宁岛的塔加石有可能是用舢板从罗塔岛运过去的。这又是一个谜一般的古代浪漫传说。

谜团重重的遗址

水上运动

⚓ MARINE SPORTS　饱享罗塔蓝！

浮潜 Snokeling

潜水点地处湾内，风平浪静

上／教练详细地为体验者进行讲解，令人非常放心
下／在船上可以清晰地看到太平山（婚礼蛋糕山）

鱼群触手可及

　　罗塔岛海域透明度高，号称有30米深。这种神秘的美不知不觉地被赋予了"罗塔蓝"的称号。哪怕只是在平浅的海滨浮潜（→p.67）都能遇到鱼群，如果想更进一步体验，建议参加当地的各类旅游项目。蓝色棕榈（→p.206）的"野餐快艇"是在水深大概4米的苏珊哈尼湾进行浮潜的旅游项目。首先迎着海风与海面溅起的水花享受10分钟左右的海上航行时间吧。

　　在船上，教练会为体验者讲授脚蹼的穿法等。抵达珊瑚花园潜水点之后就可以下海了！珊瑚花园潜水点位于苏珊哈尼湾内，风平浪静。往海中望去，海水清澈见底，透明度着实令人震惊。黄色与其他五光十色的南国鱼群就在身边，触手可及。务必体验一下这沁人心脾的罗塔蓝。

🎫 $52（网络预约每人$45、2人以上每人$40）。4岁～
当地预约·咨询：蓝色棕榈 ☎ 532-3483
🔗 www.blue-palms.com

有氧深潜 Scuba Diving

蓝色棕榈 Blue Palms [MAP] p.199

　　蓝色棕榈拥有 30 英尺（约 9 米）与 23 英尺（约 7 米）的小艇各一艘，在罗塔岛这样的装备可以称得上独一无二。这家店的工作人员也很多，他们负责所有设备器材的准备与搬运工作。他们的理念是"为潜水客提供至尊级服务"。

　　商店面对苏珊哈尼湾，每天都可以从这里直接观察海情，在潜水间歇时，可以躺在吊床上望海小憩。除了有氧深潜之外，这里还组织浮潜与徒步游岛等活动。通过网络预约，可以享受优惠。

辅助游客完成潜水体验的工作人员十分友好

💰 潜水体验 $110、正规潜水 $70（1 潜）·$105（2 潜）※通过网络预约，可享受优惠
当地预约·咨询：☎ 532-3483
🌐 www.blue-palms.com

罗塔如缤潜水中心 Rota Scuba Center Rubin [MAP] p.198

　　罗塔如缤潜水中心自开业以来奉行"顾客至上"的经营理念，吸引众多潜水客反复来访。在透明度堪称世界之最的海水中为潜水客做导游，这是店主的最大愿望，为了能够让游客在罗塔岛有一个舒适的度假体验，他配置了充实妥当的设施装备，并安排富有经验的专职人员，竭力打造一个舒适快乐的潜水环境。从体验潜水到漂游潜水，这个服务中心掌握着 25 个以上的潜水点。

　　还有 2 岁以上游客均可参加的浮潜及艇上野炊项目（$45）与出海钓鱼项目（$350/2 小时）。

店主（前排左边）与工作人员笑脸相迎

💰 潜水体验 $90、正规潜水 $70（1 潜）·$110（2 潜）·$150（3 潜）
当地预约·咨询：☎ 532-5353
🌐 rotarubin.com

罗塔岛引以为自豪的特产是什么

　　罗塔岛虽然没有特别发展的产业，但是这座至今依然保留有丰富自然资源的岛屿上有几种当地特有的特产品。首先是"水"。虽然北马里亚纳群岛的水质不好，但罗塔岛却是个例外。这座岛屿雨量大，地下水丰富，水质好且十分甜美。这里的水源可直接饮用，最近市面上还开始出售瓶装水。务必品尝一下。

　　此外，罗塔岛与塞班岛、天宁岛还有一个共同之处，那就是盛产胡椒。那么这座岛屿的胡椒与其他岛屿相比有什么不同呢？需要注意的是，无论是哪里的胡椒，都非常辣。这里还出售椰油与富含矿物质的自然盐等。罗塔岛上这些备受自然恩惠的产物都是非常不错的旅游纪念品。商店详情参照本书后续介绍。

塑料瓶装的罗塔水味道如何？
※图示均为西纳帕罗·西夫书的商品（→p.212）

罗塔岛的胡椒比塞班岛便宜，因此成为游客选购的主要目标。大 $4.95、小 $2.95

罗塔岛潜水点

森赫农洞窟（罗塔洞）（菲律宾海）

森赫农洞窟通常被称为罗塔洞。这个潜水点是森赫农绝壁上的一个大口子，仿佛水中半圆形大厅顶上的一个洞窟。进入洞内，阳光穿过透明的海水，成百上千束地投射进来，形成一个大光柱。但11月~次年2月期间很难看到太阳光，因此看不到光柱。在洞内可以看到大鳞锯鳞鱼与蓝鳍鲹。洞窟内水深15米，进入外洋海域，等待潜水体验者的是无限的峭壁潜点。

松运丸（苏珊哈尼湾）

在30米深的海底，静静地躺着第二次世界大战期间的沉船"松运丸"（4500吨）。船艉以外的船体损伤严重，船上载有卡车、自行车、吊车以及炮弹，船的中央残存着蒸汽轮机。船体周围全是泥沙，成了花园鳗鱼的群居之地。此外，在这里还可以观察薛氏海龙、尾斑光鳃鱼以及无斑拟羊鱼等。适合中级以上潜水者。

哈鲁农悬崖

哈鲁农悬崖位于罗塔岛南部，哈鲁农海岬的端头，一般说是适合中级以上潜水者的潜水点，而实际上根据海流情况有时高级水平者也会感到吃力。陡直的崖壁下面有很大的根基部分，有成群的六带鲹与梭子鱼等。此外，在绝壁的壁面上可以看到霞蝶鱼与剥皮鱼，在海岬附近可以看到曲纹唇鱼、乌翅真鲨以及白鳍礁鲨等。到海底深70米，需要注意水深状况。

高尔夫

罗塔度假村 & 乡村俱乐部
Rota Resort&Country Club

可正对大海振臂挥杆的 12 号球洞

驾驶高尔夫球车穿越丛林 也是一个非常不错的体验

可以驾驶高尔夫球车进入场内

　　罗塔度假村 & 乡村俱乐部内的高尔夫球场，每一个球洞位置都可以眺望菲律宾海。高尔夫球场由美国设计师斯科特·费锡迪主持设计，他直接利用丘陵地形与原生态树木等实现他"与大自然共存"的设计理念。球场被大海与树木所包围，游客可在莺声啼啭中饱享颇具度假氛围的高尔夫体验。

　　特别值得一提的是12号洞。该洞正对大海，是可以尝试一杆进洞的短距离球洞。面对大海振臂挥杆的快感难以用言语表达。在最后的球洞区可以同时望见曲线优美的俱乐部建筑与大海，有一种与行程相符的爽快感觉。

　　从整体看，这个球场的场地平缓，而由于行进方向与从岛上穿过的信风保持平行，因此比赛中如何把握风的影响成为决胜的关键。无论对于初握球杆的新手，还是对久经沙场的老将都是一次愉快的经历，此外，这里还会经常举行高尔夫淘汰赛。

18球洞 /7093码 /72杆
费 $160（1~2月 $190）、罗塔度假村房客 $140（1~2月 $170），含高尔夫球车费用；出租球杆 $25、出租高尔夫球鞋 $10
当地预约·咨询·☎ 532-1155
网 www.rotaresortgolf.com

餐厅 & 酒吧
Restaurant & Bar

罗塔岛虽小，但餐厅种类却丰富多样。在罗塔岛激情奔放的氛围中用餐，别有一番味道。请忘掉时间，慢慢享受美食吧！

可以品尝到地方美食的"帕奇菲卡"店内（左）与名菜罗塔椰子蟹（右）

轻松愉快的午餐与时尚的晚餐
MAP p.196-A/ 罗塔度假村 & 乡村俱乐部

帕奇菲卡
Pacifica

帕奇菲卡是罗塔度假村 & 乡村俱乐部（→ p.213）的主餐厅，环境幽雅。菜品方面尽可能采用地方蔬菜等当地食材进行烹饪。什锦炸木瓜 $10，香味四溢，口感极佳。仿照 "LOCO MOCO（夏威夷式米饭汉堡）"制成的 "ROTA MOCO（罗塔式米饭汉堡）" $20 上浇有洋蘑菇褐色调味汁，是这家餐厅的自创菜品。在这里可以尽情地享受充满地方色彩与创意的菜品。

类型	南太平洋料理

午餐 $12~、晚餐 $20~
6:30~9:30、11:00~14:00、18:00~21:00　休 无
CC A D J M V
☎ 532-1155
图 有
P 使用酒店停车场

充满地方色彩的炸木瓜 $11（右）、ROTA MOCO$20（左）以及朝鲜辣白菜炒饭 $17（上）

颇具主餐厅风范的雅致外观

在晚霞的映照下饱享烧烤乐趣
MAP p.196-A/ 罗塔度假村 & 乡村俱乐部

提基提基
Tiki Tiki

提基提基是罗塔度假村 & 乡村俱乐部内一家可饱享烧烤乐趣的开放式餐厅。在这家餐厅可一边享用厨师现场烤制的热气腾腾的牛肉与海鲜，一边欣赏晚霞美景，这是南国岛屿特有的奢侈的晚餐时间。

餐厅供应椰子刺身与风味手卷等冷盘，甜食方面有应季水果与咖啡，享用烧烤前与用餐结束后也可以轻松舒畅地度过。套餐售价为 $55。需要在用餐当天的 16:00 前预约。

类型	烧烤

晚餐 $55
18:00~21:00　休 无
CC A D J M V
☎ 532-1155
图 有
P 使用酒店停车场

厨师在晚霞的陪伴下用炭火烤制美食

冷盘与沙拉等分量十足

罗塔蓝酒吧
Rota Blue Bar

类型	酒吧
💰	啤酒 $4~

罗塔蓝酒吧位于罗塔度假村 & 乡村俱乐部内，十分值得信赖。这家酒吧的吧台采用花纹瓷砖进行装饰，酒柜上摆满了世界各国的酒品。酒吧内有专为成人设置的饮酒区。除了马丁尼酒与螺丝锥子等常规鸡尾酒之外，还有罗塔美 $8 等酒吧自创的酒品。

此外，只要将自己的喜好告诉酒吧工作人员，调酒师便会现场晃动鸡尾酒摇混器调制美酒。就让格外美味的鸡尾酒来结束这南国岛屿的夜晚吧。

🕐 18:00~21:00
休 无
💳 A D J M V
☎ 532-1155
网 有
P 使用酒店停车场

现场调制的美酒特别好喝

度过成人的专属时光

男孩酒吧烧烤
Pizzaria Bar & Grill

类型	酒吧 & 烧烤
💰	啤酒 $5.25、比萨饼 $16.95~

男孩酒吧烧烤位于松松村，这里总是会挤满前来用餐的当地居民。如此受欢迎的秘诀除了菜品味道之外，还在于变化多样的菜品种类。仅色拉就有十种以上，除此之外，还有烤干酪辣味玉米片与墨西哥玉米薄卷饼等墨西哥风味美食。6 个装的墨西哥玉米薄卷饼拼盘仅售 $12.95，非常划算，自己亲自往豆卷中夹馅的过程十分有趣。比萨饼共有 15 种，售价 $16.95~。最受欢迎的是咖喱虾比萨 $24.95。香味浓郁的比萨面饼、奶酪以及香辣调味料堪称绝配。可以一边品尝世界各国啤酒 $5.25，一边大口大口地享用美味。

🕐 周二 ~ 周日 10:30~21:30
休 周一
💳 D J M V
☎ 532-7402
网 有（免费）
P 30 个车位

咖喱虾比萨 $24.95、墨西哥玉米薄卷饼拼盘 $12.95、凯撒沙拉 $10.95

在开阔场地上也设有席位，是极具罗塔特色的朴素餐厅

巴黎餐厅 & 酒廊
As Pari's Restaurant & Lounge

类型	松松村
💰	午餐 $6~、晚餐 $6~

店名"巴黎"在当地的查莫罗语中意为"朋友"。正如其名，巴黎餐厅 & 酒廊从早到晚都会聚集众多当地的居民，是一家待客十分友好的餐厅。菜品以查莫罗料理与菲律宾料理为核心。早餐有白米饭、鸡蛋料理以及腊肠或者炸鱼等组成的套餐，售价 $8.95。单品方面有炸鸡 $12 与照烧鸡 $12 等。此外，还供应冰果露 $3.95 等甜品。

🕐 6:30~13:00、18:00~21:00
休 无
💳 J M V
☎ 532-3356
网 无
P 20 个车位

巴黎餐厅 & 酒廊经常会集聚很多当地的居民

从早餐到晚餐应有尽有

可饱享日餐与烤肉的餐厅
东京苑
Tokyo-en

MAP p.199/ 松松村

类型 日本料理

福 午餐 $9~、晚餐 $15~

🕐 11:00~14:00、17:00~22:00
休 周日的午餐时间
☎ 532-1266　CC 不可使用
🈂 有　P 8个车位

刺身 $10、烤茄子 $8 以及奶油玉米 $6 等令人垂涎的菜品一应俱全。特别是摊得很厚的鸡蛋 $9，由工作人员花时间精心烹制而成，可以说是充满自信的一道菜品。

里脊肉 $9 与排骨 $9 等烤肉可一边在餐桌内的炉子上烤制一边享用。荞麦面 $9~、盖饭 $10 以及套餐 $12 等主食的种类也十分丰富。

东京苑是松松村所有餐厅与酒吧中时常会热闹到深夜的一家店。

颇受欢迎的烤肉

屋檐下挂着灯笼的外观营造出一种令人留恋的环境

可稍事休息的咖啡厅
蒂安娜咖啡厅
Tiana's Coffeehouse

MAP p.199/ 松松村

类型 餐厅

福 咖啡 $2~

🕐 6:00~14:00
休 无　CC AMV　🈂 无
☎ 532-8466
P 使用酒店停车场

蒂安娜咖啡厅是位于松松村华伦天奴酒店（→ p.214）内的一家咖啡厅风格的餐厅。虽然营业时间截至 14:00，但在咖啡店极少的罗塔岛上，这家可以轻松愉快地享用咖啡的咖啡厅颇受欢迎。自制饼干与面包人气极高，品类涵盖核仁巧克力饼、肉桂面包卷以及蓝莓法式甜点等，十分丰富。

小甜饼干与面包颇受欢迎

蒂安娜咖啡厅位于华伦天奴酒店（→ p.214）一层

Rota Wave~ 来罗塔岛挥挥手

罗塔岛上到处都是鲜艳的广告牌。据说这些广告牌均为罗塔岛上的孩子们别出心裁的作品，无论哪一幅，都是精心的杰作。这些作品的绘制还是 "Rota Wave（挥手致意）" 主题宣传活动的一个重要环节。在罗塔岛上驾车出行，车上的乘客在会车时均会挥手致意。由此可见，罗塔岛是非常友好的一座岛屿，令人备感亲切。游客在观光途中务必留心观察这一风俗习惯。

描绘彩虹的作品，两侧的手印也十分迷人喜爱

塔礼景糕山（→ p.202）与大家的笑容非常可爱

在蒂安娜咖啡厅偶遇的少女们。"Rota Wave！"

商店 & 酒店
Shopping & Hotel

罗塔岛的商店数量不多，下面介绍对游客比较有用的三家店。采用贝类与植物等罗塔岛自然素材制成的工艺品、淳朴的地方点心以及胡椒等适合用作旅游纪念品的商品应有尽有。此外，还有地方色彩浓郁的大型超市。不妨在这里淘一些其他地方买不到的珍奇纪念品。

将罗塔岛出产的旅游纪念品进行可爱的包装

手掌礼品店
Giftshop Palms

手掌礼品店位于潜水店"蓝色棕榈"（→ p.206）的二层。这家礼品店的原创 T 恤 $23，颜色丰富，是这里的常规商品，即便不是潜水员，也不禁想要购买一件。除此之外，充满大海味道的店内还供应罗塔盐 $7 与以海洋生物为主题的银制品等。采用古董珠串制而成的手工装饰品与手机链也十分可爱，店内工作人员可根据顾客要求完成创作，不妨在这里购买一条自己专属的原创作品吧。希望各位游客能够在这里找到属于自己的罗塔记忆。

手工装饰品颇受欢迎

MAP p.199/ 松松村

🕐 8:00~17:00
休 无
CC JMV
☎ 532-3483
📷 有
P 5 个车位

令人联想到大海的店内

MAP p.196-A/ 罗塔岛东北部

罗塔岛首屈一指的大型超市

西纳帕罗·西夫韦
Sinapalo Safeway

西纳帕罗·西夫韦是罗塔岛规模最大的大型超市。除了日用品与食品之外，这家超市还出售岛上栽培的蔬菜与薯类等，非常有意思。在这里还可以买到罗塔特产胡椒与瓶装水。

商品品类齐全，在罗塔岛（→ p.206）首屈一指

🕐 6:00~22:00　休 无　CC AJMV
☎ 532-0349　P 20 个车位

MAP p.199/ 松松村

从杂货到食品，罗塔岛的特产应有尽有

水族礼品店
Aqua Gift Shop

水族礼品店位于松松村，供应罗塔岛特产。采用椰子制成的烟灰缸与树木果实制成的装饰品等充分发挥自然素材作用的杂货独具质朴韵味。在这家礼品店还可以买到胡椒与点心。

罗塔岛的特产应有尽有的水族礼品店

🕐 10:00~17:00（周日 ~14:00）　休 无
CC AJMV　☎ 532-7888　P 6 个车位

在丰富的自然中度过美好时光，所有客房均为套房的度假村　**MAP** p.196-A / 罗塔岛东北部

罗塔度假村 & 乡村俱乐部
Rota Resort & Country Club

房间数 57
☎ 532-1155
FAX 532-1156
费（2018 年）所有客房均为套房 $250~
CC A D J M V
URL www.rotaresortgolf.com

来到罗塔度假村 & 乡村俱乐部，可饱享慢节奏生活，这是一家悠闲气氛浓郁且极具罗塔风情的度假酒店。穿过南国鲜花争奇斗艳的中庭便可抵达酒店大厅，工作人员笑脸相迎。客房内的桌子上为房客准备了由椰果果汁与罗塔白薯组成的欢迎饮料 & 甜品。客房的"Don't Disturb"标识所使用的并非是无机质卡片，而是采用椰子果实制成的标识，十分可爱。可以说酒店的各个细节都很好地展示了"罗塔风情"与工作人员的良苦用心。

左上 / 可以眺望大海的舒适泳池
右上 / 饱享度假气氛
右中 / 配有起居室的宽敞空间
右下 / 舒适的卧室

　　所有客房均为套房，有两居室与四居室两种房型。这两种类型的套房内装相同，均为表现大自然的风格，都有宽大舒适的起居室，令住客感觉轻松舒畅。适合家庭出游与团体旅游的游客入住。

● 酒店设施与服务

办理入住 & 退房手续	15:00 & 12:00	旅游服务台	8:00~18:00
游泳池	9:00~19:00	投币式洗衣机	×
游泳专用毛巾	出借（免费）	洗衣服务	○（无甩干服务）
网球场	×	冰块服务	由餐厅发送（免费）
停车场	免费	客房服务	7:00~21:00
代客停车服务	×	禁烟客房	57 间（所有客房）
行李寄存	○	残障人士客房	2 间
机场接送	部分收费（需要预约）	家庭项目	12 岁以下免费
店铺	礼品店		
海上运动	由旅游服务台受理		
网络环境	休息室区与部分客房（免费）		
其他	观光旅行（→ p.200）等		

● 餐厅 & 酒吧

帕奇菲卡	南太平洋料理	→ p.209
提基提基	烧烤	→ p.209
罗塔蓝酒吧	酒吧	→ p.210

● 客房内设备

客房面积 ※	70 ㎡ ~
彩色电视机	○
有线电影（收费）	×
收音机（带时钟）	×
电冰箱	○
迷你吧台	×
室内保险柜	免费
其他	烧水器、拖鞋

※ 两居室

● 浴室内设备

吹风机	○
浴缸	○
手握式淋浴喷头	一个
香皂	○
洗发液	○
护发素	○
牙刷、牙膏	○
其他	

🎵 配有厨房、十分方便

华伦天奴酒店
Valentino Hotel

MAP p.199/ 松松村、苏珊哈尼湾海岸沿线

费（2018年）单人房 $67.85、双人房 $73.60、两居室 $102.35
CC A M V
☎ 532-8466
FAX 532-0655
接 有（单人单程 $12、往返 $24）
※ 休息厅与所有客房均可使用 Wi-Fi

华伦天奴酒店位于东宋村，是一家配有厨房的小型酒店。酒店内设有海景客房，有单人房与两居室等房型。配有厨房与起居室的客房费用为 $102.35（含税），价位适中。以白色作为基础色调的厨房与宽敞的起居室使客房的整体舒适感大幅度提升。酒店一层是"蒂安娜咖啡厅"（→ p.211），用餐十分方便。

上／位于高地，可以望见苏珊哈尼湾
左上／海景客房
左下／起居室

🎵 饱享罗塔风情

珊瑚花园度假村
Coral Garden Hotel

MAP p.199/ 松松村、苏珊哈尼湾海岸沿线

费（2018年）单人房·双人房 $54、三人房 $59.50
CC D J M V
☎ 532-3201
FAX 532-3400
接 有（单人单程 $7、往返 $14）
※ 全场均可使用 Wi-Fi

珊瑚花园度假村是一家建在海岸沿线的海景酒店，单人房与双人房费用均为 $54，价位较低。建筑正面采用绘有椰子树与大海的壁画进行装饰，酒店与海岸之间是大片的草坪，极具罗塔风情。酒店内还有配有厨房的房型，计划长期居住的游客可以进行详细咨询。日用织品清洁且舒适。

紧邻大海，地理位置绝佳

颇具南国风情的壁画是这家酒店的标志

🎵 舒适的小型酒店

湾景酒店
Hotel Bay View

MAP p.199/ 松松村、东港附近

费（2018年）单人房 $55、双人房 $60、三人房 $65
CC 不可使用
☎ 532-3414
FAX 532-0393
接 有（单人单程 $7）
※ 几乎酒店内的所有场所均可使用 Wi-Fi

湾景酒店是一家拥有 20 间客房的小型酒店，虽然并非面海而建，但鲜花竞相盛开的庭园与悠闲自在的气氛令人备感舒适。以公用厨房与起居室为核心，设置有 2~3 间卧室的套房是这家酒店的独特之处。这种套房只能整套租用，家人与亲友们可随意分配。室内装饰素净，十分舒适。

左上／客房内整洁舒适
左下／套房起居室，可爱的氛围
下／鲜花竞相盛开，极具罗塔风情的淳朴酒店

Tinian
天宁岛全图

景点、城市地标
海滨
餐厅
潜水服务
纪念碑
酒店
其他设施

A

牛岬
Ushi Point

原子弹装载地
Atomic Bomb Loading Pits

空中管理大楼
Air Administration Building

跑道
Runway Able

星沙滩
（丘鲁海滩）
Chulu Beach

河内空军
Hagoi U.S. Air Force

喷水海岸
Blow Hole

隐蔽海滩
Unai Chiget
阿西噶岬

神道美国纪念馆
Shinto American Memorial

圣米罗岬

拉索山
拉索神社
Mt. Lasso Shinto Shrine

海诺德神社
Hinode Shrine

丹木可库海角

阿西噶湾

BROAD WAY

长滩（拿铁石步道）

无线电通信大楼
Radio Communication Building

B

86号街   86TH STREET

8TH AVE.

百老汇

弗莱明海角
Fleming Point

玛莎罗库岬

库阿甘岬

天宁国际机场
Tinian Airport

塞班岛
Saipan Island

天宁岛
Tinian Island

奥盖吉岛
Aguijan Island

罗塔岛
Rota Island

0   30km

MK旅行社

韩国人纪念碑

ACE硬件

圣何塞村
SAN JOSE

弗莱明酒店
Fleming Hotel

天宁港

参照p.220地图

卡默尔海滩
Kammer Beach

住吉神社
Sumiyoshi Shrine

塔加海滩
Taga Beach

塔丘纳海滩
Tachogna Beach

天宁海景酒店
Tinian Oceanview Hotel

C

N

0   5km

自杀崖
Suicide Cliff

卡罗来纳石灰岩森林小径
Carolinas Limestone Forest Trail

卡罗来纳高原
Carolinas Plateau

所示为道路状况不好的地方，需要
四驱车的时候较多。因此不推荐租车自驾旅
行。

216

前往天宁岛的交通工具

Transportation

飞往天宁岛的"纳瓦霍人酋长"的机身

虽然有诸多游客前往北马里亚纳群岛观光，但几乎所有人都会选择将塞班作为活动据点，而前往天宁岛的人却少之又少。

小型飞机每天频繁往返于塞班岛与天宁岛之间，仅需 15 分钟的航行时间便可饱享透明度不亚于塞班的大海的美景。

空 路

●马里亚纳航空公司

现在只有马里亚纳航空公司开设往返于塞班岛与天宁岛之间的航线。所需时间约 15 分钟。

担任这条航线飞行任务的机型是限乘 8 人的"纳瓦霍人酋长"。"纳瓦霍人酋长"属于双发动机飞机，飞行状态稳定，游客在天晴时乘坐可享受舒适的飞行体验。从早晨 7:00 至傍晚 18:00 期间，每 1 小时起飞一架航班，每天往返各 12 次航班。

☎ 433-9992/9996/9998

航行时刻表经常会发生变更，通过下述主页进行确认可以更加放心地安排行程。主页仅有英文一个语种，点击画面上方的"Flight Schedules"后再点击"Passenger Schedules"即可看到最新的航行时刻表。

马里亚纳航空公司的航行时刻表	
塞班岛 ▶ 天宁岛	**天宁岛 ▶ 塞班岛**
7:00 → 7:15	7:30 → 7:45
8:00 → 8:15	8:30 → 8:45
9:00 → 9:15	9:30 → 9:45
10:00 → 10:15	10:30 → 10:45
11:00 → 11:15	11:30 → 11:45
12:00 → 12:15	12:30 → 12:45
13:00 → 13:15	13:30 → 13:45
14:00 → 14:15	14:30 → 14:45
15:00 → 15:15	15:30 → 15:45
16:00 → 16:15	16:30 → 16:45
17:00 → 17:15	17:30 → 17:45
18:00 → 18:15	18:30 → 18:45

（时间可能会改变）

URL www.starmarianasair.com

马里亚纳航空公司的飞行员

尽情享受小型机极富魅力的飞行体验吧

天宁岛简介
Tinian Orientation

　　天宁岛位于塞班岛西南方向约 5 公里处，从塞班岛搭乘飞机前往仅需 15 分钟即可抵达。这座岛屿面积约 100 平方公里。岛上人口约 3200 人，到处都可以看到牛儿悠闲自在地吃草的场景，这是一座悠闲宁静的岛屿。历经岁月沉淀的美丽海滨，不断发出海水来回拍打岸边的波涛之声。在这里应该能够体验被我们遗忘许久的人类本真的生活状态。

比塞班岛更加透明的海水。图示为塔加海滩（→ p.222）

历史

　　和塞班一样，天宁岛经历过西班牙、德国和日本的统治，第二次世界大战后由联合国交由美国托管。1981 年经当地居民投票，天宁岛成为美国的海外自治领地。其后的 1986 年 11 月正式组成了自治政府，成为北马里亚纳联邦的成员。

　　日本统治时期，岛上有号称东洋第二的南洋兴发制糖工厂，曾有 1 万多人在岛上生活。太平洋战争期间的 1945 年 8 月，美国搭载原子弹的 B-29 轰炸机就是从这个岛起飞前往日本广岛和长崎的，天宁岛也因此而青史留名。

散布有众多战争遗址与历史古迹

岛屿概况

　　天宁岛的大部分区域被原始森林所覆盖，岛中心为圣何塞村。市政府、警察局、医院、教堂以及银行等主要设施都集中在圣何塞村。洛里琳酒店（→ p.230）、从早晨开始营业至深夜的岛上社交场所 JC 咖啡（→ p.228）以及康兹比萨店（→ p.228）等餐饮店也均位于圣何塞村内。

　　此外，天宁岛还保留有众多第二次世界大战的战争遗址，可在旅行途中前往观光（→ p.226）。

极具南国岛屿风情且十分朴素的天宁岛国际机场

去往天宁岛的交通

马里亚纳航空公司每天都有航班从塞班岛飞往天宁岛，每 1 小时发一个航班。

交通与道路状况

由于天宁岛没有出租车与公交车等公共交通设施，因此游客需要租车自驾或者参加旅游团进行观光。天宁岛有两家租车公司，分别是岛民租车（☎ 433-3025、💻 www.islanderrentacar.com）与安飞士租车（☎ 433-2847）。机场设有租车公司柜台。岛民租车的费用为每小时 $10~。由于岛内多为未经铺修的道路，因此建议游客首先参加旅游团（→ p.226）了解路况，从第二天开始再租车自驾游。

岛民租车设在机场的柜台

租车前确认车体是否存在剐蹭

总说明	
签证	根据关岛—北马里亚纳群岛免签协议，逗留时间在 45 天之内且持有回程机票，则可享受免签政策。必须携带护照。回国日期需在护照有效期内且留有一定的富余时间。
入境手续	从塞班岛飞往天宁岛的航班是国内航线，因此无须审查与手续等。购买烟草与酒精类商品时需要出示身份证明，因此请随身携带护照。
货币与货币兑换	使用美元。银行营业时间为周一～周四的 9:00~16:00 与周五 18:00 前。
小费	酒店的枕头小费为 $1 左右。酒吧与餐厅无须支付小费。
邮政	邮票购买与投递可委托酒店总服务台代为办理。
国际电话	可在酒店拨打。如果是对方付费，使用酒店或者机场的公用电话比较方便。

天宁岛保留有众多未经开发的自然区域

酒店与入住计划

　　天宁岛的旅游开发远不及塞班岛，游客来到这里会有"啥都没有"的印象。而这个"啥都没有"也正是天宁岛的魅力所在。旅游项目中也有一日游，不过如果想忘记日常的繁忙，让自己完全放松下来，还是住上两三天比较好。给自己安排出一天时间，什么事情都不做，悠闲地度过。

什么都不做，悠闲地在天宁岛度过一天

在康诺比萨店（→ p.228）遇到的岛上儿童

北马里亚纳大学
高中
幸运超市
东方餐厅
网络咖啡店
拯救市场
KERIDAS
冷餐厅
芬名酒店
Fleming Hotel
天宁小学
康兹比萨店
邮局
Lucky Qiang Mart
关岛银行
南洋兴发株式会社遗址
Nanyo Kohatsu Site
投币式洗衣机
图书馆
圣何塞教堂
医院
法院
消防局 警察局
市政府
洛里琳酒店
Lorilynn's Hotel
警防团遗址
消防遗址
监狱遗址
JC咖啡
塔加屋
House of Taga
集会场所
BROAD WAY
卡默尔海滩
Kammer Beach
天宁港
圆形剧场
百老汇
N
0　　　　　　500m
历史文物保护办公室
Historical Preservation Office
塔加海滩
Taga Beach
塔丘纳海滩
Tachogna Beach
天宁海景酒店方向

圣何塞
SAN JOSE

Sightseeing

天宁岛景点

Tinian

天宁岛的中心圣何塞村位于岛屿南部的西海岸沿线。几乎所有的岛民都生活在这座小型村落，村内还开设有酒店与餐厅。村子南北直径不足1公里，在村内散散步也是一个不错的体验（→ p.220）。村中心同时也是天宁岛的核心区域，邮局、市政府、医院以及警察局鳞次栉比。从这里向海岸方向右转，步

行约400米，右侧便是警防团遗址、消防团遗址以及监狱遗址。从这里向海岸方向走约200米，左转就是美丽的海岸线，有琼斯海滩和塔加海滩。

塔加屋
House of Taga

MAP p.220

塔加屋位于圣何塞村南部可以眺望天宁港的公园内。这里是古代民族查莫罗·塔加的遗址。长方体石柱上架有一块碗状石头，被称为塔加（拿铁）石。塔加石又被用作北马里亚纳群岛旗帜的设计图案，在塞班岛、罗塔岛以及关岛也发现过同样外形的石柱。其中，这里的

塔加（拿铁）石四棱柱高约4.1米，上方石块高约1.7米，其规模位于北马里亚纳群岛之首。这里曾经共有两排塔加石，每排各有六组，但因受到台风影响，现在只保留有一组，而其余均已倒塌。

据推测，塔加屋的历史可追溯至约3500年前，至今依然有众多不解之谜

塔加海滩 🗺 p.216-C/220
Taga Beach

　　塔加海滩据说是古代查莫罗首领专用的戏水场所。来到这里务必前往码头最前端俯瞰大海。美丽的海蓝色令人叹为观止。如此漂亮的景色令人不禁产生纵身飞跃的冲动，但是退潮时水仍很深，务必要多加注意。在被峭立岩石所环绕的小型海滨沙滩上可饱享宛如私人海滩一般的气氛。

右／如此漂亮的景色令人不禁产生纵身飞跃的冲动，但是退潮时务必要多加注意
下／悠闲自在的海滨

塔丘纳海滩 🗺 p.216-C
Tachogna Beach

　　塔丘纳海滩位于塔加海滩南侧，被誉为天宁岛最美的浅滩。
　　这里最深的区域也只有4~7米，因此特别适合浮潜与体验潜水。要是浮潜可以观赏到种类繁多的热带鱼。当然，这里还作为潜水点而闻名，有众多潜水爱好者慕名前往。

天宁岛的主路

百老汇 🗺 p.216-A~C/220
Broad Way

　　百老汇是贯穿天宁岛中部的一条南北走向的主路。据说天宁岛的形状与纽约曼哈顿十分相像，这条路也正因此而得名。不过，与我们平时所说的百老汇截然不同，这里只是一条树木繁茂的道路而已。除此之外，还有被命名为42号街的街道。
　　百老汇在天宁国际机场以南的路段是面海坡路，视野极佳。

特别适合海上运动的海滨

卡默尔海滩
MAP p.216-C/220
Kammer Beach

　　卡默尔海滩紧邻圣何塞村，是位于村南的平浅海滨区。海滩上有搭设顶棚的桌椅与洗手间，可以看到前来戏水的当地居民的身影。

上／海滨区美丽的白沙，特别适合戏水　　左／海滩上安装有自来水栓

历史文物保护办公室
MAP p.220
Historical Preservation Office

　　历史文物保护办公室位于圣何塞村，其中部分区域用作历史资料馆。

　　馆内陈列有原子弹受害者与原子弹实物的图片以及针对广岛型与长崎型的构造差异等进行解说的图示板。

蓝色的塔加（拿铁）石形状的立柱是历史资料馆的标志

针对陈列物品的说明虽然只有英语一个语种，但还是希望游客能够了解一下

原子弹装载地
Atomic Bomb Loading Pits

MAP p.216-A

位于天宁岛北部的美军空军基地又被称为诺斯菲尔德，共平行设有四条长约2600米的跑道。1945年8月，飞往广岛与长崎的原子弹装载机就是从这里起飞的。跑道北侧是原子弹装载地遗址（Atomic Bomb Loading Pits），现在这里建起了纪念碑并陈列有描绘当时状况的图片。

此外，需要注意的是跑道现在用作美军演习场所，演习期间禁止入内。

这个长方形坑穴内曾放置有原子弹，并装载在B-29上

拉索神社
Mt. Lasso Shinto Shrine

MAP p.216-A~B

拉索神社现如今仅保留有写有汉字"罗宗神社"的门柱与原本用于供奉神体的台座，令人深感时光流逝。

这里既是非常有意思的历史古迹，同时还是绝佳的观景场所，天晴的时候，可以在这里180°瞭望天宁岛海岸美景。道路虽然已逐渐完善，但天气不好时，部分路段还是存在隐患，因此游客最好参加旅行团（→p.226）进行观光。

左上／可以清晰地看出"罗宗神社"
右上／可将天宁岛景色尽收眼底的观景场所
左下／曾用于供奉神体的台座
右下／村落遗址内保留着部分建筑遗迹，还埋有当时的瓶子等物品

颇具感染力的喷水海岸

喷水海岸
Blow Hole

MAP p.216-A

喷水海岸位于美国空军基地东侧。这一带由珊瑚礁形成的岩石多且裸露，地下还有复杂的洞穴，波浪从海上涌来时，潮水会被喷到10米高。游客可全身心地感受极具感染力的波浪声与落在身上的飞沫。特别是天晴的时候，蓝色的海水与溅起的白色飞沫可谓绝配，堪称美景。在这里可以感受自然界令人不可思议的现象。

为了避免在岩石多且裸露的地方受伤，最好不要穿拖鞋，建议穿着轻便的胶底运动鞋前往。

住吉神社
Sumiyoshi Shrine

MAP p.216-C

在葱郁茂密的森林内前行，不久便可以看到牌楼与神社殿前摆设的石狮子，里面还有一座祠堂。周边环境整洁，可以看出这座神社并未荒芜，平时应该有人专门进行维护。这一带充满静谧的气氛，令人不禁严肃地合掌祈福。

景点内虽然设有向导指示牌，但是参加可根据游客要求进行调整的旅行团（→ p.226）前往会更让人放心。

爬上石级便可看到迎接来宾的石狮子们

森林内的牌楼之上，树木长得很茂盛

卡罗来纳石灰岩森林小径
Carolinas Limestone Forest Trail
MAP p.216-C

卡罗来纳石灰岩森林小径位于天宁岛南部卡罗来纳高原的山麓地区。森林小径起始点设有路牌，很容易找到。在进入森林小径之前，首先要在入口附近饱享绝美景色。这里是可将天宁岛的美丽大海与岛屿西岸景色尽收眼底的观景场所。在森林小径内可以感受生气勃勃的树木丛林，享受充满能量的森林浴。穿过森林还有一个观景台，可在此饱享美丽的风景。

正如名字中所包含的 Limestone（石灰岩）一词，卡罗来纳石灰岩森林小径为石灰地质，路旁的悬崖下方有很深的洞窟。游客也许会禁不住往里观望，但由于有坠落的危险，所以务必要多加注意。

左／可将天宁岛西岸美景尽收眼底　右上／道路旁的指示牌是森林小径的标志　右下／小路旁的悬崖下方是洞窟

自杀崖
Suicide Cliff

MAP p.216-C

天宁岛南端丘陵地带的卡罗来纳高地，其太平洋一侧的断崖被称为自杀崖（Suicide Cliff）。自杀崖又被称为天宁岛的"万岁崖"。从高地极目远眺，非常值得一看。在断崖下150米处的海里，清晰可见鲨鱼与海龟在游动。

直上直下的山崖下方是蔚蓝的大海

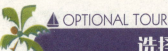

OPTIONAL TOUR

选择性旅游项目

从塞班过来的一日游基本上能把天宁岛上的主要观光景点转遍。话虽如此，但这里清澈美丽的海水、历史古迹以及战场遗址等仅仅抓住了游客的心，在这里逗留越久就越能感受到它们的魅力。

OPTIONAL TOUR　了解天宁岛的自然与历史

天宁岛秘境探险 Tinian Adventure

MK 旅行社 MK Tours

MAP p.216-B

MK 旅行社还会安排游客前往人烟稀少的绝美海滨

至今依然保留着火焰喷射痕迹的洞窟

　　MK 旅行社的"天宁岛秘境探险"项目主要是参观一般观光客不容易去的战争遗址等。

　　除此之外，还可以在美丽的天宁岛海滨捡五光十色的海玻璃或者是进入钟乳洞内参观等，内容丰富多彩。对天宁岛历史与自然颇有研究的导游会愉快地为游客做讲解。

　　"我想让来到这里的游客更加深入地了解天宁岛。除了天宁岛秘境探险之外，MK 旅行社还开设有多条旅游线路来尽量满足游客的各种需求。敬请各位游客前来咨询"，旅行社导游如是说。

　　观察鸟类与遍访塔加（拿铁）石等也

拉索山是天宁岛上首屈一指的名胜地

对天宁岛自然与历史了如指掌的导游

是可以安排的。此外，MK 旅行社还预约住宿、机票预订以及椰子油与诺丽茶等天宁岛特产销售等服务项目。只要是与天宁岛相关的任何事项均可前来咨询洽谈。可参照 p.42 天宁岛一日游的详细内容。

所需时间：约 2 小时（根据天气等因素发生变化）
$42～、2～11 岁 $35～、2 岁以下免费
当地预约・咨询：MK 旅行社 ☎433-2857
mktours.jimdo.com

水上运动

MARINE SPORTS　与鱼儿一块儿戏水

水肺潜水 Scuba Diving

　　天宁岛透明度极高的大海是最佳潜水场所。下面就来介绍当地极具代表性的几个潜水点。读者可以参照 p.73 中塞班潜水店的详细内容进行了解。

天宁岛的潜水点

弗莱明 p.216-B

　　弗莱明是北马里亚纳最深的悬崖潜水点，只有专业潜水员才能完成该潜水点的深潜体验。上午潜水由深紫色变为土耳其石蓝绿色，下午则会成为清澈见底的蔚蓝色。高约 70 米的悬崖直入海底，从而形成深蓝色的色彩渐变。崖壁破裂一侧的地形十分有趣。在深水区能够看到珍奇的大腹拟花鮨与海金鱼等。此外，还有可能近距离地看到绿蠵龟。此潜水点面向中级以上潜水员开放。

蓝洞

　　蓝洞无须通过阶梯上下移动！此潜水点的五个大型洞穴呈辐射状分布，每个洞穴各自呈现出不同的状态。潜水体验者可以踏实地探寻蓝洞特有的神秘。蓝洞外围有高 55 米的悬崖，可以饱享深海天宁蓝。此外，潜水体验者人数较多时，在安全状态下停止使用的气帘也十分有趣。这里的潜水环境基本上不受水流影响，即便是初学者也可以充分享受潜水的乐趣。

红墙

　　正如其名，红墙是由红崖围堵而成的潜水点。水中有数块滑落而下的岩石。大块岩石直径达 15 米左右，有效地遮挡海水，从而形成复杂的生态系统。水中环境随锚栓位置发生变化，在水深 60 米的阶梯式悬崖潜水点可享受有声有色的潜水体验。仅需一次下潜，便可看到各种大小不一的水中生物。此外，从港口前往该潜水点仅需 10 分钟左右，可省一些来回路途时间。此潜水点面向中级以上体验者。

227

餐厅
Restaurant

与塞班岛相比，天宁岛的餐厅数量非常少。可选性虽然很小，但其中有几家环境温暖且待客热情的家庭式餐厅。旅行期间也可以像在自家餐桌上一样愉快地用餐。近年来，当地还开设了供应地道咖啡的咖啡厅与比萨店，招徕众多食客前来品尝。

🍴 饱享热气腾腾的比萨饼

康兹比萨店
Khan's Pizza House

MAP p.220/ 圣何塞

康兹比萨店位于圣何塞，是天宁岛上唯一一家比萨专营店。共有夏威夷风味、海鲜以及组合风味等 8 个种类。所有种类价位相同，按照尺寸定价，单块 $12、6 英寸 $18、9 英寸 $21、12 英寸 $25。八带鱼比萨饼上铺有牛肉、西红柿以及橄榄，同时还加入了足量的墨西哥胡椒，颇具民族风味。配菜有洋葱圈与炸薯条等，单价均为 $6。

八带鱼比萨饼（下）与组合风味比萨饼（均为 12 英寸，售价 $25）

类型	比萨饼
🍽	比萨饼 $12~
🕐	15:00~22:00
休	无
CC	D J M V
☎	433-5426
📶	有（免费）
P	10 个车位

康兹比萨店还提供送餐服务

🍴 随时可进的 24 小时咖啡店

JC 咖啡
JC.Café

MAP p.220/ 圣何塞

JC 咖啡是圣何塞村里的一个小巧精致的咖啡馆。店内有许多本地风味浓厚的美食。查莫罗风味的代表——地坑烤牛肉 $12，建议一定要尝尝。当地人喜欢吃的脆炸猪肉 $14.50，皮脆肉实，非常好吃。此外还有法国吐司 $7 等便餐食品，从早到晚为大家提供方便，是一个人气很旺的咖啡厅。

天气好时可以在室外就餐

类型	查莫罗料理及其他
🍽	午餐 $8~、晚餐 $8~
🕐	7:00~ 次日 2:00（周日 6:00~）
休	无　CC A J M V
☎	433-3413　📶 有　P 8 个车位

脆炸猪肉 $14.50（上）外面的皮与里面的肉都很香。地坑烤牛肉 $12（右下）味道酸酸的，清爽可口。海鲜杂烩 $15（左）要趁热吃

时常挤满当地人的家庭式餐厅

冷餐厅
Chill & Grill

冷餐厅位于圣何塞村，从早到晚都会挤满前来用餐的当地居民。这家餐厅的招牌菜是蜜蒜鸡翅 $8.50。这道咸甜口味的煎炸鸡肉无论搭配啤酒还是米饭都非常适合。此外，餐厅还供应意大利面食类与汉堡包等美食，品类十分丰富。由两道菜品与咖喱饭或者面类组成的午间套餐 $6.50，每天都会进行更新。这家店可以用味美价廉来形容，让人有每天都想光顾的冲动。

类型	地方料理及其他
午餐 $6.50~	

7:00~20:00　休 周日
CC 不可使用
☎ 433-2963
无　P 8 个车位

经营这家餐厅的夫妻与工作人员。餐厅规模较小，仅设有 20 个左右的用餐席位

shrimp alfred with love$8.50。这道意大利面食中加入了足量的虾与蔬菜

品尝一杯地道的蒸馏咖啡

网络咖啡店
Cyber Coffee Shop

在网络咖啡店可以品尝到让蒸汽或开水通过磨碎的咖啡豆制成的地道的蒸馏咖啡，这在天宁岛是非常难得的。蒸馏咖啡采用经过深度烘焙的咖啡豆制成，味道浓醇。蒸馏咖啡售价 $2，拿铁与加奶油块咖啡售价均为 $2.50。备受女性顾客喜爱的珍珠奶昔售价为 $2.50。

除了饮品之外，意大利辣香肠与夏威夷风味等六种口味的比萨饼也颇受欢迎。意大利辣香肠比萨饼，单人份售价为 $5，中号与大号的售价分别为 $10、$15，价位适中，当地居民经常会举家前往。

类型	咖啡厅
蒸馏咖啡 $2~	

14:00~20:30　休 无
CC 不可使用
☎ 433-8141
无　P 10 个车位

正如其名，店内提供免费 Wi-Fi 服务

拿铁 $2.50（下）与蒸馏咖啡 $2（上）。咖啡杯也非常时尚

可悠闲度日的出租屋 & 旅游纪念品推荐

对于想在天宁岛找一家小型酒店悠闲地住上几日的游客来说，在此特别推荐出租屋 "PAPA COCONUT IN"。单人间每晚 $65，仅限网络在线预订。

此外，这里还出售自家农园栽培的诺丽茶、椰子油以及店主女儿埃丽卡制作的装饰品等。这些颇具南国风情的物品特别适合作为天宁岛的旅游纪念品。MK 旅行社（→ p.226）也出售上述旅游纪念品。

URL wink008.blog56.fc2.com/blog-entry-19.html

上／舒适的房间。据说有很多回头客
左下／务必要购买一些可爱的手工装饰品
右下／店主与女儿

酒店

Hotel

截至本书调查时，天宁岛上没有一家大型酒店。小型酒店也只有两家，因此几乎所有的游客均以塞班岛作为据点，通过一日游的形式前往天宁岛观光。不过，如果确认能够安排住宿，务必要在天宁岛住上一晚，轻松舒畅地享受天宁岛的大自然。具体的可参考上页专栏中所介绍的出租屋内容。

海滨附近的小型时尚酒店

天宁海景酒店
Tinian Oceanview Hotel

MAP p.216-C/ 天宁岛、圣何塞

客房数 17
☎ 433-7777
费 （2018年）单人房 $90、双人房 $140
CC A J M V

　　天宁海景酒店于 2017 年 6 月开业，是一家小型酒店。在木质甲板露台上可以眺望绿茵繁茂的丛林与塔丘纳海滩，地理位置绝佳。客房实用性极强，内部装饰与日用织品看上去也十分清爽。房客可以在公用餐室内随意享用饮用水、咖啡、早餐面包以及杯装方便面等，此外，还可以在 JC 咖啡（→ p.228）叫外卖。这家酒店使人有长期居住的冲动。酒店还提供免费机场接送服务。

左／鲜明的蓝色外观惹人注目，所有客房均配有阳台
中／双人房内部结构。有两张双人床。还有成套景具
右／快餐区。冰箱与洗衣机也可以免费使用

创业逾 20 年的超小型旅馆

洛里琳酒店
Lorilynn's Hotel

MAP p.220/ 天宁岛、圣何塞

客房数 14
☎ 433-3256/783-2666
费 （2018年）单人房·双人房 $78
CC 不可使用

　　洛里琳酒店位于圣何塞村内，是一家双层超小型旅馆。外观别致可爱，精心粉刷的建筑与绿叶繁盛的中庭等，处处洋溢着浓厚的南国氛围。

　　这家酒店共设有 14 间客房，所有客房均备有电视机、空调以及冰箱，非常方便。客房内采用白色与色调清爽的织物进行装饰，简洁舒适。机场接送费用为 $10。

左／客房内为瓷砖地面，十分舒适。日用织品整洁清爽
下／精心打理的中庭与蓝色建筑令人备感清爽

第8章
旅行信息
TRAVEL INFORMATION

优质行程的选择方法

　　旅行费用中最烧钱的莫过于机票与酒店费用。如果是三晚四天或者四晚五天的短暂停留，参加全包服务型旅游团能够最大限度地节省旅游费用。

　　全包服务型旅游团又被称为包办旅行，团费中通常包含往返机票、酒店费用以及机场与酒店间的接送服务。当地旅行计划大多包含岛内观光，其余时间基本上均可安排自由活动。游客可自由决定用餐方式，还可以参与自己喜欢的活动与选择性旅游项目（→ p.43~）。

　　塞班岛包办旅行大多为两人成团，无须担心因人数不够而导致行程取消。此外，游客可以从烦琐的手续中得以解放也是包办旅行的一大优势。

　　当然，塞班是令人不禁想要长期居住的度假胜地。如果想长期在塞班逗留，可以尽量购买廉价机票并选择价位适中的小型酒店等。配有厨房的客房相对比较方便。

美丽的军舰岛

里程服务
　　各航空公司会根据累计飞行公里数为乘客提供免费机票等各种里程服务。乘客可通过航空公司官网以邮件的形式免费申请里程服务。此外，部分航空公司还可于出行当天在机场进行申请。

航空公司的联系方式
▶ 达美航空公司
🖥 zh.delta.com
▶ 美国联合航空公司
🖥 www.united.com

Point1 🍀 旅行的时期

　　即便行程相同，旅行团团费也会依据出发时间发生变化。这是因为占团费绝大部分比例的机票价格会随季节进行调整。

　　机票价格在黄金周、寒暑假期间、年末以及年初等时期达到顶峰。上述时期又被称为旅游旺季，旅行费用也会水涨船高。此外，旺季前后费用略显上浮，这一时期被称作平季。机票比较便宜的时期为基本季节（或者被称为淡季等），旅行费用也会相对较低。如果条件允许，可以选择价位相对较低的基本季节出游。

　　关于各季节，可参考 p.234~ 的旅行日历。

Point2 🍀 酒店等级

　　旅行费用除了与行程息息相关之外，酒店的等级也是非常重要的一个因素。知名酒店费用虽高，但是可以在宽敞舒适的海景房内饱享度假乐趣，设备也相对比较充实。不起眼的小旅馆只能被当作睡觉的场所，但是节省下来的费用可以用于餐饮与各种活动项目。游客可以结合自身状况选择适合的酒店。如果要长期居住，还可以选择入住配有厨房的休闲公寓与小型酒店。

结合旅行目的选择酒店（金宝殿酒店→p.190）

Point3 🍀 逗留时间

　　选择什么样的旅游项目，另一个决定因素是能在外面逗留多长时间。例如 3 晚 4 天日程的塞班行，如果直飞航班选择下午出发，当地时间凌晨航班回国的行程，那么凌晨到达塞班后可以充分休息，第二天可以玩儿一整天，回国那天也可安排去海边游泳。当然，深夜航班会比较辛苦。所以怎么选择要根据自己的时间、日程安排等具体情况来决定。

旅行信息 ♣ 拟订旅行计划

 机票的种类

普通机票

IATA（国际航空运输协会）规定的机票种类，又被称为普通一年期机票。回程票自出发日起一年内有效，可在当地预订回国航班。价格全年统一。票价虽高，但可换乘其他航空公司的航班，灵活方便，没有太多时间上的限制。

优惠机票

获得 IATA 许可，有采用均一价格的正规优惠机票与各航空公司自行定价的区域优惠机票两种。上述两种优惠机票在旺季时价格均会上浮，淡季下降。正规优惠机票可换乘其他航空公司的航班。区域优惠机票不得换乘其他航空公司的航班。

廉价机票

旅行社将原本为团体游客准备的优惠机票等低价出售给个人，是一种特殊性质的优惠机票。廉价机票限制很多，但是价格便宜。

✈ 航空公司的航班时刻表（可能发生改变）

直达航班

机场名称	航空公司名称	航班号	北京→塞班	运行日	航班号	塞班→北京	运行日
首都国际机场	东方航空	Mu763	16:40→0:30	非每日	Mu764	1:30→6:40	非每日

※ 航班时刻表变更频繁，仅限参考

电子机票

以前乘客需手持纸质印刷机票办理登机手续并搭乘客机，现在几乎所有的航空公司都采用电子机票取代了传统的纸质票据。

乘客通过互联网购票后会收到航空公司发来的回执。此外，还可以在航空公司的主页上查询到购票凭证。乘客可打印购票凭证并出示给值机柜台的工作人员，或者在自助值机柜台扫描条形码以获取纸质登机牌。

此外，即使不打印购票回执，只要在智能手机与平板电脑上保存包含预约编号在内的相关数据即可登机。通过自助值机柜台扫描护照的形式或者在线办理值机的航空公司也有很多。

电话订票的乘客会收到航空公司发来的邮件回执，持回执在机场办理值机即可。对于无法使用电子邮箱接收购票回执的乘客来说，还有下述两个方法。

①要求航空公司邮寄"购票回执"，并在办理登机手续时出示给值机柜台的工作人员。

②办理登机手续时将预约编号告知值机柜台的工作人员。

如不慎遗失"购票回执"也无须担心，航空公司的数据库中保存有乘客的乘机信息，可协助乘客顺利登机。无论是何种购票方式均无须担心票据被盗或者遗失，同时还节省了烦琐的取票环节。

此外，目的国在入境审查时如要求提供回程机票，游客仅需向对方出示购票回执或者预约数据即可。

旅行日历

参团旅行什么时候最便宜？哪个季节塞班天气最好？都有哪些活动？让我们根据下面的旅行日历来决定旅行时间吧。具体活动请参照塞班的活动日历。

旅行费用

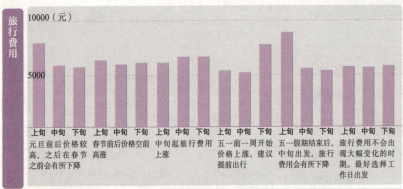

10000（元）

5000

| 上旬 | 中旬 | 下旬 | 上旬 | 中旬 | 下旬 | 上旬 | 中旬 | 下旬 | 上旬 | 中旬 | 下旬 | 上旬 | 中旬 | 下旬 | 上旬 | 中旬 | 下旬 |

元旦前后价格较高，之后在春节之前会有所下降

春节前后价格空前高涨

中旬起旅行费用上涨

五一前一周开始价格上涨，建议提前出行

五一假期结束后，中旬出发，旅行费用会有所下降

旅行费用不会出现大幅变化的时期。最好选择工作日出发

气候

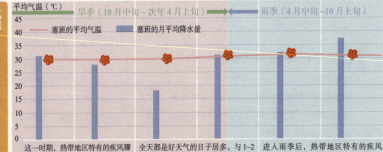

平均气温（℃）　　　旱季（10月中旬～次年4月上旬）　　　雨季（4月中旬～10月上旬）

45
40
35
30
25
20
15
10
5
0

塞班的平均气温　　　塞班的月平均降水量

这一时期，热带地区特有的疾风骤雨较少，是最佳的旅游季节。阳光很强，但早晚十分舒适。即使出现降雨，也只是小阵雨，海水透明度极高。全年都会使用空调，在室内还是准备一件薄长袖衫为好。

全天都是好天气的日子居多。与1~2月相同，即使出现降雨，也只是小阵雨，不过，进入4月，旱季即将结束，降雨次数逐渐增多。木槿花与素馨花等颇具南国风情的鲜花四处盛开，是非常美的一个季节。

进入雨季后，热带地区特有的疾风骤雨逐渐增多，但全天下雨的日子也并不多见。与旱季相比，气温有所升高。6月前后，北马里亚纳群岛的国树（南洋樱与花炎树）开得如火如荼。

各项运动

全年都可以钓鱼，不过，3～6月海面平静，是最佳的垂钓时节。

鲯鳅（鬼头刀鱼）等

高尔夫球场最为拥挤的季节，需要尽早预约

从东北吹来的信风（贸易风）使这一时期成为风帆运动的绝佳季节

旱季疾风骤雨较少，海水透明度高，是潜水的最佳季节

活动

黄金周价格上调，游客出游时最好避开这一时期。3月，塞班会举办铁人三项赛与越野铁人三项等三项全能运动比赛。作为拉拉队为参赛者呐喊助威也是非常愉快的体验。

这一时期多为爽朗的天气，可以看到众多饱享体育运动与活动项目的人们。4月上旬，有很多岛外参赛者前来参与塞班马拉松，届时整座岛屿都会热闹起来（→p.24）。

南洋樱盛开的美丽季节。5月的每周六，美国纪念公园（→p.97）内会举办"马里亚纳美食节"，届时会有众多对自家菜品颇具自信的餐厅与酒店参与（→p.24）。

※ 随着时间推移会发生改变

旅行费用

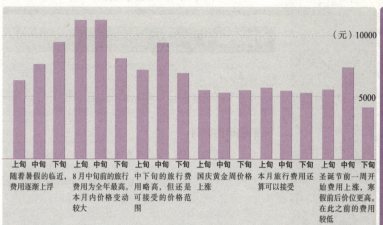

（元）10000

5000

| 上旬 | 中旬 | 下旬 | 上旬 | 中旬 | 下旬 | 上旬 | 中旬 | 下旬 | 上旬 | 中旬 | 下旬 | 上旬 | 中旬 | 下旬 | 上旬 | 中旬 | 下旬 |

随着暑假的临近，费用逐渐上浮

8月中旬前的旅行费用为全年最高。本月内价格变动较大

中下旬的旅行费用略高，但还是可接受的价格范围

国庆黄金周价格上涨

本月旅行费用还算可以接受

圣诞节前一周开始费用上涨，寒假前后价位更高。在此之前的费用较低

气候

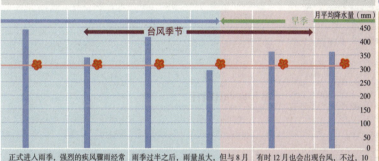

台风季节

旱季

月平均降水量（mm）

450
400
350
300
250
200
150
100
50
0

正式进入雨季，强烈的疾风骤雨经常来袭，不过雨过之后又会恢复南国强烈的日照。8月前后雨量更多，有些日子全天都是乌云密布。这是一年之中最闷热的季节

雨季过半之后，雨量虽大，但与8月前后相比，天气模式比较稳定，反复出现晴转阵雨的天气。基本上没有全天一直下雨的日子。但是，这一时期正处于台风季节，需要多加小心

有时12月也会出现台风，不过，10月中旬起，雨季开始向旱季过渡，晴朗的日子逐渐增多。12月的天气虽然比较稳定，但有部分时间风力较强且波浪很高

各项运动

旗鱼与黄鳍金枪鱼（黄肌金枪鱼）等

梭子鱼与鲹鱼

风帆

活动

湿度高、多疾风骤雨，需要注意身体健康状况。8月上旬召开每年例行的塞班国际钓鱼大赛。塞班近海是绝好的渔场，从世界各地赶来的垂钓爱好者摩拳擦掌，准备大显身手

虽然是台风季节，但是暑假结束，旅行费用适中且游客相对较少，可以说是前往塞班的好时期。10月31日是万圣节。11月第四个周四是感恩节。有些店铺会休息，需要注意

这一时期可欣赏塞班霓虹闪烁的夜景。不过，12月的圣诞季，旅行费用会大幅上升。11月至次年2月会举办几场大型风帆活动。蓝色大海上五光十色的帆船非常漂亮，颇具看点

Chapter 2 出发前的准备

各种证明

► 国际驾照

在塞班驾车，无须持有国际驾照。详细情况可向马里亚纳观光局进行咨询。

► 国际学生证

国际学生证（International Student Identity Card），简称ISIC。ISIC国际学生证是一张由联合国教科文组织所认可，由国际学生旅游联盟（ISTC）所发行，国际间公认的学生通用证件。自1968年发行以来已有超过400万个学生持有国际学生证享受各式各样的优惠，如机票、购物等，全球目前有超过122个国家设有专门的组织提供旅游信息与服务。

这张看似普通的证件在欧洲的使用率相当高，几乎可以让人处处享受优惠待遇，例如各种购物、交通、参观门票的折扣等。ISIC的另一大好处是国际青年学生机票，比市面价格低10%以上。要注意的是，虽然有许多专门提供给学生的优惠，但大多数本国的学生证是没有任何功用的，只有ISIC可以享用。

► 安全航班计划

根据安全航班计划，所有美国出发/抵达或过境美国或经美国上空飞往其他国家/地区的乘客，必须在预订/出票或任何不晚于出发前72小时的场合提供以下个人信息：姓名（需与护照所显示姓名一致）、出生日期、性别以及旅客护照识别号码（由美国国土安全部发给代码，是为了补救旅客因与恐怖分子同名同姓等原因，而被列入观察名单所造成的错误）。如不提供该信息，将不允许前往美国或自该地出发。

申请护照

我国居民出国旅游，需要办理护照。在外国期间需要随身携带，如果有要求可及时出示。

中国的私人普通护照，未满16周岁人员有效期为5年，16周岁以上为10年；《护照法》取消了延期规定，护照到期后直接换证。

❀ 护照申请材料

（一）近期免冠照片一张以及填写完整的《中国公民因私出国（境）申请表》；

（二）居民身份证和户口簿及复印件；在居民身份证领取、换领、补领期间，可以提交临时居民身份证和户口簿及复印件；

（三）未满十六周岁的公民，应当由其监护人陪同，并提交其监护人出具的同意出境的意见、监护人的居民身份证或者户口簿、护照及复印件；

（四）国家工作人员应当按照有关规定，提交本人所属工作单位或者上级主管单位按照人事管理权限审批后出具的同意出境的证明；

（五）省级地方人民政府公安机关出入境管理机构报经公安部出入境管理机构批准，要求提交的其他材料。

❀ 护照办理程序

公民申请普通护照，应当由本人向其户籍所在地县级以上地方人民政府公安机关出入境管理机构提出，并提交以上真实有效的材料。

现役军人按照管理权限履行报批手续后，由本人向所属部队驻地县级以上地方人民政府公安机关出入境管理机构提出。

❀ 办理时限及护照领取

护照申请至领取的时间，各地出入境管理机构可能会有所不同，一般为10~15个工作日。偏远地区或交通不便的地区或因特殊情况不能按期签发护照的，经省级地方人民政府公安机关出入境管理机构负责人批准，签发时间可延长至30日。

领取护照时可以选择本人领取、他人代领和快递上门。

本人领取：申请人本人须按照《因私出国（境）证件申请回执》上注明的领取日期或出入境管理部门通知的领取日期按时领取证件。取证当日，申请人本人凭《因私出国（境）证件申请回执》及缴费收据，并携带居民身份证或户口簿，到受理申请的出入境接待大厅领取证件。领取证件后，请仔细核对证件内容，发现差错，及时改正。

他人代领：代领人携带《因私出国（境）证件申请回执》、被代领人身份证、护照申请人身份证复印件到出入境管理处领取护照。

快递上门：若想选择快递上门，须在办理护照当天凭《因私出国（境）证件申请回执》到出入境管理处内的邮政速递柜台办理手续并缴纳快递费。快递范围以当地出入境管理处的规定为准。

另外，办理签证前请在护照最后一页的持证人签名栏用黑色签字笔签署本人姓名。

　　注：以上内容仅供参考，以当地出入境管理局的规定为准。

关于签证

✿ 关岛—北马里亚纳群岛　免签政策

　　自2018年1月16日起，前往北马里亚纳群岛的中国游客无须填写I-94表格，只需要在网上填写I-736电子表格并携带签字打印件，以便更加高效地办理入境手续。游客可以登陆i736.cbp.dhs.gov填写电子版I-736表格，自网上填写起至入境塞班日期上不得超过7天，逾期无效。

　　入境时必须出示I-736电子表格的签字打印件，才能免签入境北马里亚纳群岛。如果拥有有效的美国旅游签证，则无须填写电子版I-736表格，只需在出发前完成EVUS电子签证更新即可。

外币准备与兑换

✿ 塞班的通用货币是美元

　　美国通用货币的基本单位是美元（$）与美分（￠）。$1=100￠。

　　硬币共有6种面额，分别是1、5、10、25、50美分与1美元。但是，50￠与$1的硬币十分罕见。

　　小硬币面额小，大硬币面额大是美元硬币的基本原则，但是10￠的硬币是一个例外，这种面额的硬币是所有硬币中最小的。美元硬币上没有表示面额的数字，需要通过颜色与大小进行辨别。此外，各面额硬币均有一个特别的昵称，1￠是penny、5￠是nickel，10￠是dime，25￠是quarter，50￠是half dollar，而$1的硬币则被称为silver dollar。

　　市面上流通的纸币通常有$1、5、10、20、50、100共6种。纸币大小与颜色统一，需要通过票面面值进行区分。

✿ 在塞班兑换美元

　　酒店总服务台、岛内银行以及民间兑换商等均提供货币兑换服务，但是汇率各不相同。小额兑换可直接前往酒店总服务台，但如果兑换金额较大，银行与塞班DFS环球免税店等购物中心内的货币

在国内兑换美元

　　小银行一般不提供美元兑换服务。需要提前进行确认。支付小费与出租车费，或者在便利店等地购物时需要零钱，因此在兑换美元时，最好准备一些$1与$5等的小面额货币。

　　此外，如果经常前往流通美元的国家，最好留出小额现金用以备用。

用处颇多的quarter（25￠）

　　投币式洗衣机、公用电话以及投币式自动寄存柜等通常仅限使用25￠的硬币。建议游客提前准备一些以备不时之需。

兑换处的汇率相对更加合适。

在银行兑换

与酒店相比，银行汇率更加具有吸引力。如身处加拉班地区，可前往关岛银行（MAP 折页地图②-C4）与夏威夷银行（MAP p.6-B）兑换货币。苏苏佩地区则是夏威夷第一银行（MAP p.8-B）。

使用国际银行现金卡提现

使用国际银行现金卡提现需要支付手续费等费用，此外，各银行可使用的 ATM 不同，需要提前确认。

使用 ATM 提现

如持有可兑现的信用卡，则可以通过 ATM 提取美元。但是，需要支付利息与手续费。

在机场兑换

机场也设有货币兑换处。

旅行必备的信用卡

租赁汽车与酒店住宿时，信用卡可用作身份担保。

🍀 信用卡的好处

①出门不用随身带大金额现金

毋庸置疑，信用卡比随身携带现金安全。即使失窃，若及时采取措施基本不会有什么损失，并可以立即申请重新发行。当现金见底时，手里若有信用卡心里就不会发慌。信用卡随时可以提现应急。

②避免货币兑换造成的损失

使用信用卡可避免货币兑换所产生的手续费，同时还可以防止因过度兑换而导致的浪费。

③可做 ID（身份证明）

在美国，持有信用卡表明持卡人的社会性可信度。例如，租车自驾，如果没有信用卡就要交付保证金。

④具有附加价值

有些卡在指定的餐厅或商店享有优惠特权。有些信用卡还附带旅游保险。

🍀 旅行预付卡

旅行预付卡与信用卡均可用于购物消费。

除了可以通过网页查询使用明细之外，一旦出现卡片遗失的情况，还可以立即冻结停止使用，非常安全。持卡人等指定人员可向旅行预付卡中汇款，建议长期居住的游客使用。

🍀 国际现金结算卡

国际现金结算卡原则上是使用存款户头内的余额完成支付。海外的 ATM 与店铺也可以使用。消费金额通常不得高于银行账户余额，便于游客进行预算管理。

🍀 外币准备须知

塞班几乎所有的商店与餐厅都支持信用卡支付，但还是需要准备少量美元现金以备不时之需。为了避免因找零而出现纠纷，多准备一些 $20、$10、$5 以及 $1 的小额纸币会更加方便。关于选择性

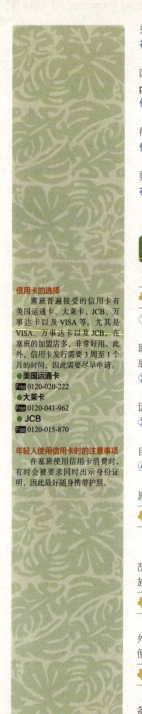

信用卡的选择

塞班普遍接受的信用卡有美国运通卡、大莱卡、JCB、万事达卡以及 VISA 等。尤其是 VISA、万事达卡以及 JCB，在塞班的加盟店多，非常好用。此外，信用卡发行需要 3 周至 1 个月的时间，因此需要尽早申请。

●美国运通卡
Free 0120-020-222
●大莱卡
Free 0120-041-962
●JCB
Free 0120-015-870

年轻人使用信用卡时的注意事项

在塞班使用信用卡消费时，有时会被要求同时出示身份证明，因此最好随身携带护照。

旅游项目＆活动、餐厅以及商店是否支持信用卡支付，可参照本书中的详细数据。

切记购买海外旅游保险

外出旅行，就怕出事，钱财或贵重物品被盗丢失、遇上交通事故或其他伤害、突然生病等，不知道什么时候会发生难以预料的不测。一系列海外保险是在境外旅游期间对万一发生的不测提供的一种赔偿，出国旅行时请一定要参保，以备不虞。

❀ 海外旅游保险的种类

海外旅行保险分为"基本协议"与"特别约定"两个部分。各保险公司的保险体系与名称虽然不同，但基本协议中包含"伤害死亡·后遗症障碍保险"与"伤害治疗费保险"，针对旅行中因伤害导致死亡以及由此产生的治疗费支付保险金。此外，特别约定中包含"疾病治疗费保险""疾病死亡保险""赔偿责任保险""携带品保险""救援者费用保险""飞机延误费用保险"以及"飞机托运行李保险"等。

❀ 投保形式

投保形式大致可分为两种，分别是针对旅行中有可能出现的意外事件与纠纷进行赔偿的"保险套餐"以及结合游客预算与必要因素从各种保险类型中选择保障内容的"定制型保险"。

保险套餐中的基本协议与特别约定以组合形式出现，无须再进行细致地选择，内容相对简单。而定制型保险可以防止过度投保，有效避免了不必要的费用出现。但是，部分游客也会为了节省开支而忽略投保内容，以至于保险最终没有派上用场的情况出现。

无论选择何种投保形式，适合自己的才是最好的。

❀ 投保手续与保险公司的选择方法

投保手续除了保险公司之外还可以前往旅行社办理。虽然出发前在机场的保险服务台也可以办理投保手续，但是海外旅行保险针对前往机场途中发生的事故也会进行赔偿，因此建议在出发前几天就完成投保手续的办理。

此外，各保险公司会推出各种各样的优惠，例如，短期游客保险费用下调、网络投保可享受折扣等，游客最好在收集各公司资料或者通过网络查询等方式对比研究后再投保。

行李准备技巧

❀ 准备什么衣服？

塞班是一座常夏岛屿。不用说，"热"是这座岛屿的最佳代言词。准备行李时要以简单、轻便为宗旨，所携带物品要进行最大限度的压缩。

基本上携带夏季衣服足矣，但是无论男女，建议每人带一件长袖外套。不要小看这件外套，也许会在空调房或者日晒强烈时派上用场。

疾病保险范围

由打架斗殴、怀孕、流产、牙科疾病等导致的疾病与慢性疾病大多不适用于疾病保险。

信用卡附带保险

信用卡大多自动附带海外旅行保险。信用卡发行公司与信用卡种类不同，赔付内容也会有所不同，甚至有时还会出现"赔付金额不足，绝大部分需要自行承担""如果未使用该卡结算旅行费用，则无法享受保险服务"等情况。首先要确认信用卡的赔付内容与联系方式，如果有必要，可以再购买定制型保险。

　　塞班的酒店通常都不会为房客准备投币式洗衣机与甩干机。游客最多也只是可以洗一洗内衣这样的小件衣物，因此务必要结合自己的旅行计划带足换洗衣物。

🍀 行李分大小两个包

　　将行李分别装入两个大小不一的包内是行李准备阶段非常重要的一点。将全部物品装在一个挎包内虽然方便，但是建议游客将衣物与杂物装在大一些的包包或者行李箱内，并在机场办理托运。托运行李在抵达塞班之后才会返回到房客手中，因此，护照、现金、信用卡等贵重物品以及照相机等易损物品最好放入随身携带的小包或者袋子内带入机舱。

物品名		重要程度	建议
贵重物品	护照	◎	如护照不慎遗失，出示护照复印件可以更加顺利地完成补发手续。海外旅行保险单切记要随身携带。如果租车，则需要携带驾驶证。
	现金（外币）	◎	
	现金（人民币）	◎	
	机票（电子机票）	◎	
	海外旅行保险单	◎	
	驾驶证	△	
	信用卡	◎	
	保险单复印件	△	
	护照复印件	◎	
洗漱用品	香皂	△	如果使用酒店提供的便利设施，则可以大量减少需要携带的洗漱用品。洗涤剂可使用小袋分装，携带所需用量即可。此外，需要提前确认自己入住的酒店内都有哪些便利设施。
	毛巾	○	
	牙刷、牙膏	○	
	剃须刀	○	
	化妆用品	○	
	吹风机	△	
	卫生纸	○	
	洗涤剂	△	
	防晒霜	◎	
衣物	衬衣	◎	
	内衣	◎	
	帽子	○	
	袜子	○	

物品名		重要程度	建议
衣物	睡衣	△	虽然是南国，但是晚上有时十分凉爽，很多商店与餐厅的冷气开得过冷。因此需要准备一件长袖对襟毛衣或者前开襟的薄外套等。前往需要正襟危坐的餐厅等用餐时，皮鞋等将会是必不可少的装备。
	泳衣	◎	
	T恤衫	◎	
	轻便胶底运动鞋	◎	
	裤子	◎	
	凉鞋	◎	
	皮鞋	△	
	前开襟的短外套	◎	
药品·杂物	药品类	◎	为防止强烈的紫外线对眼睛造成伤害，因此太阳眼镜便显得十分重要。智能手机与相机的充电器也是必不可少的物品，切勿遗忘。由于需要在飞机内填写相关资料，因此务必要准备一支圆珠笔。
	圆珠笔	◎	
	针线	◎	
	塑料袋	◎	
	太阳眼镜	◎	
	望远镜	△	
	智能手机、数码相机	◎	
	记录媒体	◎	
	充电器	◎	
	雨具	◎	
	杂记本	◎	
书类	词典	◎	随身携带一本小词典会十分方便。"走遍全球"也切勿遗忘哦。
	旅行指南	◎	
	日记本	◎	

Chapter 3　前往机场

我国直飞塞班的国际机场

　　从北京、上海、广州等地均有航班前往塞班。具体信息可以在相关网站查询。

✿ 如何前往主要机场

　　从北京、上海、广州市区均可以乘坐地铁、出租车、机场巴士前往机场，交通便捷。

北京首都国际机场
电话：010-96158
网址：www.bcia.com.cn

上海机场集团
电话：021-96990
网址：www.shanghaiairport.com

广州白云国际机场
电话：400-8114163
网址：www.gbiac.net

Chapter 4

出境与入境

出境手续

✿ 出境手续

①安检

为了防止恐怖袭击机场会进行身体检查和行李检查。机舱内可带入的行李，其长、宽、高三边之和的规定虽然每个航空公司有所不同，但是115厘米以内的行李只能带一件。打火机也不能带。化妆用的剪刀、剃须刀之类的带有刀刃的东西不许带入。另外，还有对液体类物品的带入限制的规定，需要携带的人，请将其装入托运的行李箱内。

随身携带的物品通过X光检查，本人往安检门走去，这时会响一声"哔"，然后接受工作人员对自己的身体检查。手表、饰物等金属会导致声响，但只要没有什么奇怪的东西，就无须担心。

②关税申报

携带着高价的贵重金属或国外产的手表的人，需要在海关登记"外国商品携带出境的申报"，接受出境检查。如果忘记登记了，从塞班回国时被当成礼品征税就不值了。因此，虽然麻烦，还是申报为好。

③出境审查

出示的东西有护照和登机牌。出境审查不需要被询问什么。只要护照被盖上出境章就行了。

④搭乘飞机

朝着登机牌上写的登机口方向前行。也可以按照搭乘的广播指导前往。

✿ 抵达塞班前需要做的事情

根据美国移民局要求，自2018年1月16日起，入境CNMI的旅客无须填写I-94表格，只需填写北马里亚纳群岛（CNMI）签证豁免信息表（以下简称I-736表格）及北马里亚那群岛海关申报表。具体要求如下：

1. 自2018年1月16日起，旅客可在网上自行填写I-736表格并打印签字随身携带。

2. 网上填写的I-736表格有效期为7天，即自网上填写I-736表格日期起至入境塞班日期止不得超过7天，逾期无效。（I-736表格网址：https://i736.cbp.dhs.gov）

3. 持有任何美国签证的旅客，以美签入境塞班，均不需填写I-736表格，仅需填写海关申报表。持中国护照有美签的旅客入境塞班需登记EVUS。（网址：https://www.evus.gov/evus/#/）

4. 自2018年1月16日起，入境塞班的旅客还需提供入住酒店的信息，包括酒店名称、入住时间及退房时间。

5. 自2018年4月1日起，所有旅客均需在网上自行填写I-736表格。

6. 入境塞班，客人需要将护照、I-736表格、机票行程单、酒店确认单拿在手中排队过移民局（请按照移民官的指示排队），境内大厅请勿大声喧哗，不能拍照，请保持秩序排队。

7. 请旅客务必按照美国移民局的要求准备入境材料，否则将会受到处罚或被拒绝入境。

旅行箱的锁

为给旅客提供安全性保障，飞往美国（含塞班在内）的航班，托运行李不得上锁。担心行李安全的乘客可使用获得美国运输安全管理局（Transportation Security Administration）许可的TSA锁。

可随身携带至机舱内的物品

①饮品、香液、防晒霜等液体以及凝胶类、烟雾剂等禁止携带至机舱内。布丁与果汁冻等均属禁带物品。

②容器容量在100ml以下的旅行装液体、凝胶类以及烟雾剂可放置在容量1l以下的透明拉链塑料袋（长宽各20厘米左右）中，与携带至机舱内的行李分别接受检查，每人只能携带一袋。

③威士忌酒与香水等免税商品，部分航班允许携带指定免税店所购商品（商品会在登机前交付顾客手中）。

※此外，婴幼儿奶粉、明确标注乘客姓名（需与机票上的姓名相符）的医药用品以及胰岛激素等处方药品可以携带至机舱内。

托运行李规格

达美航空公司的经济舱乘客，每人可免费托运一件行李，行李的长、宽、高合计需控制在157厘米内且单件行李的重量不得超过23公斤。大小与重量超出规定，则需要支付一定的超额费用。

塞班国际机场 p.11-C

❖ 入境流程

❶ 入境审查 Immigration
准备护照与 I-736 表格

❷ 领取行李 Baggage Claim
入境审查结束后前往转车台领取行李

❸ 海关申报 Customs
领取行李后前往海关申报。准备护照与通关申报书

❹ 从机场前往酒店
搭乘旅游巴士或者出租车等各种交通工具前往酒店

❖ 出境流程

❶ 办理乘机手续 Check in
准备护照与电子机票前往各航空公司的值机柜台办理

❷ 安检 Security Check
办理乘机手续后持登机证（登机牌）接受安检

❸ 随身行李检查 ~ 前往登机口
前往登机牌上所指定的登机口

出发大厅的情景

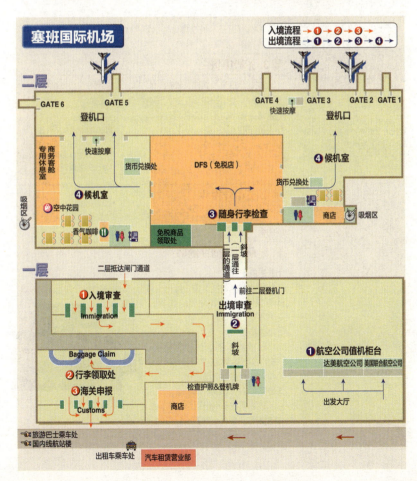

🍀 1. 入境审查

到达塞班国际机场后，首先接受入境审查（Immigration）。请排在 U.S.Citizen（美国国籍者）与 Crew（乘务员）以外的队伍。旅游的话，除了家庭旅游的游客之外，其他人一个一个按顺序排队。到了自己的时候，向工作人员出示护照与 I-736 表格。

需出示的物品
· 护照
· I-736 表格
需取回的物品
· 护照

工作人员一般会问在本地停留的时间与旅行的目的等。然后，就是指纹采样与照相（参照边页）。审查后，工作人员在护照上盖上入境章。

🍀 2. 领取行李

入境审查结束后，前往 Baggage Claim（领取行李处）。塞班国际机场的航班很少，只有两条行李传送带。不用担心会弄错。在这里取完托运行李后，可以马上前往海关，这时需要填写申报卡。如果行李没有出来，可以拿着行李票（行李签）向机场的工作人员请求帮助。

🍀 3. 关税申报

在海关出示的东西是护照与在飞机上填写的关税申报表。工作人员会在表上盖章并签字，把它交给出口处其他工作人员即可。

需出示的物品
· 护照
· 海关申报表
需取回的物品
· 护照
· 盖了章的海关申报表（在出口处交给其他工作人员）

🍀 4. 货币兑换

抵达后，如果当时需要现金（$），可以前往位于机场建筑左侧的货币兑换处进行兑换。

🍀 5. 从机场前往酒店

①旅游巴士
团体游客前往各旅行社巴士待客点。乘车处位于机场出口右侧。请听从当地工作人员的指挥，千万不要上错车。

②酒店接送
如预约了酒店的接送服务（详见各酒店数据栏→ p.180~），工作人员会前来机场迎接。

要确认一下自己所参加的旅行社的名称

③出租车（→ p.246）
机场前有多辆出租车待客。

④租赁汽车（→ p.247）
租车公司的柜台位于机场出口对面。

塞班出境手续（参考机场结构图）

🍀 1. 验票并领取登机牌（办理登机手续）

　　在将要搭乘的航空公司柜台验票并领取登机牌。部分航空公司会在验票之前用 X 射线检测行李。把护照、机票以及 I-736 表格出示给工作人员，将需要托运的行李也交给他们。拿到护照、登机牌 Boarding Pass 以及行李签 Claim Tag 之后，沿着斜坡上行至楼上的出发口。

> **需出示的物品**
> ・护照
> ・机票
> ・I-736 表格
> **交由航空公司代为保管的物品**
> ・托运的行李
> **需取回的物品**
> ・护照
> ・登机牌
> ・行李签

🍀 2. 出境审查

　　斜坡中途有个柜台进行出境审查。虽说是审查，实际上仅需出示护照。

🍀 3. 安检

　　斜坡尽头是随身物品检查所。进入出发口之前，接受工作人员对随身物品与全身的检查。

🍀 4. 前往登机口

　　前往登机牌上所示登机口，注意听机场广播，等待登机。如登机时间比较充裕，可以在塞班 DFS 环球免税店享受最后的购物。此外，还可以在咖啡厅或者吸烟区小憩。

中国入境手续

　　1. 健康申报
　　入境审查前，有健康申报处。有严重痢疾之类症状的人，可以在这里申报。
　　2. 入境审查
　　在中国人专用的审查柜台前排队，向审查员出示护照、让其盖上入境章。
　　3. 领取行李
　　在搭乘航班的行李传送带边，拿自己托运的行李。
　　4. 动植物检疫
　　我国法律禁止携带动植物入境。
　　5. 海关
　　没有携带需要向海关申报物品的出入境旅客，无须填写《进出境旅客行李物品申报单》。
　　※ 详细情况可登录相关网站主页进行查询

塞班出境手续
手续步骤

在航空公司柜台办理手续
↓
安检
↓
前往登机口

机场内也有小食品店

塞班交通信息

出租车信息

塞班 DFS 环球免税店的出租车免费服务

塞班 DFS 环球免税店为游客提供各主要酒店至免税店的出租车免费服务。游客搭乘出租车抵达塞班 DFS 环球免税店之后，与司机一起前往服务台办理手续即可。游客可向入住酒店确认是否能够享受该项服务。回程可搭乘免费班车或者自费乘坐出租车。

🍀 在哪里可以乘坐出租车

城市内几乎没有串街揽客的出租车。前往大型酒店与购物中心的出租车乘车处乘坐出租车相对比较可靠。在餐厅用餐过后，可要求店内收款员帮忙叫车，不过，需要向提供叫车服务的餐厅工作人员支付 $1 左右的小费。

从机场前往主要酒店的价格参考

珊瑚海洋度假俱乐部	$15~20
太平洋岛屿度假村	$15~20
塞班卡诺亚酒店	$15~20
塞班世界度假村酒店	$15~20
塞班格兰德瑞奥度假村	$25~30
塞班悦泰度假村酒店	$25~30
塞班凯悦酒店	$25~30
塞班清泉度假村俱乐部	$35~40
马里亚纳度假村 & 水疗中心	$40~45

在机场经常能够看到小型面包车车型的出租车

出租车月票

2017 年 4 月，塞班首次推出出租车月票服务。9:00~22:00，只需支付 $25，就可以在加拉班与苏苏佩区域范围内不限次数乘坐出租车，既安全又划算。地区等详细信息可参照本书中针对出租车月票的说明。

出租车车体

搭乘车体侧面写有"TAXI"字样与电话号码的出租车更加安全。

🍀 搭乘出租车时的注意事项

❶ 非自动门

由司机开门，或者乘客自行开门。

❷ 确认计程表

由于当地有很多没有营业执照的出租汽车，因此在搭乘出租车时要确认车内是否装有计程表，即便装有计程表，也需要确认是否能够正常使用。搭乘出租车应首先将目的地告知司机，在了解大致报价后再乘坐。塞班的出租车起步价为 $2.50，每行驶 0.25 英里（约 400 米）加价 $0.75（停车期间为每 2 分钟加价一次）。

确认出租车的计程表是否运转

❸ 车费与小费

到达目的地之后支付车费，同时还要向司机支付车费的 10%~15% 作为小费。

在酒店前搭乘出租车更加安全

租车信息

如果想在岛内自由游览，租赁汽车是最佳选择。严格遵守左座驾驶与右侧通行等交通规则，在塞班畅享自驾的乐趣吧。

赫兹租车公司在加拉班的替星中心也开设有办公场所

🌼 租赁汽车

在机场借车，需要前往位于出口对面设有各租车公司柜台的建筑内办理。除了机场之外，部分租车公司还会在主要酒店内设有租车服务台，详情请见各酒店数据栏。赫兹租车公司在加拉班也设有办公场所，非常方便。

租车展位

租车公司	塞班机场营业所
赫兹租车公司	☎ 234-8336
阿拉莫租车公司	☎ 288-4400
维斯租车公司	☎ 288-2847
百捷乐租车公司	☎ 234-8232
丰田租车公司	☎ 288-0013
岛民租车公司	☎ 234-8233

🌼 关于合同

窗口工作人员会负责填写除了签名栏之外的其他合同的内容。工作人员需要口头向租车人询问的内容主要包括以下5项。

①车型大小
②使用天数
③在住酒店
④投保
⑤确认姓名与住址

赫兹租车公司的加拉班办公区柜台

租车时的注意事项

①合同签订者之外的其他人员驾驶所租汽车需要申报。发生事故时，有可能无法走保险。

②基本上均使用信用卡进行支付，切勿遗忘。

③在最后签名，投保人需在申请栏填写姓名首字母，合同完成。领取钥匙。

④为避免还车时发生纠纷，租车人应在最初（借车前）与工作人员共同检查车体，确认是否有剐蹭痕迹（→ p.248）。

赫兹租车公司的租车合同

赫兹租车公司各种类型、各种颜色的汽车应有尽有

🌸 关于保险

　　为了能够在发生事故之后得到合理保障，务必要投保必要的保险项目。由于各租车公司的补偿金额与投保费用不同，因此在签订租车合同时需要加以确认。下面以赫兹租车公司为例进行详细说明。

1. 机动车损害赔偿保险（LP/Basic Coverage）

　　在发生交通事故后，只是自己人出现轻伤还好，如果弄伤他人或者撞上其他车辆就非常麻烦了。赫兹租车公司的所有车辆均已投保此险种。补偿限额如下：对人，每人 $2.5 万、每次事故 $5 万；对物，每次事故 $2 万。

2. 车辆损害补偿制度（LDW）

　　所借车辆在事故中发生破损时，可免除修理费用。准确地说，这并不是一个独立的险种，但在发生肇事逃逸与保险杠剐蹭等事故时却可以发挥很大的作用。每天 $26.99~34.99，无免责额度限制。

3. 乘客伤害保险（PAI）

　　租车合同签订者与同乘人员受伤，由保险公司承担治疗费用等。补偿额度如下：合同签订者死亡 $5 万、同乘人员死亡 $17500、伤害治疗费 $2500、急救费 $250（合同签订者与同乘人员均可享受）。此外，此险种不适用于违章停车导致出现的拖车费用。

4. 携带物品保险（PEC）

　　针对所带物品遗失或者破损进行补偿的保险。补偿额度上限为每人 $525。此外，机动车、机动车备品、家具、现金、邮票、隐形眼镜以及生鲜食品等不适用于此险种，因此需要提前确认。乘客伤害保险与携带物品保险（PAI/PEC）为组合保险，投保费用为每天 $10.99。

5. 追加机动车损害赔偿保险（LIS）

　　此险种可将 LP 的补偿限额提高到每次事故 $50 万。投保费用为每天 $9.99。

使用儿童座椅是租车人应尽的义务

　　塞班当地规定 5 岁以下的儿童需使用儿童座椅。赫兹租车公司的儿童座椅费用为每天 $11。

当地规定 5 岁以下儿童必须使用儿童座椅

🌸 关于费用

　　租车公司费用各异，下面是赫兹租车公司的费用表。从小型车到七座小型货车，各种车型应有尽有，游客可根据人数与旅行方式进行选择。

车 型	24 小时
小型车	$60~65
中型车	$66~70
大型车	$85~90
敞篷汽车	$113~120
七座小型面包车	$113~120

※ 随着时间推移，费用可能会发生改变

※ 租借时间以一天（24 小时）为单位，超过该时间段，还需要支付超额费用

※ 行驶里程无限制，需要加满油后还车，按照使用量进行支付

🌸 检查车体

　　签订合同后，需要完成租车的最后一个环节，检查车体。租车人需与工作人员通过肉眼确认所借车辆是否存在剐蹭痕迹，并进行书面记录。工作人员会在返还车辆时对车体进行检查，因此这是租车前非常重要的一个环节。检查车体后便可以开始享受你的自驾之旅了。

为避免在返还车辆时发生纠纷，租车时务必自己检查车体的状况

❀ 汽油

在塞班加油，几乎都是由加油站工作人员进行操作，现如今还有一些自助加油站逐渐出现。租车自驾的游客需掌握下述加油程序。

所有加油站的汽油价格大致相同。1加仑（约3.8l）=$3.8左右（可能会发生改变）。

❶ 熄火后前往柜台处，对工作人员说 "Fill it up for 10 dollars，please."（请加 $10 的油）、"Fill it up，please." 或者 "Full."（请加满），并支付全额费用或者预付金额。

❷ 取下喷油嘴，抬起控制杆。开启油箱盖，将加油枪插入加油口中。

❸ 手持握柄，直至达到预设量（观察仪表上所示数字。加满时会自动跳枪）。

部分加油站同时提供整套服务（服务人员协助加油）与自助服务。这种加油站的自助加油油价相对较低。此外，有的加油站虽然只有自助服务，但工作人员还是会协助顾客完成加油

❹ 压下控制杆并将喷油嘴放回原位，关闭油箱盖。前往柜台结算。

❀ 交通规则与驾车时需注意的事项

1. 限速

在塞班，大多数道路限制车辆时速在35英里（约56公里）以下。还有些地方限速25英里（约40公里）或者15英里（约24公里）。请注意图示标志。如果超速，会被严厉处罚。

2. 塞班的道路

塞班的大部分道路都进行过铺修，沥青中混合着珊瑚是其道路的特点。下雨的时候非常滑，请注意不要得得太快。

3. 右侧通行

图示标志表示单侧两车道的情况下，慢行车辆靠右行驶。

4. 校车

校车停车时，会打出 "STOP" 的标志。校车停车时，后行车辆与对面车辆也必须停下来。

5. 关于左转

在加拉班、苏苏佩以及其他三车道的地方，中间车道会使用黄色路钮或标线进行区划。这就是所谓的 "左转专用车道"。左转车辆一旦进入此区域，需等对面车辆全部通过后才能转弯。

如果在机场归还所借车辆，为了能够在机场附近的加油站加满油，需要提前在地图上确认位置（MAP p.10/11）。

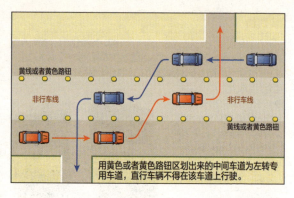

用黄色或者黄色路钮区划出来的中间车道为左转专用车道，直行车辆不得在该车道上行驶。

黄线或者黄色路钮
非行车线
非行车线
黄线或者黄色路钮

宾州各地均设有残障人士专用停车场

宾州有很多按钮式信号灯，游客需多加注意

6. 关于右转

与国内不同，哪怕是圆形的红色灯也要停车，并查看确认左侧安全后才能右转。

7. 停车

大部分商店与餐厅均设置有供残障人士停车的车位。如果不符合条件却停在残障人士车位会被罚款。

8. 路面减速装置

为了限制速度，住宅区与学校等旁边的道路均设置有路面减速装置。如图所示标志看似亲切，有时也显得十分突然。

9. 其他注意事项

别理那些搭顺风车的人。酒后驾车当然也是明令禁止的。小心车内偷盗事件，车内切勿放置贵重物品。将儿童独自留在车中属违法行为。此外，针对行人设置的按钮式信号灯较多。

10. 其他标志

图 ❶ 是"禁止超车"。图 ❷ 是"交警检查车速"。实际是否检查另当别论，但务必注意不要超速。图 ❸ 是注意人行横道。

离开所借车辆时的注意事项

停车欣赏美景或者购物时，务必携带好随身物品。塞班出现过很多打碎车窗玻璃后偷盗车内财物的犯罪事件。特别是从车窗外可以看见座位等处放置有物品的车辆，是犯罪分子首选的偷盗对象，请游客务必提高警惕。抵达当天与回国当天，最好将旅行箱等大件行李寄存在酒店后再驾车出行，如不得不随身携带，也务必要将其放入汽车后备箱内。

塞班的地址

通过本书中对当地商店、餐厅以及酒店等的详细介绍便可看出，塞班没有所谓的"地址"，也就是说没有具体的门牌号，只是有"加拉班""苏苏佩"等地区名称以及街道名称。游客可参照本书中的折页地图与各地区的详细地图查找目的地位置。租赁汽车上没有汽车驾驶导航系统。如果迷路了，可以尝试向爽快的当地人求助。

班车信息

塞班没有公共汽车与电车等公共交通设施，部分餐厅提供接送服务，需要在预订时向店方咨询确认。此外，如果前往塞班 DFS 环球免税店购物，还可以乘坐班车。

塞班 DFS 环球免税店特快专线

塞班 DFS 环球免税店的免费班车巡回各主要酒店。共设有北线与南线两条线路。基本上每间隔一小时发一班车。

咨询 ☎ 233-6602

塞班 DFS 环球免税店的免费班车

● 邮件如何投递？

塞班没有详细的地址，那么邮件是如何投递的呢？实际上，邮局或者民间快递经营者均设置有"私人信件箱"。居民与经营者签订合同租用私人信件箱并定期前往取件。

这样的民间私人信件箱在塞班有很多家

● 班车的运行

塞班 DFS 环球免税店特快专线经停以下酒店。
①马里亚纳度假村＆水疗中心
②塞班岛肯辛顿酒店
③塞班清泉度假村俱乐部
④塞班凯悦酒店
⑤塞班悦泰度假酒店
⑥塞班世界度假村酒店
⑦塞班卡诺亚度假酒店
⑧太平洋岛屿度假村

关于小费

支付小费时的注意事项

▶ 不要使用硬币

　　无论任何场所，不使用硬币支付小费是塞班的重要的礼节。根据消费金额计算小费，如出现$4.20与$5.80等情况时，可支付对方$4与$6的纸币。小数点后的数字是舍去还是进位完全取决于消费者对该店服务的满意度。

▶ 使用信用卡支付

　　在餐厅使用信用卡结算时，付款凭单中的合计金额（TOTAL）栏与上栏均为空白，消费者需在上栏中填写小费金额并将餐费与小费的合计金额填入TOTAL栏中后签字，这样即便不使用现金也是可以完成支付的。

▶ 餐券

　　包办旅行中通常会接触到餐券。大多数餐券包含小费。这点会在餐券上明确标注，或者由旅行社在出发前向游客作出说明。但是，餐券通常不包含饮品，因此，如果游客额外购买饮品，应该向对方支付小费。

🌸 重要的是心怀感激

　　当地人在向对方支付小费时会说"This is for you，thank you."。也就是说，小费是为了对享受到的服务表示感谢。不过，支付小费绝对不是义务。服务不满意，则无须支付小费，相反，如果服务十分周到，也可以适当提高小费额度。重要的并不是小费的多少，而是"Thank you."这一句表示感谢的话语。

🌸 小费支付标准是消费金额的10%~15%

　　虽说小费绝对不是消费者应尽的义务，但还是有一定标准的。塞班的小费支付标准通常为消费金额的10%~15%。

小费标准（单位：美元）

消费金额	小费（约15%）	消费金额	小费（约15%）
1~3	0.25~0.50	50	7~8
3.5~4.5	0.50~0.75	55~60	8~9
5~9	1	65~70	9~10
10~15	2	75	11~12
20	3	80	12
25	3~4	85	12~13
30~35	4~5	90~95	13~14
40	6	100	15
45	6~7		

小费标准

● 客房清洁员

　　每张床需要支付$1的小费。最高档的酒店需要向清洁人员支付$2~3的小费，如果客房杂乱不堪，还应该适当提高小费额度。清晨离开房间时，可将小费放在床头柜上或者枕头附近等比较显眼的位置。即便是长期入住，也最好是每天支付小费。

● 服务生

　　每件行李需支付$1的小费，但是大件行李应该适当提高小费额度。此外，正常出入酒店与餐厅等地无须支付小费。如果由酒店服务生叫出租车或者将所借机动车从停车场开至大门（或协助将车停到停车场），则需要支付$1左右的小费。

● 出租车

　　车费的10%~15%。最少要支付$1。如果司机帮忙将行李卸下，每件行李需要支付$1的小费。

● 餐厅

　　账单的10%~15%。如果没有小额纸币，可以在支付餐费后再向服务员支付小费。如果是所住酒店的餐厅，在消费凭单上标注Tip15%等字样并签字，便可以在退房时一并结算。

● 酒吧

　　如果是在吧台等座位上以一杯一结算的形式进行支付，则无须支付小费。如果是最后合计埋单，则还需要支付消费金额的15%左右用作小费。

● 其他

　　向客房清洁员与侍应生提出服务要求时，每次需向对方支付不低于$1的小费。客房送餐服务需要另行支付餐费的15%左右用作小费。

关于电话的使用方法

电话是正确且迅速实现沟通的首选工具。出门旅行，务必掌握电话的使用方法。

🍀 岛内电话

岛内通话免费（当然，享受该项服务的家庭与商店均需支付一定的基本费用），如果是拨打岛内电话，普通民居与商店都十分乐意将电话借给游客使用。但是，几乎所有的酒店都会向房客收取电话费用与手续费。

❶ 使用公用电话

单次通话费用为 35 ¢，限时 3 分钟。需要准备硬币。

❷ 使用酒店电话

单次通话除了通话费用之外，还需要额外支付 25~35 ¢ 的手续费。拨打电话时首先要拨外线号码（0 或者 9，每家酒店不同），然后再拨号即可。

商店等十分乐意将电话借给游客使用

预付卡通话

国际电话预付卡不是将卡插入公用电话内使用，而是拨打接入码，按照提示输入密码与对方电话号码等实现通话。密码印在卡片背面，使用硬币刮开即可看到。每次通话结束后语音通报剩余通话时间，在费用用光之前可反复使用。按钮式电话机可以使用预付卡进行通话。使用公用电话拨打接入码时，需要支付 35 ¢。

当地电话公司发行的预付卡在酒店与便利店均有出售

🍀 拨打电话的方法

从中国往北马里亚纳群岛拨打电话的方法

国际电话识别号码		北马里亚纳群岛的国家代码		区号（去掉前面第一个 0）		对方的电话号码
00	+	1-670	+	××	+	××××××

从北马里亚纳群岛往中国拨打电话的方法

国际电话识别号码		中国的国家代码		区号（去掉前面第一个 0）		对方的电话号码
011	+	86	+	××	+	××××××

关于邮政

🍀 往中国邮寄信件、明信片

寄往中国的航空邮件，明信片、信件在 15 克之内都是 $1.1，寄到国内需 7~14 天。可以委托酒店的前台办理。邮局在苏苏佩（照片上）和国会山。此外，还有几处塞班邮局覆盖范围之外的民间私人邮寄服务，在其办公室内可以投信。右上照片就是其中的一家 "Pacific Quick Print"。

苏苏佩的邮局。8:30~16:00（周一～周五）、9:00~12:00（周六）

邮筒是蓝色的

地址的书写

往中国寄的邮件，首先写上 "To China"，后面用中文写就可以了。

收到贴有当地邮票的明信片或信件会很高兴吧。邮票在酒店前台等处有售

🍀 国际快件

急于邮寄少量物品的游客可使用国际快件。半磅（约227g）以内，费用为 $61.50。将需要邮寄的物品包装好之后前往邮局窗口，填写快递单。

🍀 宅急送

费用每家不同，比国际快件高一些，可直接送到中国。拨打电话，工作人员会前往酒店取需要邮寄的物品。

INFORMATION

在塞班使用智能手机与网络

首先，可以有效地使用酒店等的网络服务（收费或者免费）与 Wi-Fi（无线访问节点，免费）。在塞班，主要酒店与城市均设有 Wi-Fi 接入点，因此游客可提前通过网络查询确认酒店 Wi-Fi 是否可用以及哪里有 Wi-Fi 接入点等信息。不过，Wi-Fi 还是有通信速度不稳定、无法连接或者使用场所限制等弊端。如果想要顺畅地使用智能手机与网络，可以考虑下述方法。

☆ 各运营商的流量包

可使用平时所用智能手机。可以选择适合自己的流量包，比如中国移动就有 30/60/90 元包天资费、"海外随心看"日套餐、一带一路多国流量包等套餐可供选择。详情可向自己所使用的手机运营商咨询。

☆ 租用海外专用随身 Wi-Fi 或 4G 手机卡

可租用在塞班通用的随身 Wi-Fi。通常需要交纳一定的押金，根据使用的天数进行收费，优点是不限流量，可多人共享，小巧随时携带方便。可以在各个机场提取，当然，店家也会提供快递服务。要是使用塞班 4G 手机卡的话，可以首先在国内的店家购买好，也是按天收费的，不过，手机卡在当地才能使用，不需要押金，过了使用天数就失效了。也可以到了当地再购买手机卡。

※ 上面提到的方法是比较常用的方法。

路由器可在机场等地租用

塞班（罗塔岛、天宁岛）基本生活常识

塞班的公用语是英语，以前一直使用的是查莫罗语。

查莫罗语恐怕观光客很难听到。不过，在塞班经常听到的"Hafa Adai"是个例外。这是查莫罗语"你好"的意思，请记住这样一些语言吧。

日常生活中几乎都使用英语。会话有几个重点如下。

① "名词 +please" 是基本体

让我们来简单地思考一下"名词 +please"的用法。想要啤酒的时候，就说"Beer, please."。商品之类的如果不知道单词怎么说，就用手指着它说"This one, please."。观光英语大概这样也差不多了。

② 身体语言也很重要

语言不通的时候，用身体语言表示也很重要，这样也容易让人明白。

③ 不明白的时候就反问

没听明白却只是随口说"Yes."的话，有时会出现意想不到的荒唐结局。因此，一定要问一句"Pardon?""Excuse me?"或者"Once more, please."之类的。希望对方说得慢一点的时候，可以说"More Slowly, please."。总之，不要只是简单地随声应和。

④ 大声说话

因没有自信而小声说话，更加不能被别人理解。

在前往塞班旅游之前最好学习一些日常英语会话＆英语单词（→p.256~）。

饮品

带孩子一同出游，务必记得带水。小心出现脱水症状。

酒

22:00 之后禁止购买一切酒精类饮品。即使店铺开着且眼前就有酒，店员也绝对不会卖给顾客。未满 21 岁禁止饮酒。有时需要出示身份证。

香烟

2009 年 9 月起实施禁烟法。几乎所有的餐厅与酒店客房都是禁烟的。吸烟者要特别注意。

饮用水

水质不好，最好不要饮用水管流出来的自来水。多人团体或者家庭旅游，1 加仑（约 3.81 升）装的矿泉水比较经济实惠。不过，酒店的冰箱容量，最多只能放下 1.5 升的瓶子。为了携带方便，最好准备些小瓶装饮用水。

水资源不足，请注意节水。

但是，罗塔岛是唯一一处水质好的地方，水管流出来的自来水也很好喝。

度量衡

长度	1 英寸 ≒ 2.54 厘米
	1 英尺 =12 英寸 ≒ 30.48 厘米
	1 码 =3 英尺 ≒ 91.44 厘米
	1 英里 ≒ 1.6 公里
重量	1 盎司 ≒ 28.34g
	1 磅 =16 盎司 ≒ 453.6g
容量	1 品脱 ≒ 0.47L
	1 夸脱 =2 品脱 ≒ 0.95L
	1 加仑 =4 夸脱 ≒ 3.785L

日常英语会话 & 英语单词

▶基本句型

请给我 ~。	~, please.
我可以 ~ 吗?	May I~?
我想 ~/ 我想要 ~。	I want~.
~ 是什么?	What is~?
你有 ~ 吗?	Do you have~?
多少钱?	How much~?
~ 是谁?	Who is~?
怎样做?	How~?
~ 几点开始?	What time does~start/open?

▶基本会话

早上好。	Good morning.
下午好 / 你好。	Good afternoon. /Hello. /Hi.
晚上好。	Good evening.
再见 / 再会 / 明天见。	Good bye. /See you later/tomorrow.
好的，拜托了。	Yes，please.
不，不用了。	No，thank you.
谢谢。	Thank you.
别客气。	You are welcome.
明白了。	Yes，I understand.
没明白 / 不知道。	I can't understand. /I don't know.
什么? 请再说一遍。	Pardon?/Once more，please.
请说慢点儿。	Please speak more slowly.
别在意。	Never mind. /Don't worry.
稍等一下。	Just a moment，please.

▶在飞机内

请给我啤酒（加水的威士忌、橘子汁、咖啡、红茶）。

　　Beer（Whisky and water, Orange juice, Coffee，Tea），please.

请给我一个毛毯。　　Excuse me，blanket，please.

▶在机场

我的行李不见了。	I can't find my baggage.
这是你们的责任。	Please manage under your responsibility.
汽车站在哪里?	Where is the bus stop?

▶在入境审查处

Q. 旅行的目的是什么？	What's the purpose your visit?
A. 观光。	Sightseeing.
Q. 停留多长时间？	How long are you staying?
A. 四天。	Four days.
Q. 你在哪里住？	Where are you staying?

▶在海关

Q. 有需要申报的物品吗？	Anything to declare?
A. 没有。	No，I have nothing to declare.
Q. 携带酒类或者香烟了吗？	Do you have any liquor or cigarettes?
A. 带了一瓶威士忌。	Yes，I have one bottle of whisky.

▶在出租车上

| 请拉我去○○酒店。 | Please take me to the ○○ hotel. |
| 请在这里停下。 | Please stop here. |

▶在酒店

我是之前预约过的 XX。	I have a reservation for XX.
有给我的留言吗？	Do you have any message for me?
我把房间钥匙锁在房间里了。	I'm locked out.
不出热水。	There's no running hot water.
这附近有超市吗？	Is there a supermarket near here?
我想换钱。	I would like to change some money.
这是什么费用？	What is this charge for?

▶纠纷

现金（信用卡 / 包）被盗了。

My money（Credit card/bag）has been stolen.

钱包（护照）丢失了。	I lost my wallet（passport）.
救命！	Help！
请报警。	Please，call the police.
盗贼！	Robber！
抓住他 / 她！	Stop him/her.
住手。	Please stop.

能否帮我出具事故证明书？

Coule you make out a report of the accident?

请出具失盗证明书。

Could you make out a report of the theft?

机场·海关关联词语

机场	airport
出发	departure
抵达	arrival
目的地	destination
在海关等申报	declare
通过	transit
乘客	passenger
行李	baggage
行李寄存证	baggage claim
入境管理	immigration
登机牌	boarding pass

天气关联词语

天气	weather
晴	sunny
多云	cloudy
雨	rainy
部分地区	partly
几乎	mostly
强风	windy
雷雨	thunderstorm

酒店关联词语

预约	reservation
服务台	reception
押金	deposit
贵重物品	valuables
电话接线员	operator
叫醒服务	wake-up-call
清洁	laundry
长途电话	long distance call
浴室	bathroom
批发商店	outlet
蜡烛	candle
信封	envelope
签名	signature
洗手间	restroom

旅行·观光关联词语

游客	tourist
宣传册	brochure
纪念碑	monument
植物园	botanical garden
水族馆	aquarium
禁止入内	keep out
观光胜地	sightseeing spot
旅游信息中心	tourist information
费用	fare（tariff）
广场	square
博物馆	museum
指定席位	reserved（seat）
空位	vacancy
故障中	out of order

购物关联词语

肩宽	shoulder length
尺寸	measurement
棉	cotton
毛	wool
麻	hemp
革	leather
素材	material
钱包	wallet
香水	perfume
长筒袜	panty hose
服装	cloth
包装	wrapping
旅游纪念品	souvenir
防晒霜	sun screening cream

餐厅关联词语

好吃	good
难吃	no good
冰水	ice water
炒饭	fried rice
生	raw
炸/炒	fried
（用烤箱等）烤	baked
（用火）烤	broiled
咸	salty
辣	hot
甜	sweet
苦	bitter
酸	sour
油	oily
酱油	soysauce
胡椒	pepper
海鲜	seafood

▶购物

可以试穿吗？	Can I try it on please?
只是看看而已。	I'm just looking.
请给我看一下那个。	Can I see it?
买这个。	I'll take this one.
可以用刷卡付款吗？	Do you accept credit card?

在餐厅

我想预约今晚 19:00 用餐。	I want to make a reservation for 7 p.m. tonight.
我是预约两人用餐的 XX。	My name is XX. I made a reservation for two.
请给我看看菜单。	Please, show me a menu.
推荐菜是什么？	What's the house specialty?
这是什么菜？	What kind of dish is this?
请给我也来一份那个。	Give me the same order as that.
我没有点这个。	I did not order this.
埋单。	Check（Bill）please.
包含服务费吗？	Is the service charge included?
算得不对。	There is a mistake in the addition.

租赁汽车

我是预约过的 XX。	My name is XX. I made a reservation.
我忘了拔车门钥匙。	I've left my car key in my car. I'm locked out.
发生交通事故了。	I had an accident with the car.
车辆应该归还到哪里？	Where should I return the car?

租赁汽车 / 漫步街头关联词语

东	east	右侧通行	keep right
西	west	禁止停车	no parking
南	south	慢速行驶	slow down
北	north	禁止左转	no left turn
驾驶证	driver's license	单侧通行	one way
保险	insurance	柏油路	pavement
方向盘	steering wheel	人行道	sidewalk
汽车号码牌	license plate	十字路口	intersection
敞篷车	convertible	交叉路口	crossing
加油站	gas station	信号灯	traffic signal
救险车	tow truck	人行横道	pedestrian crossing
爆胎	flat tire	T 字路	crossroads
汽车方向指示灯	turn signal		

旅行安全 &
防患意识

防止纠纷、避免被害……

塞班的治安环境相对不错，但在旅行途中也难免发生一些纠纷。特别是近年来，以游客为主要犯罪对象的车内偷窃行为逐年增多。虽然不能百分之百地防止纠纷发生，但只要用心，便可将其发生的概率控制在最小的范围之内。下面我们就针对旅行安全要点与卷入纠纷后的对策进行总结。

有关贵重物品

灵活运用信用卡与旅行预付卡等，随身携带少量现金。贵重物品务必放在酒店客房内的保险箱中。由于当地时常会发生偷盗，因此游客切忌疏忽大意，尽量不要随身携带贵重物品。

机票遗失·被盗

普通机票遗失后补发相对比较容易，但折扣机票一旦丢失，处理起来会十分困难，这一点广大游客务必引起注意。各航空公司的补票手续不同，有时还需要支付一定的手续费用。基本流程如下。

❶ 由当地警察出具遗失或者被盗证明书。
❷ 前往航空公司，将机票号码与出票日期等告知工作人员并填写相关文件资料。按航空公司工作人员的说明完成手续。

必要物品
❶ 由当地警察出具的遗失证明书或者被盗证明书。
❷ 机票号码与出票日期等。

达美航空公司	☎ +81-50-3850-8388
美国联合航空公司	☎ +81-3-6732-5011
马里亚纳航空公司	☎ 433-9996

如果是电子机票，直接在机场的出票柜台申请补办。

信用卡遗失·被盗

发现遗失或者被盗之后，应立即与信用卡公司取得联络，并办理挂失。挂失后按照如下流程完成手续。

❶ 由当地警察出具遗失证明书或者被盗证明书。
❷ 向信用卡公司出示遗失或者被盗证明，并将遗失或者被盗的信用卡卡号与有效期限告知对方工作人员。各公司补卡时间不同，最快可在次日补发。

必要物品
❶ 由当地警察出具的遗失证明书或者被盗证明书。
❷ 信用卡卡号与发卡日期等。

美国运通卡	
	☎ +65-6535-1561（接电话人付费电话）
大莱卡	
	☎ +81-3-6770-2796（接电话人付费电话）
JCB	Free 1-866-666-5124
万事达卡	Free 1-800-307-7309
VISA	
	☎ 1-303-967-1090（接电话人付费电话）

护照遗失或被盗

如果是团体游客，首先要将护照遗失或被盗的情况通知旅游陪同人员或者当地的地接旅行社并按其指示完成相关手续。自由行游客可按照下述流程办理手续。

首先，前往最近的警察局报案并由对方出具遗失证明书或者被盗证明书。

灵活运用保险箱

办理手续时需要申报护照号与签发日期，因此务必提前将这些信息记录下来以备不时之需。补发新护照需要时间较长，几乎所有丢失护照的游客都会在新护照签发前就要回国。这种情况下，就需要前往领事馆办理回国用旅行证。

办理回国用旅行证所需的资料

❶ 如实、完整填写《中华人民共和国护照／旅行证／回国证明申请表》1份；

❷ 近期（半年内）正面免冠彩色半身证件照片（光面相纸）4张。照片尺寸为48毫米×33毫米，头部宽为21~24毫米，头部长度为28~33毫米，背景为白色或淡蓝色；

❸ 原护照复印件（如有）或其他证明申请人中国国籍和身份的材料（如户口簿、身份证或出生公证等）原件及复印件（如有）；

❹ 护照遗失、被盗书面情况报告。内容包括个人情况、遗失、被盗护照情况和经过，护照号码、签发机关、签发时间，家庭住址、工作单位等；

❺ 领事官员根据个案要求申请人提供的其他材料。

手机丢失·被盗

手机丢失后，首先应拨打通信服务商电话办理停机。

警察局（紧急电话）	911
塞班警察局	☎ 234-0911
塞班消防局	☎ 664-9135
天宁岛警察局	☎ 433-0911
天宁岛消防局	☎ 433-9030
罗塔岛警察局	☎ 532-0911
罗塔岛消防局	☎ 532-3736

遇到伤病怎么办

随团旅游期间如果受了伤或得了病，首先请告诉陪团导游或者当地接待的旅行社。如果是在酒店，请通过前台先叫医生。

塞班的医院实行预约制。游客最好先购买海外旅行保险以防万一。一旦遇到伤病，务必保管好治疗费用的发票，以便申请保险补赔。可参照（→ p.261）"应急医疗英语会话"。

联邦综合医院	☎ 234-8950

有关伤病的英文单词

腹痛	Stomachache
头痛	Headache
牙痛	Toothache
跌打损伤	Blow
受伤	Injury
骨折	Fracture
扭伤	Sprain
烫伤	Burn

离开车时需要注意的事项

租赁汽车的游客，在离开车时务必将车锁好且保证透过车窗看不到任何私人物品。塞班经常发生打碎车窗盗取车内物品的案件。建议游客尽量不要在车内放入私人物品，如果实在不方便携带，可将其收纳至后备箱中。

车外可以看见的地方绝对不要放置任何私人物品

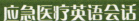

应急医疗英语会话

●在酒店求药

我好像病了。
I feel ill.

有止泻的药吗?
Do you have a antidiarrheal medicine?

●去医院

附近有医院吗?
Is there a hospital near here?

这里有中国医生吗?
Are there any Chinese doctors?

能带我去医院吗?
Could you take me to the hospital?

●在医院的会话

我想挂号。
I'd like to make an appointment.

格林酒店介绍我过来的。
Green Hotel introduced you to me.

叫我名字的时候,请告诉我一声。
Please let me know when my name is called.

●在诊疗室

我要住院吗?
Do I have to be admitted?

我下次什么时候来?
When should I come here next?

我需要定期来吗?
Do I have to go to hospital regularly?

我还会在这儿停留两周。
I'll stay here for another two weeks.

●诊疗结束

诊疗费多少钱?
How much is it for the doctor's fee?

可以用保险吗?
Does my insurance cover it?

可以用信用卡支付吗?
Can I pay it with my credit card?

请在保险单上签字。
Please sign on the insurance paper.

※ 有以下症状时,请打上记号给医生看

☐ 恶心 nausea ☐ 发冷 chill ☐ 食欲不振 poor appetite
☐ 头晕 dizziness ☐ 心悸 palpitation
☐ 发烧 fever ☐ 腋下体温 armpit _____ ℃ / ℉
☐ 口腔体温 oral _____ ℃ / ℉

☐ 拉肚子 diarrhea ☐ 便秘 constipation
☐ 水样便 watery stool ☐ 软便 loose stool 一天 ___ 次 times a day
☐ 有时 sometimes ☐ 频繁 frequently ☐ 不停 continually

☐ 感冒 common cold
☐ 鼻塞 stuffy nose ☐ 流鼻涕 running nose ☐ 打喷嚏 sneeze
☐ 咳嗽 cough ☐ 痰 sputum ☐ 血痰 bloody sputum
☐ 耳鸣 tinnitus ☐ 失聪 loss of hearing ☐ 耳分泌物 ear discharge
☐ 眼分泌物 eye discharge ☐ 眼充血 eye injection ☐ 视线模糊 visual disturbance

※ 使用下列单词,向医生说明情况

●吃了什么状态下的食物
生的 raw
野生的 wild
油腻的 oily
不够火候的 uncooked
煮好后放了很久的
a long time after it was cooked

●受伤
扎伤、咬伤 bitten
切伤 cut
跌倒 fall down
殴打 hit
扭伤 twist

跌落 fall
烫伤 burn

●疼痛
火辣辣地疼 buming
刺痛 sharp
被扎似的剧烈疼痛 keem
疼得很厉害 severe

●原因
蚊子 mosquito
蜂 wasp
牛虻 gadfly
毒虫 poisonous insect
蝎子 scorpion

海蜇 jellyfish
毒蛇 viper
松鼠 squirrel
(野)狗 (stray)dog

●做什么时
去丛林 went to the jungle
潜水 diving
露营 went camping
登山 went hiking (climbling)
在河里游泳
swimming in the river

塞班的互联网状况

在塞班停留期间想要上网的话，首先要看一下酒店的网络环境。基本上所有的酒店在大堂与客房内都可以使用网络。需要密码的话，向一下前台即可。餐厅与咖啡厅也一样，只要有密码就能上网。另外，大型酒店几乎都设有上网专区。

Wi-Fi 租赁行业出现

近年来，塞班国际机场出现了 Wi-Fi 租赁行业。除了加拉班与苏苏佩区域之外，在塞班岛内几乎所有地区均可使用。虽然塞班的酒店大多都提供免费 Wi-Fi 服务，但对于在停留期间想随时使用网络的游客来说，建议租用。费用为每天 $10。

塞班国际机场内设有 Wi-Fi 租赁租台

游客还可以通过报纸获取当地信息

马里亚纳观光局

如果时间充裕，可以前往当地的马里亚纳观光局参观（Marianas Visitors Bureau），☎ 664-3200（MAP p.8-B）。观光局内为游客准备了各种宣传册与资料。游客还可以直接向工作人员咨询相关信息。

搜集最新信息

✿ 向旅游局询问 / 网上查阅

可查看马里亚纳观光局的官方网站，有中文版。可以借此了解关于马里亚纳的一般旅游信息。 www.mymarianas.com

另外，国内的途牛、艺龙、国旅、篱笆、携程等网站均有去塞班的旅游套餐介绍或个人的体验帖，可以参考。

在塞班搜集信息

✿ 首先找一找当地的杂志

酒店、餐厅以及购物中心等地放有一些免费的城市杂志，可以拿来看看。不仅能得到最新信息，还有一些折扣券在里面，可以在就餐或购物时享受优惠。彩色的插页地图也很好用。

当地的信息杂志《Pocket Saipan!》与《N@chan!》

✿ 电视·广播

在大型酒店内，介绍塞班观光的录像在 2 台与 3 台反复播放。虽然塞班的有线电视很发达，但是没有像样的当地信息节目，所以无法期待从电视上获得最新信息。

广播有 AM 的 2 台与 FM 的 5 台。KKMP 1440AM/92.1FM 也会播送当地的信息。

✿ 酒店的礼宾部

向酒店的礼宾部与旅游窗口咨询，可以获取很多信息。酒店的员工都是当地人，非常熟悉各种情况。就餐与购物等都可以轻松地向他们咨询。

塞班活动日历

2月中旬 天宁辣椒节	天宁辣椒节是专门为天宁岛出产的辣椒设定的节日。辣椒节上有出售辣椒料理的摊位、比赛、当地艺人的手工艺品以及现场娱乐活动。举办地点为塔丘纳海滩。
3月初 塞班全程马拉松 塞班半程马拉松 10公里长跑	三种面向不同年龄参赛者开办的马拉松大赛。从美国纪念公园起跑，比赛线路沿海滨大道设置，沿途风景美丽。
3月下旬 铁人三项赛 70.3 & 51.50 铁人三项运动	自1988年起延续至今的铁人三项运动比赛历史悠久。包括1.5公里游泳、40公里自行车以及10公里跑步，全程共计51.5公里。 🔗 saipantriathlon.com
3月举办 密克罗尼西亚公开赛	举办地点位于麦克海滩前的环礁湖内。
3月举办 塞班岛埃斯特拉锦标赛	包括1.5公里的游泳、12公里的长跑以及30公里的山地自行车，是非常艰苦的铁人三项赛。是在塞班丛林与恶劣道路状况中举行的国际赛事。
4月举办 德隆尼卡艺术节	每逢花开时节，"凤凰木"会将塞班岛染成一片鲜艳的朱红色，德隆尼卡艺术节选择在这个时候举办，除了介绍密克罗尼西亚群岛的文化之外，还现场表演美术工艺品的创作过程并予以出售。舞台上还有当地的舞蹈团队与音乐家进行表演。
5月的周六 马里亚纳美食大会	马里亚纳美食大会又被称为"整吞马里亚纳"，是非常亲民的美食盛宴。18:00~22:00，在美国纪念公园举行。在这里可以品尝到出自酒店名厨之手的查莫罗菜肴与世界各国菜品。还有现场演奏会与舞蹈表演。
7月举办 塞班国际垂钓锦标赛	是历史悠久的垂钓锦标赛。由塞班岛渔民协会主办。 🔗 www.sfacnmi.com
9月的周六 国际文化节	除了传统舞蹈与音乐之外，还可以体验传统工艺并饱享地方美食。17:00~21:00在加拉班渔业基地举办。
10月举办 罗塔岛守护神庆典	每年一度的罗塔岛守护神庆典，举办地位于松松村内。游客可以品尝当地街摊美食并饱享娱乐活动。免费入场。
10月举办 马里亚纳尤克里里节	塞班最受欢迎的活动项目。当地的尤克里里演奏者、尤克里里教室的学生以及来自尤克里里发源地夏威夷的参加者悉数到来。举办地位于加拉班渔业基地。 🔗 www.facebook.com/marianasukulelefestival
11月举办 罗塔岛蓝铁人三项全能赛	每年一度的铁人三项全能赛。本项赛事被命名为罗塔蓝，因可在透明度极高的美丽大海中游泳而备受欢迎。
12月1日 马里亚纳地狱自行车公路赛	行驶距离100公里，跨越海拔1700米。正如其名，这是一场严酷的自行车赛事，但是，比赛过程中可以欣赏美丽的景色，近年来，众多参赛者并不以比赛为目的，而抱着重在参与的心态享受着骑行过程。
12月举办 马里亚纳圣诞节	每年一度的圣诞活动。化过妆的孩子们从美国纪念公园出发列队游行，除此之外，还有各种各样的活动。活动地点位于马里亚纳商业街等地。

※ 随着时间推移，具体的情况可能会发生改变，请注意

重要电话号码 & 度量衡

警察局、救护车、消防局 ☎ 911

塞班警察局	☎ 234-0911
塞班消防局	☎ 664-9135
天宁警察局	☎ 433-0911
天宁消防局	☎ 433-9030
罗塔警察局	☎ 532-0911
罗塔消防局	☎ 532-3736

马里亚纳政府观光局 ☎ 664-3200

电话号码查询 ☎ 411

医疗机构

联邦综合医院	☎ 234-8950

保险公司

AIU	Free 1-800-8740-119

航空公司

达美航空公司	☎ +81-50-3850-8388
美国联合航空公司	☎ +81-3-6732-5011
马里亚纳航空公司	☎ 433-9996

信用卡公司

美国运通	☎ +65-6535-1561（对方付费）
大莱	☎ +81-3-6770-2796（对方付费）
JCB	Free 1-866-666-5124
万事达	Free 1-800-307-7309
VISA	☎ 1-303-967-1090（对方付费）

租车公司

AVIS 租车公司（机场营业厅）	☎ 288-2847
Budget 租车公司（机场营业厅）	☎ 234-8232
赫兹租车公司（机场营业厅）	☎ 234-8336
ALAMO 租车公司（机场营业厅）	☎ 288-4400

小费标准

酒店工作人员将行李运至客房需支付	$1~2（单件行李）
服务到屋需支付	$1~2
乘坐出租车需向出租车司机支付车费的	10%~15%
在餐厅用餐需支付用餐费用总额的	10%~15%

费用	小费（约15%）	费用	小费（约15%）	费用	小费（约15%）
1.00	0.25~0.50	7.00	1	45.00	6~7
1.50	0.25~0.50	7.50	1	50.00	7~8
2.00	0.25~0.50	8.00	1	55.00	8~9
2.50	0.25~0.50	8.50	1	60.00	8~9
3.00	0.25~0.50	9.00	1	65.00	9~10
3.50	0.50~0.75	10.00	2	70.00	9~10
4.00	0.50~0.75	15.00	2	75.00	11~12
4.50	0.50~0.75	20.00	3	80.00	12
5.00	1	25.00	3~4	85.00	12~13
5.50	1	30.00	4~5	90.00	13~14
6.00	1	35.00	4~5	95.00	13~14
6.50	1	40.00	6	100.00	15

（单位：美元）

州 税 无

度量衡

● 长度

米	英里	码	英寸	英尺
1	0.000621	1.09	39.37	3.28
1609.3	1	1760	63360	5280
0.303	0.000188	0.33	11.93	0.99
1.818	0.001129	1.98	71.58	5.96
0.914	0.000568	1	36	3
0.025	0.000015	0.02	1	0.08
0.304	0.000189	0.33	12	1

● 质量

克	千克	盎斯	磅
1	0.001	0.03	0.0022
1000	1	35.27	2.2
3.75	0.00375	0.13	0.00827
600	0.16	21.16	1.32
28.34	0.02	1	0.06
453.59	0.45	16	1

● 容量

公升	加仑	立方米
1	0.26	0.001
0.18	0.04	0.00018
1.80	0.47	0.0018
180.39	47.65	0.18
3.78	1	0.00379
27.82	7.35	0.02
1000	264.18	1

北马里亚纳的历史

北马里亚纳拥有蔚蓝色大海、白色沙滩以及未经开发的森林中鸣啭着的野鸟，这一切都是宛如乐园一般的岛屿应有的模样。来到塞班岛、罗塔岛以及天宁岛，可以体验水上运动，还可以在海滨悠闲度日，总之一定要充分享受大自然所给予的一切美好。

不过，在饱享旅游乐趣之前，一定要提前了解一下北马里亚纳群岛的历史，追寻这些岛屿命运多舛的发展历程。

古代

包含塞班岛、罗塔岛以及天宁岛在内的北马里亚纳群岛原住民族由查莫罗人与卡罗莱纳人组成。古代查莫罗人在北马里亚纳群岛居住的历史可追溯至公元前1500年前后。传说查莫罗人是从东南亚方向迁移至北马里亚纳群岛的。

据推测，800年前后，北马里亚纳群岛建造了众多"塔加（拿铁）石"，岛屿各处至今依然保留有这些石头的遗址。"塔加（拿铁）石"被用于北马里亚纳群岛旗帜的设计图案，是北马里亚纳群岛的象征。据说"塔加（拿铁）石"最初是用作房屋的石柱，至今依然谜团重重。

而卡罗莱纳人的祖先则是在18世纪前后才来到北马里亚纳群岛，从时间上看，比查莫罗人晚了很久。传说卡罗莱纳人最初是从加罗林群岛乘独木舟前往北马里亚纳群岛做买卖的。之后，其他岛上的人们也都开始移居至塞班岛。

罗塔岛挖掘出的塔加（拿铁）石遗址

西班牙～德国统治时代

1521年，西班牙探险队麦哲伦一行到达了马里亚纳群岛。之后，西班牙在1565年正式宣布占领马里亚纳群岛，开始了300年以上的西班牙统治时代。

西班牙人大力推行基督教，并因此与查莫罗族等原住民族发生纠纷，原住民族人口锐减。据说西班牙人在这里实施酷政，几乎所有查莫罗人都被强制迁移至关岛。

1898年，西班牙在与美国的战争中惜败，将关岛拱手让给美国。除了关岛之外，北马里亚纳群岛中的其他诸岛均被西班牙卖给了德国。北马里亚纳群岛的西班牙统治时代就此结束，为期15年的德国统治时代正式开始。

日本统治时代

1914年，第一次世界大战爆发。日本对原本是德国领地的北马里亚纳群岛有事实上的控制权。战后成立的国际联盟承认了日本的实际控制权，上述区域也就此成为托管领土。

在之后的约30年的日本统治时代，福岛县出身的松江春次在塞班岛、罗塔岛以及天宁岛经营制糖业与酿酒业等。加拉班与苏苏佩的城区充满活力，这里除了学校与医院等设施之外，还有神社、寺院以及电影院与餐饮店等鳞次栉比的闹市。许多日本人移居至此，从事甘蔗与叶子的栽培工作，据说在最繁荣的时期，曾有约3万名日本人移居并生

矗立在砂糖王公园内的松江春次雕像

活在这里。

松江被称为"砂糖王=Sugar King"，现在还有铜像留在砂糖王公园内。位于同一座公园内的砂糖火车实际上是当时用于运输甘蔗的机车。此外，在原始森林内走一走，还可以看到砂糖火车的路轨等。

在塞班，即便是现在，到处都可以看到日本统治时代的痕迹。例如，用酱油制成的Finadene Sauce是塞班特有的调味料，糕点铺至今也依然在出售豆沙馅儿面包。此外，"加满油（Fill her up）"与"盒饭（便当）"等词汇也依然流通。

▶ 第二次世界大战

1944年，美军登陆塞班岛与天宁岛。这里也成为了第二次世界大战的激战地。

1945年8月6日，从天宁岛起飞的美军B-29战斗机在广岛和长崎投下了原子弹。

▶ 战后

1947年，第二次世界大战结束后，北马里亚纳群岛成为太平洋群岛委托统治领地，由联合国委托美国统治。1978年，自治政府成立；1986年，北马里亚纳群岛成为美国的自治领地。现如今，北马里亚纳群岛联邦的居民均为美国国籍。

历史景点 & 观光旅游项目

● **美国纪念公园**（→ p.97）

游客中心有各种各样介绍塞班历史的展品，此外，还可根据来宾需求放映有关太平洋战争的纪录片。

● **北马里亚纳群岛博物馆**（→ p.98）

※ 本书调查时，因翻新工程，暂时处于闭馆状态。

● **原子弹装载地**（→ p.224）

原子弹就是在这里装载在B-29上的。现得到完善且建有纪念碑。

右/美国纪念公园的游客中心
上/游客中心内陈列有丰富的展品，还可以在这里观看当时的影像资料

保留在机场附近的战车

游客不妨在各地的纪念碑前合掌祈祷